MUSSOLINI UND HITLER IN DEN KIRCHEN DES SLOWENISCHEN KÜSTENLANDES

Der Widerstand des Malers Tone Kralj gegen Faschismus und Nationalsozialismus

Originalausgabe: Egon Pelikan: Hitler and Mussolini in Churches. The Church Painter's Subversion of Fascism: The Ideological Marking of Space along the Slovene–Italian Border

First published in 2020 © Peter Lang Group AG.

Egon Pelikan: Mussolini und Hitler in den Kirchen des slowenischen Küstenlandes
Der Widerstand des Malers Tone Kralj gegen Faschismus und Nationalsozialismus

Aus dem Slowenischen übersetzt von Primož Debenjak
Lektorat: Brigitte Till-Spausta und Josef Till, Lars Felgner
Gestaltung: Matej Nemec
Redaktion: Hanzi Filipič
Fotos: Matjaž Prešeren

© der deutschsprachigen Ausgabe 2023, Hermagoras Verlag/ Mohorjeva založba, Klagenfurt/Celovec – Ljubljana/Laibach – Wien/Dunaj

Gesamtherstellung: Hermagoras Verein/Mohorjeva družba, Klagenfurt/Celovec
ISBN 978-3-7086-1249-2

Gedruckt mit Unterstützung des Bundesministeriums für Bildung, Wissenschaft und Forschung in Wien und der Javna agencija za raziskovalno dejavnost Republike Slovenije (Slovenian Research Agency)

This research was funded by the Slovenian Research Agency (ARRS) under Research Programme P6-0272 The Mediterranean and Slovenia.

INHALTSVERZEICHNIS

I. Die Methodologie der Untersuchung von Tone Kraljs Kirchenbemalungen als Raumphänomen • 7

II. Die Künstlerische Entwicklung des Malers Tone Kralj • 12

    Die Jugendzeit • 12

    Die frühe Schaffenszeit • 14

    Die sakrale Kunst • 15

    Die Tätigkeit im Königreich Jugoslawien in den Zwanzigerjahren • 16

    Tone Kralj und der Expressionismus als transkulturelles Phänomen Mitteleuropas • 16

    Das Motiv der Erde als Spezifikum von Tone Kraljs Expressionismus • 17

    Die Motivik des Ersten Weltkriegs • 19

    Großformate und Kompositionen • 20

    Tone Kralj in der europäischen Kunstszene • 21

    Schöpferischer Aufenthalt im Küstenland • 30

    Die Motivik Kraljs im christlich-sozialen Umfeld • 38

    Tone Kralj und die Zeit nach dem Zweiten Weltkrieg • 40

    Subversion totalitärer Ideologien und Systeme • 43

III. Der historische Kontext zu Kraljs Malereien • 45

    Die slowenische nationale Bewegung und die Rolle des slowenischen Klerus in der Zeit des „Nation Building" im slowenischen Raum (1848–1918) • 45

    Das Programm des Vereinten Sloweniens • 45

    Lesevereine und Versammlungen („Tabori") nach tschechischem Vorbild • 45

    Die ideologische Spaltung • 46

    Die Gründung der Liberalen und Sozialdemokratischen Partei • 46

    Die Gründung der Genossenschaften nach dem Vorbild von Raiffeisen • 46

    Die Wahlreform von 1907 und der Wahlsieg des katholischen Lagers in Krain 1908 • 47

    Der Erste Weltkrieg und die jugoslawische Idee – das Königreich der Serben, Kroaten und Slowenen • 48

    Kriegsende, Zerfall der Monarchie und Eintritt in das Königreich der Serben, Kroaten und Slowenen • 49

    Das Ende des Ersten Weltkriegs im Küstenland • 50

    Das Küstenland nach dem Ersten Weltkrieg • 50

    Die Politik des faschistischen Regimes gegenüber der slowenischen und kroatischen Minderheit in Italien • 52

    Das Ende der Zwanzigerjahre in Julisch Venetien • 53

IV. Die vatikanischen Behörden und der Klerus im Küstenland • 54

    Vatikan, Faschismus und die slowenische Minderheit im Küstenland • 54

    Vor dem Konkordat – die Zwanzigerjahre • 55

    Geheime Visitationen und Berichte aus Julisch Venetien vor dem Abschluss des Konkordats von 1929 • 55

    Das Konkordat zwischen dem Heiligen Stuhl und dem faschistischen Italien von 1929 und seine Auswirkungen auf die Lage der slowenischen Minderheit in Julisch Venetien • 57

    Veränderungen nach dem Konkordat • 58

    Der Grenzland-Faschismus (fascismo di confine) • 58

    Die „Romanisierung" (romanizzazione) • 60

Neue Verhältnisse • 61

Die geheime Tätigkeit des Klerus und die innere Gliederung der geheimen Organisation • 61

Nachrichtentätigkeit • 62

Kirche und Minderheit • 63

Widerstandsstrategien der Geheimen Christlich-Sozialen Organisation • 64

Die Finanzierung der Geheimen Christlich-Sozialen Organisation aus dem Königreich Jugoslawien • 68

Die Geheime Christlich-Soziale Organisation und Tone Kralj • 71

Ideologische Markierungen des Raumes in Julisch Venetien • 74

Die religiöse Tätigkeit in Verflechtung mit der nationalen kollektiven Identität und der Raum der slowenischen Kirche im Küstenland als Raum des antifaschistischen Widerstandes • 76

Kirchenmalereien: ideologische Gegen-Markierung des Raumes von den Julischen Alpen bis zum Adriatischen Meer • 79

Der Optimismus des antifaschistischen Widerstandes • 84

V. **Ausgewählte Bemalungen** • 87
  1. Rapallo, 1943 • 87
  2. Prem, 1921 • 92
  3. Volče bei Tolmin, 1927 • 94
  4. Avber auf dem Karst, 1927/1928 • 97
  5. Tomaj auf dem Karst, 1928 • 101
  6. Mengore, 1929/1930 • 104
  7. Luschariberg / Monte Santo di Lussari / Svete Višarje, 1930 • 109
  8. Cattinara / Katinara, 1931 • 115
  9. Pevma / Piuma, 1934 • 117
  10. Most na Soči, 1939/1940 • 123
  11. Šentviška gora, 1941 • 125
  12. Hrenovice, 1942/1943 • 133
  13. Lokev auf dem Karst, 1942/43 • 141
  14. Slivje v Brkinih, 1943/1944 • 152
  15. Dekani, 1944 • 167
  16. Nazi-Zirkus • 169
  17. Soča bei Bovec, 1944 • 172
  18. Wieder im Würgegriff der Ideologien • 182
  19. Trenta, 1945 • 185
  20. Vrtojba, von 1954 bis 1957 • 186
     Zum Abschluss • 192

VI. **Werke von Tone Kralj im Küstenland** • 195
VII. **Literatur** • 196
VIII. **Namensverzeichnis** • 201
IX. **Ortsverzeichnis** • 206

I. DIE METHODOLOGIE DER UNTERSUCHUNG VON TONE KRALJS KIRCHENBEMALUNG ALS RAUMPHÄNOMEN

In den letzten Jahrzehnten stoßen wir bei der Erforschung der Kulturlandschaft immer öfter auf verschiedene Verwendungen des Begriffs „Wende", vor allem auf die „kulturelle Wende" (*cultural turn*) und die „topologische Wende" (*spatial turn*). Dabei geht es um den Versuch, historische Palimpseste in der Kulturlandschaft mithilfe der Methoden der Archäologie, Historie, Kulturgeschichte, Geografie, Urbanistik und Architektur zu „lesen". Die sog. Kulturwende geht unter anderem der Frage nach, woher ein bestimmtes Bündel charakteristischer Merkmale der Kulturlandschaft in einem ganz bestimmten Raum stammt und warum genau es dort vorkommt.[1] Wir können die Antwort in der atavistischen Identifizierung des Menschen mit dem Raum suchen, die zunächst territorial war – der Mensch umriss die Grenzen seines Wohnortes. Mit der Verteidigung dieser Grenzen sind seine Souveränität und die Souveränität der Gruppe, der er angehört, verbunden.[2] Zu diesen Kategorien gehört auch die sog. landschaftliche (territoriale) nationale Identität oder die nationale Semiotik, die in der Regel „aus der Geschichte gelesen wird", Sinn stiftet, die bestehenden nationalen Symbole potenziert und in die Gegenwart und Zukunft überträgt (so wird etwa die „slowenische nationale Landschaft" von Heuharfen, Hügeln mit darauf stehenden Kirchlein usw. repräsentiert).[3] Spuren, die nationale Identitäten und kulturelle Erinnerungen der Gemeinschaft hinterließen, knüpfen gegen Ende des 19. Jahrhunderts in ihrem ideologischen Kontext an Landschaften und Orte an, in die spontan Sinn investiert wurde.[4] Eine solche „Sinninvestition" in den Raum konnte aber auch „nicht spontan", also geplant und systematisch sein. Im 20. Jahrhundert kam es in Mitteleuropa zu radikalen national-ideologischen Eingriffen in den urbanen und nichturbanen Raum, die von einer planmäßigen Verwendung der Semiotik vermeintlicher „nationaler Wesenskerne" oder anderer ideologischer Elemente der einzelnen Identitäten geleitet wurden. Auf dieser Basis entstehen die sog. *Phantomgrenzen*: Diese werden am Rand jener Gebiete gezogen, denen eine bestimmte nationale oder andere ideologische Identität zugeschrieben wird und die in der Regel nicht im Einklang mit den heutigen politischen Grenzen stehen. So kann die Landschaft als „sprechender" Raum verstanden werden.[5]

In der vorliegenden Studie wird ein solches Phänomen „ideologischer Markierung des Raumes" am Rande des slowenischen ethnischen Gebietes analysiert. Konkret sind dies die monumentalen Wandmalereien, die der vielseitige Künstler, Maler, Bildhauer, Grafiker, Illustrator und Architekt, der Expressionist Tone Kralj (1900–1975) im heutigen slowenisch-italienischen Grenzraum geschaffen hat.

Im ehemaligen Julisch Venetien[6] kann aus den Markierungen der Landschaft ein Palimpsest ideologischer Sprachen, die von der Geschichte des Grenzraumes (z. B. das Bauerbe aus der Zeit der Habsburgermonarchie, Gebäude und Denkmäler in der charakteristischen

---

[1] Siehe dazu: Niamh Moore/Yvonne Whelan: Heritage, Memory and the Politics of Identity, (New Perspectives on the Cultural Landscape), Ashgate, Hampshire 2007.

[2] Ana Kučan, Krajina kot nacionalni simbol [Die Landschaft als nationales Symbol], Znanstveno in publicistično središče, Ljubljana 1998, S. 15.

[3] Im traditionell katholischen Slowenien war seit dem Mittelalter das Bauen von Kirchen auf Berg- und Hügelkuppen charakteristisch. Das wurde vom Aufschwung des Pilgergeistes angeregt, später auch durch die Türkeneinfälle, als die in der Regel mit Wehrmauern umgebenen Kirchen auf den Bergkuppen als Zufluchtsort dienten. Weil es wirtschaftlich Sinn machte und überlebenswichtig war, war das Land außerdem mit Heuharfen übersät, die vielerorts bis heute erhalten sind. So ist eine interessante und für Slowenien typische Landschaft entstanden.

[4] Ana Kučan, Krajina kot nacionalni simbol [Die Landschaft als nationales Symbol], Znanstveno in publicistično središče, Ljubljana 1998, S. 9.

[5] Hannes Grandits/Béatrice von Hirschhausen/Claudia Kraft/Dietmar Müller/Thomas Serrier: Phantomgrenzen im östlichen Europa – Eine wissenschaftliche Positionierung, Wallstein Verlag, Göttingen 2015, S. 13.

[6] Die Bezeichnung „Venezia Giulia" (dt. Julisch Venetien, sl. *Julijska krajina*) etablierte sich für jene Gebiete der Österreichisch-Ungarischen Monarchie (im Wesentlichen des ehemaligen „Österreichischen Küstenlandes"), die nach dem Ersten Weltkrieg von Italien besetzt und gemäß dem Rapallo-Vertrag von 1920 annektiert wurden. Es handelte sich um Görz-Gradisca, einen Teil von Innerkrain und Kärnten, Triest, Istrien, die Inseln Cres und Lošinj (und später auch Rijeka). In Italien wurde dieses Gebiet als *Venezia Giulia* bezeichnet, während die Slowenen damals auch die Benennung *Julijska Benečija* verwendeten. Es umfasste 9088 km². Laut österreichischer Statistik von 1910 lebten in diesem Gebiet 901.364 Einwohner, davon 52% Slowenen und Kroaten.

österreichisch-ungarischen Architektur des *fin de siècle*, Gedächtnisstätten aus der Zeit des Faschismus, antifaschistische Denkmäler der Nachkriegszeit, real-sozialistische Architektur usw.) geschaffen worden sind, herausgelesen werden. Dabei sieht sich die Geschichtsschreibung zur unbedingt notwendigen Zusammenarbeit mit verwandten Wissenschafts- und Forschungsbereichen – Archäologie, Geographie, Kunst- und Literaturgeschichte, Soziologie, Urbanistik und anderen – gezwungen, also jenen Wissenschaften, die Historiker in der Vergangenheit gerne überheblich auch als „Hilfswissenschaften der Geschichte" bezeichneten.

In der Zwischenkriegszeit entstand im Gebiet westlich der Rapallo-Grenze[7] als eine der charakteristischen, erkennbaren „Sprachen" des Raumes auch eine beeindruckende slowenische nationale Markierung, die der Künstler Tone Kralj mit seinen Kirchenmalereien schuf. Dabei konnte er auf die Zusammenarbeit mit der *Tajna krščanskosocialna organizacija* (Geheime Christlich-Soziale Organisation) zählen, die von den Priestern im Küstenland und der christlich-sozialen Bewegung getragen wurden.[8] Eine derart systematische „Markierung" des ethnisch exponierten Grenzraumes mit Kirchenfresken ist ein Phänomen, das in Europa und weltweit seinesgleichen sucht. Vom Blickpunkt der Ideologietheorie betrachtet, verschmilzt Tone Kralj mit seiner Raummarkierung den Katholizismus und die nationale Idee zum Antifaschismus. Sein „Markieren des Raumes" als „Topographie" kann heute auch als Beispiel des aktuellen Begriffs der sog. „Raumwende" (Spatial Turn) analysiert werden. Im Zusammenhang damit sind der Raum und seine Markierung eine Quelle der Geschichte – der Ausgangspunkt für die Erforschung der Geschichte des Raumes ist die Verwendung von Zeichen im Raum: eine Sprache, die „gelesen" werden kann. Eine solche Sprache definiert einen Raum und nicht umgekehrt.[9] Der Raum erschafft also den „Text", der konventionelle Symbolzeichen beinhaltet, deren Bedeutung der Betrachter/die Betrachterin aber zumindest zum Teil schon von früher kennt. So begreift er/sie den Raum in dem Sinne, wie er von diesen Zeichen erzeugt wird. Wenn es um symbolische Zeichen der nationalen Identität geht, nimmt der Betrachter/die Betrachterin den Raum als nationalen Raum wahr. In unserem Fall sind diese konventionellen symbolischen Zeichen in Kraljs Gemälden enthalten: visuelle Bilder. Diese bildnerische Sprache des Malers Tone Kralj konnte in der Zeit, in der sie entstand, auch von Analphabeten oder – aufgrund der spezifischen Situation der Slowenen in Julisch Venetien unter dem Faschismus, in der es keine Möglichkeit einer Bildung in slowenischer Sprache gab – von den zum Analphabetismus Verdammten gelesen bzw. herausgelesen werden.

---

[7] Der Grenzvertrag von Rapallo war ein großer Erfolg der italienischen Diplomatie nach dem Ersten Weltkrieg. Dem italienischen Delegationsleiter Graf Sforza gelang es in Rapallo, dem Königreich der Serben, Kroaten und Slowenen (kurz: Königreich SHS oder Königreich Jugoslawien; auch als „erstes Jugoslawien" bezeichnet) viel Territorium zu entreißen, ohne die Existenz des neuentstandenen Staates zu gefährden, womit Frankreich unzufrieden gewesen wäre. Die italienische diplomatische Aktion verlief unter den schwierigen Umständen des heiklen Verhältnisses der damaligen politischen Mächte. Nach dem Abschluss des Grenzvertrags von Rapallo am 12. November 1920 fiel das slowenische Küstenland an Italien, womit sich Italien mehr als ein Viertel des slowenischen ethnischen Gebiets einverleibte und über 500.000 Slowenen und Kroaten plötzlich zur slowenischen und kroatischen Minderheit in Italien wurden. Für die Slowenen, die aus dem Kultur- und Zivilisationskreis Mitteleuropas ausgetreten und der fremden levantinischen Welt gerade in der Hoffnung beigetreten waren, mit ihrer Hilfe ihre ethnische Integrität zu bewahren, bedeuteten sowohl die Rapallo-Grenze als auch die Kärntner Volksabstimmung 1920, bei der sich bekanntlich ein großer Teil Südkärntens für die Zugehörigkeit zu Österreich aussprach, eine große Enttäuschung. So wie vor dem Ersten Weltkrieg das polnische Volk geteilt gewesen war, lebte nun auch die slowenischsprachige Bevölkerung in drei Staaten – Jugoslawien, Österreich und Italien.

[8] Die Geheime Christlich-Soziale Organisation in Julisch Venetien entstand durch die organisatorische Verbindung der politischen Organisation der slowenischen Christlichsozialen und des Priesterkollegiums vom hl. Paulus, der Standesorganisation der slowenischen und kroatischen Priester. Die Geheimorganisation wurde Ende der 1920er Jahre gegründet, nachdem jegliche politische, kulturelle und wirtschaftliche Tätigkeit der Slowenen und Kroaten in Julisch Venetien von den Italienern unterbunden worden war. Die Organisation konnte ihre Tätigkeit nur im Untergrund entfalten und verfolgte klare irredentistische Ziele. In den Dreißigerjahren stellte sie das Rückgrat des Widerstands gegen den Assimilierungsdruck des Faschismus in Julisch Venetien dar. Sie wurde vom Königreich Jugoslawien finanziert und agierte mit einem beruflichen (bezahlten) Netzwerk von Vertrauensleuten, einer Schulsektion, slowenischen Buchhandlungen, geheimer Presse usw.

[9] Dazu: Jörg Döring/Tristan Thielmann: Was lesen wir im Raume? Der Spatial Turn und das geheime Wissen der Geographen; in: Jörg Döring/Tristan Thielmann: Spatial Turn: Das Raumparadigma in den Kultur- und Sozialwissenschaften, Transkript Verlag, Bielefeld 2009, S. 17.

Seit den 80er Jahren des 20. Jahrhunderts setzen sich Analysen der Markierungen des Raumes in der Geschichtsschreibung, insbesondere in Gegenden, die von einer gemeinsamen Geschichte verschiedener Gemeinschaften geprägt sind, häufig durch. Sie richten ihr Augenmerk auf Untersuchungen und Interpretationen des Zusammenhangs, in dem sie entstanden sind, und ergänzen die Untersuchungen des historischen Geschehens an den ehemaligen politischen Grenzen, die ansonsten im heutigen vereinten Europa verschwinden würden. Sie nehmen Ereignisse ins Visier, die von der politischen und sozialen Geschichte der verschiedenen Identitäten, die miteinander in Kontakt stehen, verursacht oder bedingt wurden.[10] Der „historische Raum" existiert nämlich laut der Theorie der kulturwissenschaftlichen Analyse nur insofern, als er durch einen Text oder zumindest eine textähnliche Plattform definiert ist, die es ermöglicht, den Raum „wie einen Text zu lesen".[11]

Auf der anderen Seite umfasst der Begriff „ideologische Markierungen des Raumes" jene Markierungen im Raum, die infolge von Ideologien entstanden sind und entweder nur Zeugnisse vergangener miteinander in Kontakt stehender Identitätsdiskurse in einem Raum sind oder solche Identitäten bis zum heutigen Tag ansprechen.[12]

Dabei kann die „künstliche" Identität des Raumes, der „erbrachte Beweis" der Kontaktstelle, in der „Zeitvertikalen", d. h. chronologisch aufeinanderfolgend, entstehen. In Julisch Venetien erfolgte z. B. das Löschen alter und das Eintragen neuer ideologischer Raummarkierungen nach dem Ersten Weltkrieg und implizierte die Beseitigung der bestehenden Denkmäler des zerfallenen österreichisch-ungarischen Staates und ihre Ersetzung durch Denkmäler der Faschistenzeit; daraufhin folgte das Löschen der faschistischen Raummarkierungen und ihre Ersetzung durch neue im antifaschistischen Zeitalter nach dem Zweiten Weltkrieg.

Es kann die ideologische Raummarkierung jedoch als „Kampf um den Raum" auch „horizontal", d. h. gleichzeitig, als unmittelbare Auseinandersetzung zweier gleichzeitiger Ideologien bzw. Identitäten in demselben Raum erfolgen. Identitäten sind nämlich in der Regel ideologisch und als solche können sie gesellschaftlich mehrheitlich oder minderheitlich, national, politisch, religiös sein, sie können aber auch ideologische Hybride darstellen. Im Falle der künstlerischen Tätigkeiten von Tone Kralj werden wir, wie gesagt, die markierende ideologische Verwendung des Katholizismus und Nationalismus in der Funktion des Antifaschismus, Irredentismus und Nationalismus beobachten können.

Eines der Merkmale der Raummarkierungen ist auch ihre Fähigkeit zur permanenten „Mutation" innerhalb des Kontextes ihrer Interpretation: die sich ändernde Kommunikation mit der Gesellschaft. Die Mutation der Aussagekraft hängt von der Veränderung des Blickwinkels des Betrachters/der Betrachterin im jeweiligen neuen ideologischen und zeitlich-geschichtlichen Kontext ab. Das bedeutet, die „Adressaten, an die sich die Markierungen" wenden (wovon, mit wem und wann sie sprechen), wandeln sich in verschiedenen historischen Räumen und Zeiten.[13] Man kann an Beispielen italienischer Denkmäler des Ersten Weltkriegs, der Beinhäuser und sonstiger Orte der Erinnerung an den sog. „Großen Krieg" derartige Mutationen der „Gedächtnisorte" im Lichte der jeweiligen aktuellen politischen und ideologischen Bedürfnisse beobachten: In der Zeit ihrer Entstehung unmittelbar nach dem Ersten Weltkrieg waren sie Ausdruck des italienischen nationalen, ideologischen Diskurses, der die Integration fördern und die Forderungen nach „neuem Territorium" begründen sollte; in der Zeit des Faschismus zwischen den beiden Weltkriegen sprachen dieselben Denkmäler das Publikum im ideologischen Kontext des Faschismus an; in der Zeit nach dem Zweiten Weltkrieg wurden sie in der Funktion des Kampfes von Italien um die bedrohte Ostgrenze verwendet; und so weiter bis zum heutigen Tag, wo sie oft sogar eine Antikriegsfunktion übernehmen.

---

[10] Siehe z. B.: Patrick Ostermann, Claudia Müller, Karl-Siegbert Rehberg: Der norditalienische Grenzraum als Erinnerungsort; in: Patrick Ostermann, Claudia Müller, Karl-Siegbert Rehberg Der Grenzraum als Erinnerungsort, Transkript Verlag, Bielefeld 2012.

[11] Dazu: Jörg Döring/Tristan Thielmann: Was lesen wir im Raume? Der Spatial Turn und das geheime Wissen der Geographen; in: Jörg Döring/Tristan Thielmann: Spatial Turn: Das Raumparadigma in den Kultur- und Sozialwissenschaften, Transkript Verlag, Bielefeld 2009, S. 17.

[12] Dazu eingehender: Egon Pelikan: Nationale und politische Selbstdarstellung im öffentlichen Raum um die Jahrhundertwende; in: Kristian Gerbel: Urbane Eliten und kultureller Wandel, Leipzig – Linz – Bologna – Ljubljana, Verlag für Gesellschaftskritik, Wien 1996, S. 175–187.

[13] Vgl. Jurij Mihajlovič Lotman, Znotraj mislečih svetov [Innerhalb denkender Welten], Studia humanitatis, Ljubljana 2006, S. 175.

Je nach den jeweiligen aktuellen politischen Bedürfnissen können sich diese Zeichen einer Mutation unterziehen, die mit den ideologischen und politischen Codes übereinstimmt. So können sie sogar zum Gegenteil des ursprünglichen Zweckes mutieren, der ihnen bei ihrem Entstehen den Sinngehalt gab.[14]

Unser Forschungsinteresse bleibt die Beschreibung der Sprache ideologischer Markierungen in der jeweiligen historischen Zeit und im Raum der Grenzregion und in dem Sinne auch die Deutung der ursprünglichen Motive und ihres Entstehungszweckes. Erst auf dieser Grundlage sind eine Lesung und Deutung ihrer ideologischen Verwendung im Diskurs zwischen der historischen Zeit und dem Raum im Hinblick auf spätere gesellschaftliche Bedürfnisse, Gebrauch oder Missbrauch möglich.

„Gravuren von langer Dauer" können in ihrer räumlichen Dimension als Palimpsest ideologischer Sprachen zahlreicher „Räume" beobachtet werden, die es heute nicht mehr gibt, die aber in ein und denselben geografischen Koordinaten chronologisch aufeinander folgen. In unserem Fall handelt es sich um heute nicht mehr vorhandene historische Räume, die mit sehr unterschiedlichen Begriffen, wie z. B. Österreichisches Küstenland, Terre irredente, Julisch Venetien, das Küstenland (Primorska) unter dem Faschismus, die administrative Region Venezia Giulia, die Operationszone Adriatisches Küstenland der NS-Zeit usw., bezeichnet werden können. In den heutigen Räumen bleibt die Erinnerung an sie nur noch in Texten, Bildern und Landkarten sowie auch in historischen Sprachen des Raumes lebendig oder, wie Jörg Döring sagen würde: *„Der kulturwissenschaftlichen Analyse zugänglich wird der Raum erst dort, wo er oder etwas an ihm sich in Text verwandelt hat (oder in etwas Textanaloges), das lesbar ist wie eine Sprache (auch ein Bild kann in diesem Sinne lesbar sein)."*[15] Letztendlich verändert sich heute auch die Definition der Dimension des Raumes – vom geografischen zum virtuellen, vom sozialen zum Raum etwa eines Ökosystems – und in extremer Auslegung sogar die Definition von Räumen „ohne Referenzen" (z. B. Atlantis oder andere vermeintliche Kulturen ohne physische Spuren) oder schlecht erklärbare und historisch beschriebene Räume wie etwa das Norische Reich usw.[16]

Auch ein solcher „imaginärer Raum", der real oder per Konvention nicht mehr besteht, kann aus der Vergangenheit in die Gegenwart wirken. Es kann aber auch eine Identität bestehen, die im imaginären „Raum" nicht mehr wahrzunehmen ist – durch die zeitliche Distanz, weil sie unkenntlich ist oder aber derart primitiv war, dass sie keine konsistenten Spuren (außer Ruinen davor bestehender Kulturen) hinterlässt (z. B. Einfälle barbarischer Stämme, Islamischer Staat im Irak usw.).

In Julisch Venetien zur Zeit des Faschismus schaltete sich auf originelle Weise die Sprache der Kirchenbemalungen von Tone Kralj ein, als Ansprache des Raumes einer der dortigen Identitäten (d. h. der slowenischen Identität), als *Aneignung des Raumes* und als *Kampf* um den Raum an der Grenze zweier nationaler Identitäten.

Mit seinem Opus im Küstenland befassten sich die Kunsthistoriker Tosja Makuc Kozina, Milček Komelj, Verena Koršič Zorn, Marko Vuk und Igor Kranjc.[17]

Mein Beitrag ist, im Einklang mit dem bisher Geschriebenen, vor allem historiographisch und gibt Auf-

---

[14] Siehe z. B.: Gaetano Dato: La memoria della Grande guerra nei discorsi ufficiali presso il Sacrario di Redipuglia. Dalla ricostruzione al boom economico, Qualestoria, Jahrgang, XLII Nr. 1/2 (Juni–Dezember), Triest 2014, S. 155–157.

[15] Dazu: Jörg Döring/Tristan Thielmann: Was lesen wir im Raume? Der Spatial Turn und das geheime Wissen der Geographen; in: Jörg Döring/Tristan Thielmann: Spatial Turn: Das Raumparadigma in den Kultur- und Sozialwissenschaften, Transkript Verlag, Bielefeld 2009, S. 17.

[16] Noricum (lateinisch Regnum Noricum) wurde Ende des 2. Jahrhunderts vor unserer Zeitrechnung von Kelten im Gebiet des heutigen Österreich und einem Teil von Slowenien und Bayern gebildet. Es war ein Bund mehrerer keltischer Stämme im Ostalpenraum. Außer den Norikern, die ihm den Namen gaben, waren auch Taurisker, Latobiker, Ambidraven, Ambilinen, Helveter, Ambisonten und noch einige weitere keltische Stämme Teil des Bundes.

[17] Einige sehr gute Diplomarbeiten setzen sich mit den Bildern von Tone Kralj in Kirchenräumen auseinander: unter der Mentorschaft von Dr. Emilijan Cevc die Diplomarbeit von Pavel Pibernik, Cerkveni slikar ekspresionist Tone Kralj [Der Kirchenmaler und Expressionist Tone Kralj], Theologische Fakultät, Ljubljana 1991; unter der Mentorschaft von Dr. Milček Komelj die Diplomarbeit von Tina Ban, Razvoj protivojne ikonografije v cerkvenih poslikavah Toneta Kralja [Die Entwicklung der Antikriegsikonografie in den Kirchenbemalungen von Tone Kralj], Philosophische Fakultät, Ljubljana 2008; unter der Mentorschaft von Dr. Marjeta Ciglenečki die Diplomarbeit von Mojca Benčina mit dem Titel Tone Kralj in poslikave cerkva na slovenskem Primorskem [Tone Kraljs Kirchenmalerei im slowenischen Küstenland], Pädagogische Fakultät, Maribor 2010.

Karte des Grenzraums mit Kirchenmalereien von Tone Kralj 1921–1975.

schluss über die Geschichte von Tone Kralj im Küstenland. Darüber hinaus wirft er Licht auf zwei zusätzliche Aspekte dieses Phänomens im Grenzraum: Er schildert den historischen Hintergrund der Entstehung der Kirchenmalereien und stellt im Bildteil an ausgewählten einzelnen Bemalungen und Details konkrete ideologische und politische Motive dar, die dem Künstler als Zeichen für die ideologische Markierung des Raumes dienten.

Das Buch stellt also das politisch antifaschistisch engagierte Opus des Malers Tone Kralj vor. Tone Kralj gehört zu den führenden Vertretern des Expressionismus im slowenischen Raum in der Zeit nach dem Ersten Weltkrieg. Diese Abhandlung erläutert sein Werk vom historischen Blickwinkel aus: Sie betont nämlich jenen Teil seines Schaffens, der ein ganz besonderes Phänomen der Kulturgeschichte darstellt und mit dem die Malerei von Tone Kralj die Sphäre der bildenden Kunst verlässt und in den Bereich des lokalen Kulturraumes mit politischen Implikationen eintritt: gemeint ist der Raum im Küstenland,[18] dem Territorium an der heutigen slowenisch-italienischen Grenze.

Aus einer Reihe von politisch- und kulturhistorischen Gründen und Faktoren, die wir in der Folge besprechen werden, wurde dieses Phänomen ideologischer Markierungen des Raumes mit Antifaschismus und Antinazismus bis heute nicht genauer ausgeleuchtet und angemessen bewertet.

---

[18] *Primorska* (Küstenland) ist heute die slowenische Bezeichnung für denjenigen Teil der Republik Slowenien, der auf der obigen Karte zwischen der Rapallo-Grenze von 1920 und der heutigen Grenzlinie zwischen der Republik Slowenien und der Republik Italien, beschlossen auf der Friedenskonferenz in Paris nach dem Zweiten Weltkrieg, zu sehen ist.

Der Hauptakteur dieses völlig einzigartigen kulturhistorischen Phänomens ist ein Maler, der in der Zeit, als in Europa totalitäre und autoritäre politische Regime die Macht ergriffen, mit seiner bildnerischen Sprache ein einzigartiges antifaschistisches Denkmal im ausgedehnten Grenzraum zwischen der heutigen Republik Italien und der Republik Slowenien errichtete.

Dadurch hat uns der Maler seine „Flaschenpost" hinterlassen, die wir erst heute entdecken, und auch das noch nicht vollständig.

II. DIE KÜNSTLERISCHE ENTWICKLUNG DES MALERS TONE KRALJ

DIE JUGENDZEIT

Der Maler, Bildhauer, Grafiker und Illustrator Tone Kralj wurde am 23. August 1900 in einem ländlichen Dörflein in einem provinziellen Gebiet der Donaumonarchie geboren, im Weiler Zagorica, in der Gemeinde Dobrepolje, der Teil der historischen Region Unterkrain war und der heute im Gebiet der Republik Slowenien liegt.[19] Kraljs Biographie kann in jene lange Reihe sich stark ähnelnder Lebensläufe slowenischer Schaffender (Dichter, Schriftsteller, wissenschaftliche und technologische Innovatoren, Musiker, Maler u. a.) eingereiht werden, die in weniger entwickelten, überwiegend marginalen Gebieten der Habsburgermonarchie geboren wurden, wo laikale Gesellschaftseliten fehlten und wo politische Initiativen vom politischen Katholizismus ergriffen wurden, einschließlich der national-politischen Initiativen (Slowakei, Slowenien usw.). So beginnen die Biographien dieser slowenischen Künstler oder Wissenschaftler aus den älteren Zeiten bis hin zu den in der zweiten Hälfte des 19. Jahrhunderts geborenen Generationen oft mit einer charakteristischen Einleitung im Sinne von etwa: *„der Dorfpfarrer bemerkte die Begabung des Kindes"*. Im ländlichen Raum wurden nämlich intellektuelle Initiativen für die Bildung begabter Kinder von der Kirche übernommen, die sich der Bedeutung der Bildung bewusst war und als Einzige eine Aufsicht über die Population hatte und über Mittel für die Ausbildung verfügte. Das war die Folge des Monopols des slowenischen politischen Katholizismus, der in großem Maße den Raum anderer politischer Eliten (Adel und Bürgertum) ersetzte und besetzte. Mit der Demokratisierung Anfang des 20. Jahrhunderts kam in den rückständigen Gebieten Cisleithaniens das Phänomen auf, dass konservative katholische Parteien an die Macht kamen. Mit dem weit verzweigten Netzwerk der Kirchenorganisation, das nun zu politischen Zwecken eingesetzt wurde, beherrschte die katholische politische Partei den slowenischen Raum. Eine solche Entwicklung war damals auch für viele andere Agrargebiete in Europa charakteristisch, als in der Zeit der frühen Akkumulation des Kapitals die katholischen Parteien die Bauern mit konkreten Sozialprogrammen in Schutz nahmen.[20]

Das Kunsttalent des Malers Tone Kralj hat tatsächlich der Kaplan in seinem Heimatdorf, Andrej Orehek, als Erster bemerkt. In Kraljs Familie wurden zwei Brüder als begabte Kinder erkannt. Zum Künstler (in Diensten der Kirche) wurde daheim zwar der ältere Bruder des Malers, France Kralj,[21] bestimmt und in die Bildschnitzerwerkstatt nach Klagenfurt geschickt. Tone Kralj sollte Priester werden und besuchte deshalb 1912 das Bischöfliche Gymnasium Šentvid bei Ljubljana, wo er bis zur Matura 1920 blieb.[22] Auch dort fand er bald einen Förderer, diesmal im Priester und Zeichenlehrer am Bischöflichen Gymnasium, Gašper Porenta.

Kraljs Schulbesuch wurde durch den Ersten Weltkrieg unterbrochen. Er wurde in die Gemeinsame Armee (umgangssprachlich auch k.u.k. Armee genannt) eingezogen und 1917 an die italienisch-österreichische Front, an den Fluss Piave, abkommandiert.[23] Die Erfahrungen

---

[19] Der südliche Teil der heutigen Republik Slowenien, der an die Republik Kroatien grenzt.

[20] Vgl: Martin Conway: Catholic Politics in Europe 1918–1945, New York 1997, S. 38.

[21] Der Bruder von Tone Kralj, France Kralj, war Maler, Bildhauer und Grafiker. Er wurde 1895 in Zagorica bei Dobrepolje geboren. In den Jahren 1918–1919 studierte er Bildhauerei an der Kunstakademie in Wien und 1919–1920 Malerei an der Kunstakademie in Prag. Seit 1920 wohnte er in Ljubljana, wo er auch Professor für Keramikgestaltung an der Technischen Mittelschule war. France Kralj war einer der namhaftesten Vertreter des Expressionismus in Slowenien. Er war seinem jüngeren Bruder lange Zeit ein Vorbild.

[22] Bestätigung des Bischöflichen Gymnasiums über die Matura. Archiv von Tone Kralj im Besitz seiner Tochter Tatjana Kralj.

[23] Tosja Makuc Kozina, Oris umetnosti Toneta Kralja na slikarskem, grafičnem in ilustrativnem področju [Umriss der Kunst von Tone Kralj im Bereich der Malerei, Grafik und Illustration], Goriški letnik [Sammelband des Goriški muzej] 1985/1987, Nova Gorica, Nr. 12/14, S. 239.

Štev.	Zahl

Obiskovalno spričevalo. — Frequentationszeugnis.

Ime učenca	Anton Kralj	Name des Schülers
Razred (oddelek)	VI.	Klasse (Abteilung)
Rojstni kraj	Zagorica	Geburtsort
Rojstva dan, mesec in leto	23. avgusta 1900	Tag, Monat und Jahr der Geburt
Šolo je obiskoval	od 15/9 1906 do še obiskuje	Dauer des Schulbesuches von / bis
Nravnost	hvalevredna	Sittliches Betragen
Pridnost	vztrajna	Fleiss
Obiskovanje šole	prav redno	Schulbesuch

Napredek v posameznih učnih predmetih: — Fortgang in den einzelnen Lehrgegenständen:

Veroznanstvo	prav dobro	Religion
Slov. učni jezik	prav dober	Unterrichtssprache
Drugi (nemški) deželni jezik	dober	Zweite ( ) Landessprache
Računstvo	prav dobro	Rechnen

To spričevalo daje se temu učencu v ta namen, da se zglasi za vsprejem v srednje šole.

Vorstehendes Zeugnis wird diesem Schüler zum Zwecke der Anmeldung zur Aufnahme in eine Mittelschule ausgestellt.

Šest razredna ljudska šola — klassige Volksschule

v (na) pri Dobrepoljah in
dne 3/VI 1912 am 19

Ivan Štrukelj
šolski voditelj — Schulleiter.

učitelj — Lehrer.

Zeugnis von Tone Kralj von 1912, als er die Volksschule in Dobrepolje abschloss.

Kraljs Entwurf für die Ausschreibung für die Anfertigung der Statue eines Soldaten aus dem Ersten Weltkrieg auf dem Berg Sveta Gora bei Litija 1929.

Das errichtete Denkmal in Stein 1929, nachdem Kralj den Auftrag bekommen hatte. Vor dem Denkmal steht Tone Kralj im Jahr 1929.*

des Ersten Weltkriegs, der Front, der Flucht und des Todes formten sich zu Motiven, die er in sein Schaffen von kirchlichen und weltlichen Kunstwerken einbezog.[24] Das Geschehen an der Front gehörte auch in Kraljs späteren Jahren noch zu den Bildmotiven jener Wirklichkeit, die ihn besonders stark geprägt hatte.

Die frühe Schaffenszeit

Schon vor dem Studium im Ausland lernte Tone Kralj Anfang der Zwanzigerjahre über seinen Bruder France, einem damals bereits etablierten slowenischen expressionistischen Künstler, die europäischen Kunstströmungen kennen. Ein Echo der Wiener Sezession und des Symbolismus und auch anderer charakteristischer Strömungen der europäischen Kunst seiner Zeit ist noch später in seiner Malerei in den Jahrzehnten weit nach dem Ersten Weltkrieg zu spüren.

Tone Kraljs künstlerische Emanzipation vom Einfluss seines Bruders tritt erst mit seiner Ankunft im Küstenland in der zweiten Hälfte der Zwanzigerjahre ein, als er die systematische, mehrere Jahrzehnte dauernde

---

[24] Pogovor s slikarjem Tonetom Kraljem [Gespräch mit dem Maler Tone Kralj], Ognjišče, Koper 1972, S. 17.

* Aus dem Privatarchiv der Tochter Tatjana Kralj.

Tone Kralj Ende der Zwanzigerjahre vor seinem neuen, nach eigenen Plänen gebauten Haus in der Straße Gerbičeva ulica 11 in Ljubljana.

Bemalung der Kirchen im Küstenland,[25] das nach dem Ersten Weltkrieg dem Königreich Italien zugefallen war, in Angriff nahm.

Die sakrale Kunst

Sakrale Kunst bedeutete für slowenische Maler jener Zeit einerseits ständige Aufträge und andererseits auch vielfältige Schaffensmöglichkeiten. In dem Bereich setzte sich nach dem Ersten Weltkrieg eine Reihe slowenischer Künstler durch. Die Kirche als Schaffensumfeld schien Tone Kralj schon 1930 ideal für das Wirken eines Künstlers zu sein: *„Man drückt sich als Architekt, Bildhauer, Maler aus – alles zugleich."*[26]

Bereits 1928 bemerkte Marjan Marolt in *Dom in svet*, einer der führenden slowenischen Zeitschriften, die sich (auch) mit Kritik der bildenden Kunst befassten, dass Tone Kralj nicht mehr unter unmittelbarem Einfluss seines Bruders France stehe, hinsichtlich der sakralen Kunst habe er sogar seinen Bruder bereits übertroffen:

„Diese Arbeit (von Tone, Anm. E. P.) *war jedoch nicht leichter als die seines Bruders. Wie jedes wichtigere Werk von France neue Ausdrucksmöglichkeiten entdeckte und einen guten Teil der Tradition verwarf, so führte auch Tones Weg in der monumentalen Malerei von den ersten, mit dem Bruder gemeinsamen Arbeiten im Studentenwohnheim in Ljubljana und Plänen zur Bemalung der Kirche von Dobrepolje über Struge bis Volče und zum nun größten Werk, zur völligen Renovierung der Pfarrkirche von Avber, ständig aufwärts. Die Erfahrung bei der Arbeit selbst trug hauptsächlich zur äußerst gut gelungenen Ausführung dieser beiden Arbeiten bei und wurde auf der anderen Seite durch die Großherzigkeit der Auftraggeber ermöglicht, die dem Künstler jede mögliche Freiheit beim Schaffen boten.*

Während der Anteil beider Kraljs am allgemeinen Kunstschaffen des letzten Jahrzehnts groß war, ist aber das Erscheinen von Tone als Kirchenmaler von geradezu unüberschätzbarer Bedeutung. Seit Janez Wolf[27] *hatten wir keinen kirchlichen Kunstmaler und*

---

[25] Milček Komelj, Slovensko ekspresionistično slikarstvo in grafika [Slowenische expressionistische Malerei und Grafik], in: Ekspresionizem in nova stvarnost na Slovenskem [Expressionismus und Neue Sachlichkeit in Slowenien], katalog razstave [Ausstellungskatalog], Moderna Galerija, Ljubljana 1986, S. 20.

[26] Saša Šantel, Pomenek s Tonetom Kraljem [Gespräch mit Tone Kralj], Tageszeitung Slovenec, Jahrgang 58, Jahr 1930, Nr. 67, am 22. 3., S. 7. Dazu auch Tosja Makuc Kozina, Oris umetnosti Toneta Kralja na slikarskem, grafičnem in ilustrativnem področju [Die Kunst von Tone Kralj im Bereich der Malerei, Grafik und Illustration], Goriški letnik [Sammelband des Goriški muzej] 1985/1987, Nova Gorica, Nr. 12/14, S. 237.

[27] Der slowenische Maler Janez Wolf (1825–1884) war als Kirchenmaler tätig. Er ist ein Vertreter der sog. nazarenischen Richtung und lehnt sich an die venezianische Malerei an. Am bekanntesten sind seine Fresken in der Pfarrkirche in Vrhnika (1867) und in Vipava (1876–1877). Seine Schüler waren Anton Ažbe, Janez Šubic und Jurij Šubic.

schon Wolf tritt in der Zeit der Krise der Kirchenkunst auf; sein Lebenswerk konnte kaum einen Teil der großen Lücke ausfüllen, die seit dem Barock immer größer wurde. Die beiden besten Schüler von Wolf waren nur notgedrungen Kirchenmaler; die übrigen verfielen dem Handwerk und als noch diese letzte Generation der Wolfianer fast ausgestorben war, wäre kaum eine günstigere Lösung dieser Krise möglich gewesen als das Erscheinen eines Malers von Kraljs Qualitäten. Nicht weniger wichtig als die künstlerische ist die religiöse Seite der Werke von Kralj."[28]

Auch France Stele (1886–1972), der führende slowenische Kunstkritiker der expressionistischen Zeit, äußerte sich 1932 über die Kirchenkunst von Tone Kralj in Superlativen:

„Erst die nach dem Krieg stattgefundene expressionistische Revolution in unserer Kunst neigte sich recht bewusst der Kirchenkunst zu und zeigte sofort den Wunsch, hier zur Geltung zu kommen. /.../ Mit Tone Kralj bekam die slowenische Kirchenkunst nach den Brüdern Šubic[29] *die erste eigenständige Qualität."*[30]

---

[28] Marjan Marolt, Cerkvena dela Toneta Kralja [Die Kirchenarbeiten von Tone Kralj], Dom in svet, Ljubljana 1928, Jahrgang 41, Nummer 7, S. 209.

[29] Im 19. Jahrhundert war die Werkstatt von Poljane die wichtigste unter den Bildschnitzerwerkstätten in Slowenien. Der erste bekannte bildnerisch Schaffende war der Müller Pavel Šubic d. Ä. (1772–1847), der Schnitzerarbeiten für Bildstöcke und Kirchen in der Umgebung von Škofja Loka anfertigte. Bei ihm lernten seine drei Söhne Štefan, Blaž und Janez. Štefan Šubic (1820–1884) führte in Poljane oberhalb von Škofja Loka die wichtigste Bildschnitzerwerkstatt der zweiten Hälfte des 19. Jahrhuderts im slowenischen Raum. Die künstlerische Familientradition wurde von allen fünf Söhnen von Štefan Šubic fortgesetzt. Die Maler Janez (1850–1889) und Jurij (1855–1890) studierten an den Akademien in Venedig bzw. Wien. Obwohl sie sehr jung starben, gehören sie, neben einigen jüngeren Künstlern, zu den wichtigsten Malern des slowenischen Realismus.

[30] France Stele, Jože Gorjup – cerkveni slikar [Jože Gorjup – Kirchenmaler], Dom in svet, Jahrgang 45, Jahr 1932, Nr. 1/2, S. 71. Tosja Makuc Kozina, Oris umetnosti Toneta Kralja na slikarskem, grafičnem in ilustrativnem področju [Die Kunst von Tone Kralj im Bereich der Malerei, Grafik und Illustration], Goriški letnik [Sammelband des Goriški muzej] 1985/1987, Nova Gorica, Nr. 12/14, S. 248.

Die Tätigkeit im Königreich Jugoslawien in den Zwanzigerjahren

Die Zwanzigerjahre sind die Zeit, in der Tone Kralj Mitglied der Kunstgruppe „Jugendklub" war (1926 in „Slowenischer Kunstverein" umbenannt). Die Gruppe organisierte unter der Leitung seines Bruders France Kralj Ausstellungen in Slowenien, in den größeren Städten des damaligen Königreichs der Serben, Kroaten und Slowenen und im Ausland.[31] In Belgrad, Zagreb und anderen Städten des Königreichs SHS stellten sie sehr regelmäßig aus, sodass Tone Kralj also stark in das Geschehen in der Kunstszene im Königreich SHS eingebunden war.[32]

Unter den Mitgliedern des Jugendklubs waren auch seine guten Bekannten und Freunde und eine Reihe von damals schon etablierten Expressionisten aus Julisch Venetien, das, wie gesagt, nach dem Ersten Weltkrieg und dem Grenzvertrag von Rapallo 1920, Teil des Königreichs Italien geworden war.

Tone Kralj und der Expressionismus als transkulturelles Phänomen Mitteleuropas

Wie die tschechische Kunsthistorikerin Marie Rakušanova feststellt, ist die Behandlung der Frage der „Hierarchie" in Kunstinnovationen in Mitteleuropa besonders aktuell. Englische, französische und deutsche Kunsthistoriker beschrieben nämlich die Beziehung „Zentrum – Peripherie" meist als in eine Richtung verlaufend. Aus dem Kunstzentrum sollen sich Innovationen vertikal in die Provinz bewegen und lokale „Modernismen" wurden deshalb als ihre Deduktionen verstanden, als „provinziell", „sekundär" und „minderwertig". In letzter Zeit kann eine analytische Überwindung der erwähnten Definitionen in Richtung „Transkulturalität" und „Transnationalität" beobachtet werden. Statt einer vertikalen haben wir es tatsächlich mit einer

---

[31] Bis 1929 hieß der Staat Königreich der Serben, Kroaten und Slowenen, und nach der Einführung der Diktatur 1929 dann Königreich Jugoslawien.

[32] Mitglieder des Jugendklubs (*Klub mladih*) waren die slowenischen Maler und Bildhauer Domicijan Serajnik, Ivan Čargo, Tine Kos, Nande Vidmar, Drago Vidmar, Franjo Stiplovšek, Miroslav Oražem, France Zupan, Tone Kralj, France Kralj, Veno Pilon, Božidar Jakac, Gojmir Kos, Bruno Vavpotič, Ivan Napotnik und andere.

horizontalen Vernetzung zu tun, die die Dynamik der Relation „Zentrum" – „Peripherie" in einen völlig neuen Kontext stellt und im genannten Prozess die gegenseitigen Relationen zwischen den Künstlergruppen oder individuellen Akteuren neu „kartiert".[33] In dem Sinne ist Tone Kralj sicherlich einer derjenigen, die in diesem Prozess originelle Ansätze beigetragen haben.

Und doch hat der wichtigste slowenische Kunstkritiker der damaligen Zeit, France Stele, schnell festgestellt, wo die kreativen Ausgangspunkte und Vorbilder der Brüder Kralj liegen, die in der Malerei im slowenischen Raum eine wahre kleine Revolution waren. Schon anlässlich der XVII. Kunstausstellung 1920 im Jakopič-Pavillon in Ljubljana schrieb er: *„Ohne Klimt und ihm Verwandte, ohne Kenntnis des Expressionismus, und vielleicht auch ohne Meštrović*[34] *wäre ihre Kunst nicht möglich."*[35]

Die Klimt'sche „weiche Linie" ist ein erkennbares Merkmal von Kraljs Werken, die man sowohl in Kraljs Malerei als auch in seinen Grafiken, Illustrationen und seiner Bildhauerei ausmachen kann.

Das Motiv der Erde als Spezifikum von Tone Kraljs Expressionismus

Ein zweites, besonderes Element, das im gesamten Schaffen von Kralj vorkommt, ist die „Erde". Die Erde ist ein Abbild der Provenienz des Malers, als Ursprung der Anbindung an das slowenische Bauernmilieu, aus dem er hervorkam, und gleichzeitig verbindet es sich mit zeitgenössischen europäischen Kunstströmungen und andererseits mit ideologischen Konzepten der „Ruralität", die im damaligen Mitteleuropa populär waren. Auf der anderen Seite versucht Kralj ein „nationaler Künstler" zu sein, der seinen Nationalismus nicht verbirgt, und in diese Ausrichtung des Malers fügt sich auch seine Erdmotivik ein.

Einer der besten Kenner des slowenischen Expressionismus, Milček Komelj, bezeichnet Kraljs Expressionismus als Schaffen zwischen der Universalität des Lebens und dem Versuch die „slowenische Identität" auszudrücken:

„Der Expressionismus von Tone Kralj ebenso wie der seines Bruders erwies sich aber durch diese Spezifika im Rahmen des sogenannten slowenischen Expressionismus als der eigenständigste, der am stärksten mit der einheimischen Volksüberlieferung verbundene und daher der slowenischste."[36]

In der Kunst der Brüder Kralj ist auch der Unterschied zwischen dem europäischen und dem spezifisch slowenischen Expressionismus zu erkennen, ungeachtet der Tatsache, dass schon der Begriff Expressionismus selbst, im Lichte der retrospektiven kunsthistorischen Bewertungen, oft schwer exakt und universell zu definieren ist.[37]

---

[33] Marie Rakušanova, Ekspresionizem kot transkulturni fenomen srednje Evrope [Expressionismus als transkulturelles Phänomen Mitteleuropas], in: Obrazi ekspresionizma/odtisi duha [Gesichter des Expressionismus/Abdrücke des Geistes], Galerija Božidar Jakac, Kostanjevica na Krki 2018, S. 48.

[34] Ivan Meštrović, (Vrpolje, 15. August 1883 – South Bend, 16. Januar 1962) war ein namhafter kroatischer Bildhauer, Architekt und Autor im 20. Jahrhundert. Er war der prominenteste Vertreter der kroatischen modernen Bildhauerei und eine führende Persönlichkeit der Kunstszene in Zagreb. Er studierte an der Kunstakademie Wien, wo ihn der Einfluss der Wiener Secession prägte. Er reiste durch ganz Europa und studierte die Werke der Meister der Antike und der Renaissance, insbesondere Michelangelo, und der französischen Bildhauer A. Rodin, A. Bourdelle und A. Maillol. Während des Ersten Weltkriegs lebte er in der Emigration. Nach dem Krieg kehrte er nach Kroatien zurück und es begann eine lange und fruchtbare Zeit als Bildhauer und Pädagoge. 1942 emigrierte er nach Italien, 1943 in die Schweiz und dann 1947 in die USA. Er war Professor für Bildhauerei an der Syracuse University und ab 1955 an der University of Notre Dame in South Bend, Indiana.

[35] France Stele, XVII. Umetnostna razstava, Dom in svet, Ljubljana 1920, S. 197–201. Dazu siehe auch Tosja Makuc Kozina, Oris umetnosti Toneta Kralja na slikarskem, grafičnem in ilustrativnem področju [Die Kunst von Tone Kralj im Bereich der Malerei, Grafik und Illustration], Goriški letnik [Sammelband des Goriški muzej] 1985/1987, Nova Gorica, Nr. 12/14, S. 241.

[36] Milček Komelj, Umetnost Toneta Kralja [Die Kunst von Tone Kralj], Galerija Božidar Jakac, Kostanjevica na Krki, 2010, S. 13.

[37] Dietmar Elger, Expressionism, Taschen, Köln 2002, S. 7. Auch: Marie Rakušanova, Ekspresionizem kot transkulturni fenomen srednje Evrope [Expressionismus als transkulturelles Phänomen Mitteleuropas], in: Obrazi ekspresionizma/odtisi duha [Gesichter des Expressionismus/Abdrücke des Geistes], Galerija Božidar Jakac, Kostanjevica na Krki 2018, S. 50.

Der Sämann, 1921 · Radierung / Papier · Abdruck: 12,9 × 36 cm · Blatt: 22,8 × 44,7 cm

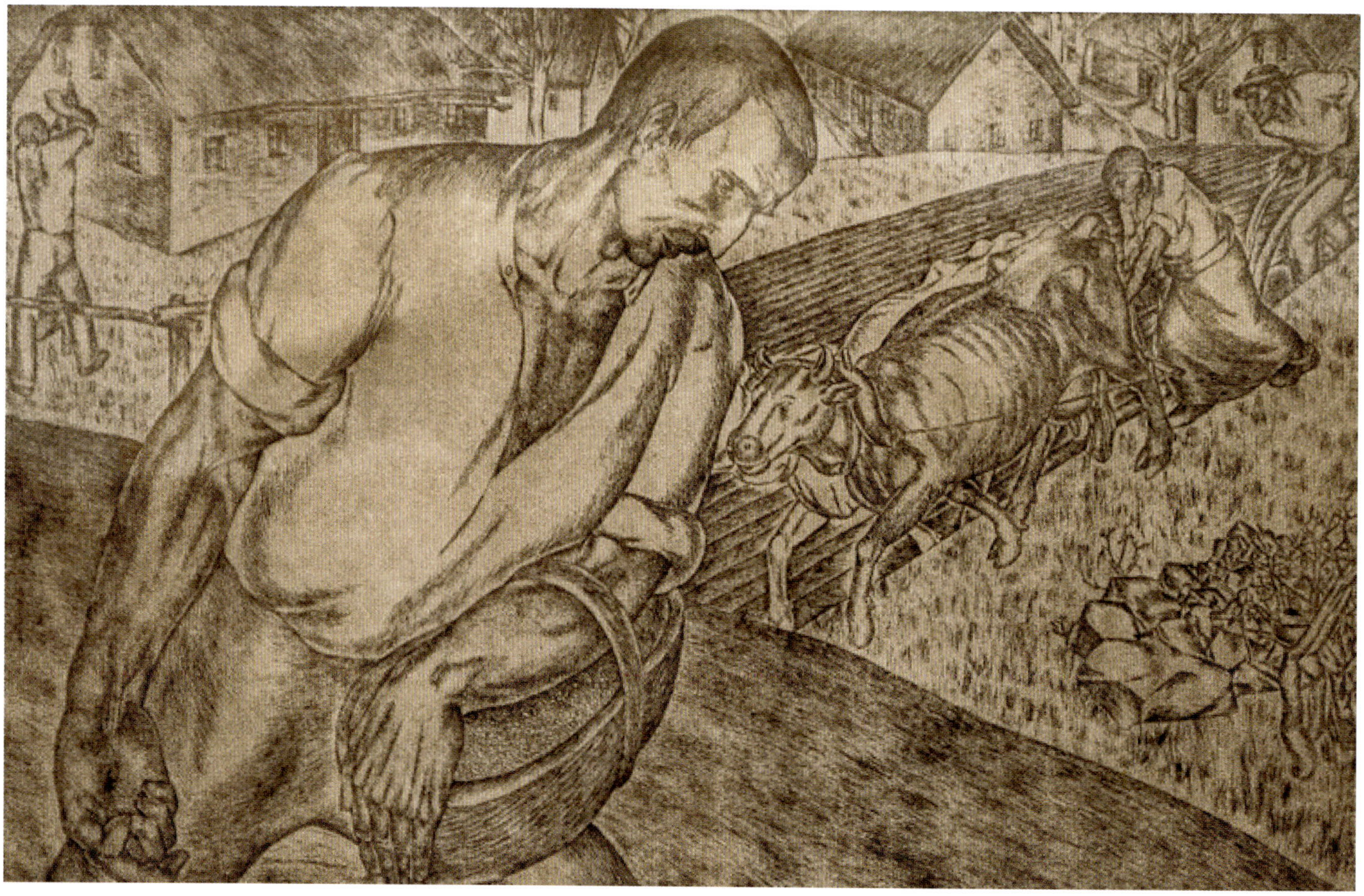

Der Sämann, 1932 · Radierung / Papier · 32 × 54,2 cm

Im Schweiße meines Angesichts, 1919 · Öl / Jute · 69,5 × 88 cm

Die Motivik des Ersten Weltkriegs

Ein weiteres charakteristisches Segment von Kraljs Expressionismus, das zwar auch bei vielen anderen europäischen Expressionisten zu finden ist, sind die grauenvollen Fronterlebnisse.[38] Kralj wurde als erst 17-Jähriger von der Armee der zu Ende gehenden Monarchie einberufen und als Helfer bei Fliegerbeobachtungsstellen an die Piavefront geschickt.[39] Erfahrungen aus dem Ersten Weltkrieg, Kriegszerstörungen, Flüchtlingsschicksale, Bilder des Leids, Verwundete, verstümmelte Leichen und Kadaver und Bilder des Todes im Allgemeinen formten sich im Unterbewusstsein des Malers zu Motiven, die später in seinen Werken tiefe Spuren hinterließen.[40]

Im Rahmen dieser Thematik kommt Tone Kralj, insbesondere in den späten Zwanzigerjahren, in den Bildern in der Kirche im Dorf Volče bei Tolmin (1927)[41] oder z. B. in der Bemalung in der Kirche auf dem Luschariberg (1930)[42] über diese Motive stilistisch auch der deutschen

---

[38] Dietmar Elger, Expressionism, Taschen, Köln 2002, S. 13.
[39] Tosja Makuc Kozina, Oris umetnosti Toneta Kralja na slikarskem, grafičnem in ilustrativnem področju [Die Kunst von Tone Kralj im Bereich der Malerei, Grafik und Illustration], Goriški letnik [Sammelband des Goriški muzej] 1985/1987, Nova Gorica, Nr. 12/14, S. 239.

[40] Pogovor s slikarjem Tonetom Kraljem [Gespräch mit dem Maler Tone Kralj], Ognjišče, Koper 1972, S. 17.
[41] Siehe mehr auf Seite 94ff.
[42] Siehe mehr auf Seite 109ff.

"Neuen Sachlichkeit" nahe.⁴³ In den Malereien ist die Motivik der Kriegsverwüstung zu sehen, Kriegsversehrte, Geflüchtete und Verzweifelte, Hausruinen und sonstige Folgen des Ersten Weltkriegs. Die Fronterfahrungen werden später immer wieder in seinen Werken präsent sein, ähnlich wie Motive der sozialen Frage eine Konstante bleiben werden, z. B. Unruhen, Streiks – das politische und soziale Geschehen im Königreich Jugoslawien nach dem Ersten Weltkrieg.

-Et Circenses, 1932 · Radierung / Papier · 44 × 52,4 cm
Soziale Themen: in der linken Ecke ein Kriegsinvalide, ein Blinder, der an den Rand gedrängt das Volksfest samt Umzug verfolgt.

Panem Et-, 1932 · Radierung / Papier · 52,4 × 44,6 cm

GROSSFORMATE UND KOMPOSITIONEN

Was die Form betrifft, ist bei Kralj auf "große Kompositionen" hinzuweisen. Dies gilt sowohl für Kirchenmalereien als auch für Leinwände, auf denen er Szenen aus dem Bauernleben abbildet. Der Kunsthistoriker Jure Mikuž macht dabei auf die damals aktuelle Wirkung der "großen Leinwand" und auf den Umstand aufmerksam, dass sich damals viele Maler vom Film begeistern ließen, was sich auch auf Großformate von Bildern auswirkte.

Auch inhaltlich wurden die Motive, wie wir an zahlreichen Beispielen aus Kraljs Opus sehen werden, die man an den Kirchenwänden des Küstenlandes findet, oft parodistisch nach den Inhalten der damals aktuellen Propaganda-Vorfilme, "cinegiornale" genannt (der italienischen Variante der späteren deutschen regimetreuen Propagandafilme der "Wochenschau"), übernommen und karikiert,⁴⁴ wobei Kralj der Ikonographie des fa-

---

⁴³ "Neue Sachlichkeit", eine Gruppe deutscher Künstler in den 1920er Jahren, deren Werke in einem realistischen Stil ausgeführt waren (im Gegensatz zu den vorherrschenden Stilrichtungen des Expressionismus und der abstrakten Kunst) und die reflektierte, was nach dem Ersten Weltkrieg in Deutschland als Resignation und Zynismus charakterisiert wurde. Die Bezeichnung wurde 1924 von Gustav F. Hartlaub, Leiter der Kunsthalle Mannheim, eingeführt. In einer im Jahre 1925 in der Kunsthalle organisierten Ausstellung stellte Hartlaub die Werke der Mitglieder dieser Gruppe aus: George Grosz, Otto Dix, Max Beckmann, Georg Schrimpf, Alexander Kanoldt, Carlo Mense, Georg Scholz und Heinrich Davringhausen. Innerhalb der Neuen Sachlichkeit wurden verschiedene Trends und Stile festgestellt. Manchmal werden drei Unterteilungen vorgeschlagen. Die veristische schließt die sozialkritischen (und oft bitteren) Werke von Grosz, Dix und dem frühen Beckmann ein. Obwohl viele Künstler der Neuen Sachlichkeit nach den 1920er Jahren weiter im Repräsentationsstil arbeiteten, endete die Bewegung selbst mit dem Aufstieg des Nationalsozialismus.

⁴⁴ David Welch: The Third Reich – Politics and Propaganda, Routledge, London/New York 2002 (Second Edition), S. 55 oder David Welch: Propaganda and the German Cinema 1933–1945, Oxford 1983.

schistischen und später des nationalsozialistischen Regimes folgen und sie karikierend übernehmen konnte.⁴⁵ Kralj bewunderte später auch die mexikanische Malerei oder die großen Kompositionen der russischen Avantgarde.⁴⁶ In den Dreißigerjahren wird auch die Wandmalerei (Mural) zur allgemeinen Mode (Picasso, Lèger, Delaunay, Rivera und einige mexikanische Maler).⁴⁷

Und letztendlich bot auch der Kirchenraum selbst dem Künstler die physische Möglichkeit großflächiger Bemalung. Kraljs Kirchenmalereien, die sich mit breiter Geste über die Räume der Kirchen erstrecken und gesamte Presbyterien oder geräumige Wände der Kirchenschiffe umfassen, faszinieren durch ihre Größe.

TONE KRALJ IN DER EUROPÄISCHEN KUNSTSZENE

Im Ausland wurde Kralj in der Zwischenkriegszeit von Kritikern als einer der größten europäischen Kirchenmaler bezeichnet, worüber wir später sprechen werden.⁴⁸ Derselben Meinung war auch der damalige führende slowenische Kunstkritiker France Stele.

Ansonsten hatte der europäische Kunstkontext zunächst den größten Einfluss auf Tone Kralj, insbesondere durch sein Studium an den Akademien in den europäischen Kunsthauptstädten. Kralj studierte zuerst in Prag (1920–1923), das von slowenischen Künstlern als eine Art „slawische Filiale von Paris" gesehen wurde. Für das Studium dort entschied er sich nach eigenen Worten als Slawophiler,⁴⁹ da Masaryks Tschechoslowakei und der slowenische Teil des Königreichs Jugoslawien in so mancher Hinsicht schon in der Zeit des Habsburgerreichs ein gemeinsames Schicksal geteilt hatten. Dieser mitteleuropäische Expressionismus (in Deutschland z. B. die Gruppe Brücke oder in Böhmen die Gruppe Osma/die Acht) wurde vom Expressionismus des norwegischen Malers Edward Munch beeinflusst, dessen Werke Anfang des Jahrhunderts in mehreren Ausstellungen in Deutschland und in Böhmen vorgestellt wurden.⁵⁰

Diese Aktivitäten von Tone Kralj in der europäischen Kunstszene liefen parallel zu seinem Schaffen im nationalen Kontext. In einzelnen Bildern sind die Parallelen auch später schwer zu übersehen. Etwa 1943, als Tone Kralj in der Zeit des größten Wütens des Zweiten Weltkriegs in Slowenien in der Kirche in Lokev auf dem Karst Bilder des Leids zeichnet.⁵¹

In seiner Bildhauerei wird später der Einfluss des Begründers der tschechischen modernen Skulptur, Jan Štursa, zu beobachten sein, bei dem er in den Jahren 1920–1923 studierte.⁵²

In der ersten Hälfte des 20. Jahrhunderts zog Prag als Kunstzentrum und einer der Mittelpunkte des europäischen Expressionismus, der sich aus dem Zentrum in die Peripherie und ebenso umgekehrt ausbreitete, eine Reihe von jungen Künstlern an.

Aus Dresden kommend drängte hier auch der deutsche Expressionismus über die Grenze nach Mitteleuropa.⁵³ An der Akademie der bildenden Künste in Prag studierte auch eine Reihe der wichtigsten slowenischen Expressionisten: France und Tone Kralj, Veno Pilon und Božidar Jakac. Dieser slowenisch-tschechische Dialog setzte sich durch die gesamten Zwanzigerjahre hindurch fort und wurde gleichzeitig durchdrungen von anderen europäischen Einflüssen, da die große Mehrheit der slowenischen Expressionisten auch von anderen europäischen Strömungen beeinflusst wurde.⁵⁴ Wie Goran

---

⁴⁵ Dazu: David Welch: Nazi Propaganda and the Volksgemeinschaft: Constructing a People's Community, Journal of Contemporary History, SAGA Publications, London 2004.

⁴⁶ Milček Komelj, Umetnost Toneta Kralja [Die Kunst von Tone Kralj], Galerija Božidar Jakac, Kostanjevica na Krki, 2010, S. 20.

⁴⁷ Igor Kranjc, Tone Kralj Retrospektiva, Katalog k razstavi [Ausstellungskatalog], Moderna galerija, Ljubljana 1998, S. 10.

⁴⁸ Milček Komelj, Umetnost Toneta Kralja [Die Kunst von Tone Kralj], Galerija Božidar Jakac, Kostanjevica na Krki, 2010, S. 20.

⁴⁹ Milček Komelj, Umetnost Toneta Kralja [Die Kunst von Tone Kralj], Galerija Božidar Jakac, Kostanjevica na Krki, 2010, S. 28.

⁵⁰ Janina Dahlmanns, Most do novih bregov umetnosti [Eine Brücke zu neuen Ufern der Kunst], in: Obrazi ekspresionizma/odtisi duha [Gesichter des Expressionismus/Abdrücke des Geistes], Galerija Božidar Jakac, Kostanjevica na Krki 2018, S 14.

⁵¹ Siehe mehr auf Seite 141ff.

⁵² Robert Simonišek, Slovenci v srednjeevropski zgodbi o ekspresionizmu [Slowenen in der mitteleuropäischen Geschichte des Expressionismus], in: Obrazi ekspresionizma/odtisi duha [Gesichter des Expressionismus/Abdrücke des Geistes], Galerija Božidar Jakac, Kostanjevica na Krki 2018, S 30.

⁵³ Goran Milovanović, in: Obrazi ekspresionizma/odtisi duha [Gesichter des Expressionismus/Abdrücke des Geistes], Galerija Božidar Jakac, Kostanjevica na Krki 2018, S. 6.

⁵⁴ Richard Drury, in: Obrazi ekspresionizma/odtisi duha [Gesichter des Expressionismus/Abdrücke des Geistes], Galerija Božidar Jakac, Kostanjevica na Krki 2018, S. 10.

Judith, 1934 · Öl / Leinwand · 180 × 140 cm

Milovanović schrieb, *"trug es diese jungen, inspirationsvollen Leute wie Samen durch Europa."*⁵⁵

Ansonsten verlief Kraljs Kunstausbildung in einem breiteren europäischen Kontext. Neben dem Studium der Bildhauerei in Prag von 1920 bis 1923 bildete er sich später längere Zeit noch in Wien, in Paris und später noch in Venedig und Rom weiter, wo er Architektur studierte.⁵⁶

Diesen Kontakt mit Europa hielt Kralj die ganze Zeit aufrecht. Die kreative Hyperaktivität in den Kirchen des Küstenlandes war nämlich nur ein Teil der schöpferischen Tätigkeit des Künstlers, ansonsten blieb er in seinem Wirken mit den zeitgleichen europäischen Strömungen verbunden. Zu erwähnen ist Kraljs Teilnahme an der Ausstellung im Rahmen des Jugendklubs in Hodonín in Mähren, dreimal nacheinander wurde er zur Biennale in Venedig aufgenommen (1926, 1928, 1930), im Jahre 1930 nahm er an der jugoslawischen Ausstellung in London und in demselben Jahr noch an

Personalausweis von Tone Kralj in der Zeit des Studiums in Venedig 1939.

der Ausstellung religiöser Kunst in Antwerpen teil. Im nachfolgenden Jahr (1931) stellte er in Padua und Mailand aus und im Jahre 1932 in Leipzig bei der Johann Wolfgang von Goethe gewidmeten Ausstellung mit dem lithografischen Triptychon Faust. Besondere Resonanz erfuhr seine Teilnahme an der Ausstellung jugoslawischer Kunst im Stedelijk Museum in Amsterdam in demselben Jahr.⁵⁷

⁵⁵ Goran Milovanović, Vorwort, in: Obrazi ekspresionizma/odtisi duha [Gesichter des Expressionismus/Abdrücke des Geistes], Galerija Božidar Jakac, Kostanjevica na Krki 2018, S. 4.

⁵⁶ Tosja Makuc Kozina, Oris umetnosti Toneta Kralja na slikarskem, grafičnem in ilustrativnem področju [Die Kunst von Tone Kralj im Bereich der Malerei, Grafik und Illustration], Goriški letnik [Sammelband des Goriški muzej] 1985/1987, Nova Gorica, Nr. 12/14, S. 238.

⁵⁷ Milček Komelj, Umetnost Toneta Kralja [Die Kunst von Tone Kralj], Galerija Božidar Jakac, Kostanjevica na Krki, 2010, S. 15.

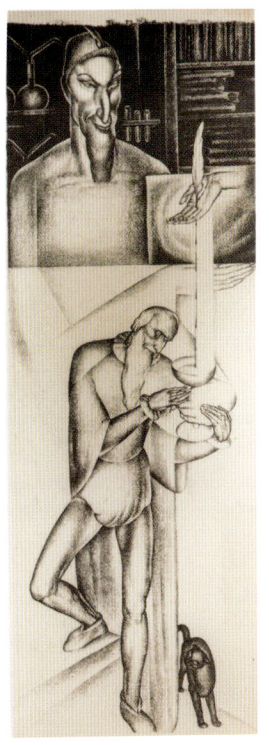  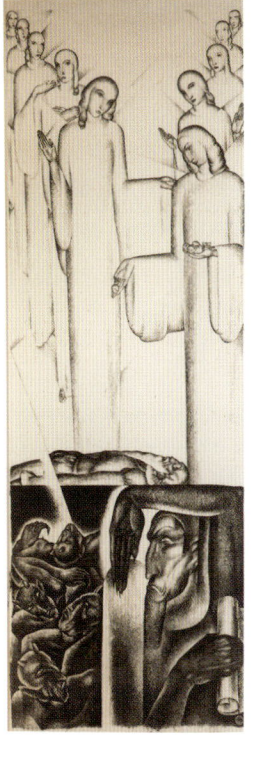

Faust, 1932
Lithografie / Papier
96,7 × 34 cm,
96,7 × 67 cm, 96,7 × 34 cm

In Wien wurden seine Werke 1934 in den Räumen des Vereins Hagenbund gezeigt. Mit seiner Frau Mara Jeraj[58] stellte er 1935 wieder in Wien aus, im nachfolgenden Jahr im Pariser Ausstellungssalon Tuileries (nach dieser Ausstellung arbeitete er noch sechs Monate in Paris und stellte dort aus) und so könnte man noch weitere Ausstellungen von Kralj in den europäischen Hauptstädten aufzählen.[59]

Er stellte auf Gruppenausstellungen in Barcelona, dreimal in Berlin, dreimal in Antwerpen, zweimal in Amsterdam, fünfmal in Paris, aber auch in Straßburg, London, New York, Los Angeles, Rom und anderswo aus.[60]

---

[58] Mara Jeraj, Malerin, geboren 1909 in Wien. Ihr Vater Karel war Musiker und ihre Mutter Franja Vovk Dichterin mit Künstlernamen Vida Jerajeva. In den Jahren 1925–28 studierte sie in der Abteilung für Keramik an der technischen Mittelschule beim Bruder des Malers, also bei France Kralj. Im Jahre 1928 heiratete sie Tone Kralj, was später zu einer fruchtbaren künstlerischen Zusammenarbeit führte. Im Jahre 1928 stellte sie noch unter ihrem Mädchennamen Mara Jerajeva in Ljubljana aus, 1930 auf der internationalen Kirchenkunstausstellung in Antwerpen, 1935 gemeinsam mit ihrem Mann Tone Kralj im Hagenbund in Wien, 1936 in Florenz usw. Im Jahre 1937 war sie in Paris tätig und stellte mit Tone Kralj im Salon des Independants aus. Neben der Ölmalerei befasste sie sich auch mit kolorierter Keramik, einige dekorative Arbeiten sind auch in Öl und Tempera entstanden. Im Küstenland war sie ihrem Gatten Tone Kralj manchmal bei Kirchenbemalungen behilflich, vor allem um die Fertigstellung zu beschleunigen (z. B. in Tomaj, Mengore und Maria Luschari).

[59] Vgl. Igor Kranjc, Tone Kralj Retrospektiva, Katalog k razstavi [Ausstellungskatalog], Moderna galerija, Ljubljana 1998, S. 6.

[60] Archiv von Tone Kralj im Eigentum der Tochter Tatjana Kralj. Datenblatt mit grundlegenden biografischen Daten.

Moja mati – Pietà / Meine Mutter – Pietà, 1934, Öl/Leinwand · 160 × 160 cm

Zur Erinnerung an Kraljs Mutter und seinen Bruder Igo, der als Pilot bei einem Flugzeugabsturz in Dalmatien ums Leben kam.

In die gottverlassenen Dörfer von Julisch Venetien, die wir in der Studie behandeln, kam somit mit den Kirchenmalereien von Tone Kralj etwas, was inhaltlich, stilistisch und künstlerisch gleichzeitig auf der großen Bühne der europäischen Kunstszene geschah. Durch diesen breiten künstlerischen Horizont des Künstlers erinnern die Motivik und der Stil sowohl an seine zeitgenössischen als auch an historische Vorbilder – z. B. Kraljs Bild Bauernhochzeit an die von Bruegel, die Abbildungen der Verspottung Christi an ein Bild des niederländischen Malers Geritt van Honthorst usw.[61] Dabei blieb er die ganze Zeit in Kontakt mit der europäischen expressionistischen Kunst.

---

[61] Milček Komelj, Umetnost Toneta Kralja [Die Kunst von Tone Kralj], Razstavni katalog, Galerija Božidar Jakac, Kostanjevica na Krki 2010, S. 20.

Kraljs Ausweis bei der Ausstellung in Paris 1936.

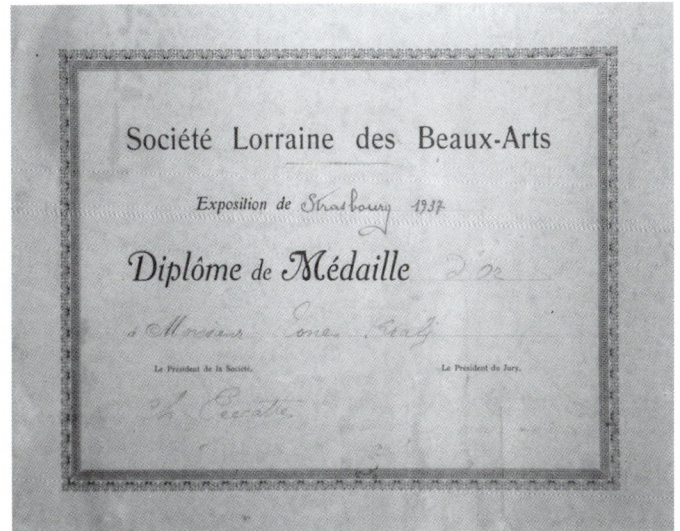

Anerkennung bei der Ausstellung in Straßburg 1937.

Tone Kralj mit Ehefrau Mara Mitte der Dreißigerjahre.

*Selbstbildnis mit
Ehefrau, 1932
Öl / Leinwand
140 × 100 cm*

Im Herbst des Lebens, 1921 · Öl / Jute · 87,7 × 214,2 cm

Kunsthistoriker haben wohl recht, wenn sie sagen, dass die Kirchenmalerei von Tonc Kralj sich schon vom Gemälde in Prem (1921) an rückläufig entwickelte, umso mehr, je mehr sie für einfache Leute gedacht war und immer offensichtlicher ideologisiert und politisiert wurde, doch könnte man das nur von seinen Kirchenmalereien behaupten,[62] und bei denen sind der breitere Kontext der Entstehung der Bemalung und auch das Zielpublikum sowie die Anforderungen und Regeln der Auftraggeber zu berücksichtigen. Aber gleichzeitig, als in den Dreißigerjahren die Kirchenmalereien in Julisch Venetien entstanden, wurde Kralj, wie schon gesagt, unter den strengen Bedingungen der internationalen Jury dreimal nacheinander in die Kunstbiennale in Venedig aufgenommen und erntete zugleich Anerkennungen und Preise überall in Europa.[63]

---

[62] Vgl. Milček Komelj, Pogled na religiozno slikarstvo bratov Kraljev [Ein Blick auf die religiöse Malerei der Brüder Kralj], in: Milena Kožuh: Sakralna umetnost Toneta Kralja na Primorskem [Sakrale Kunst von Tone Kralj im Küstenland], Univerza za tretje življenjsko obdobje, Ljubljana 1998, S. 42.

[63] Katalog ob jubilejni razstavi v Kostanjevici na Krki ob 70 letnici Toneta Kralja [Katalog der Jubiläumsausstellung in Kostanjevica na Krki anlässlich des 70. Geburtstags von Tone Kralj], ČGP Delo, Ljubljana 1970, S. 4.

Der Kunsthistoriker Milček Komelj schrieb dazu:

„Mit dem gleichen Ansatz entwarf Kralj auch seine postexpressionistischen Bilder. Diese erhalten auch die im monumentalen stilisierten Realismus enthaltene Ritualität, ausgehend von der Auffassung vom Licht, aber auch aus der charakteristischen Statik von Kralj, die in figuralen Gestalten eine feierliche Erstarrung ausstrahlt. Im Ausland, wo Kralj in der Zwischenkriegszeit von Kritikern als einer der größten europäischen Kirchenmaler bezeichnet wurde, wurde in seiner Ritualität eine Reflexion des Byzantinismus (den er absichtlich in die Abbildungen der Heiligen Kyrill und Method übernahm) erkannt, die man der slawischen Kunst zuschrieb, obwohl sie viel wahrscheinlicher ihren Ursprung in der hierarchischen Ritualität hatte, die Kralj in seine Auffassung von Kunst und Leben einbrachte. Seine Bäuerlichkeit wird heute im historischen Rahmen des sog. Ruralismus gesehen (der auch für den holländischen Expressionismus besonders charakteristisch ist), der in den Dreißigerjahren – als Künstler aus der Überlieferung ihrer Heimatregionen schöpften und mit der Abbildung von lokaler Folklore die Konstanten des Menschenlebens entweder in

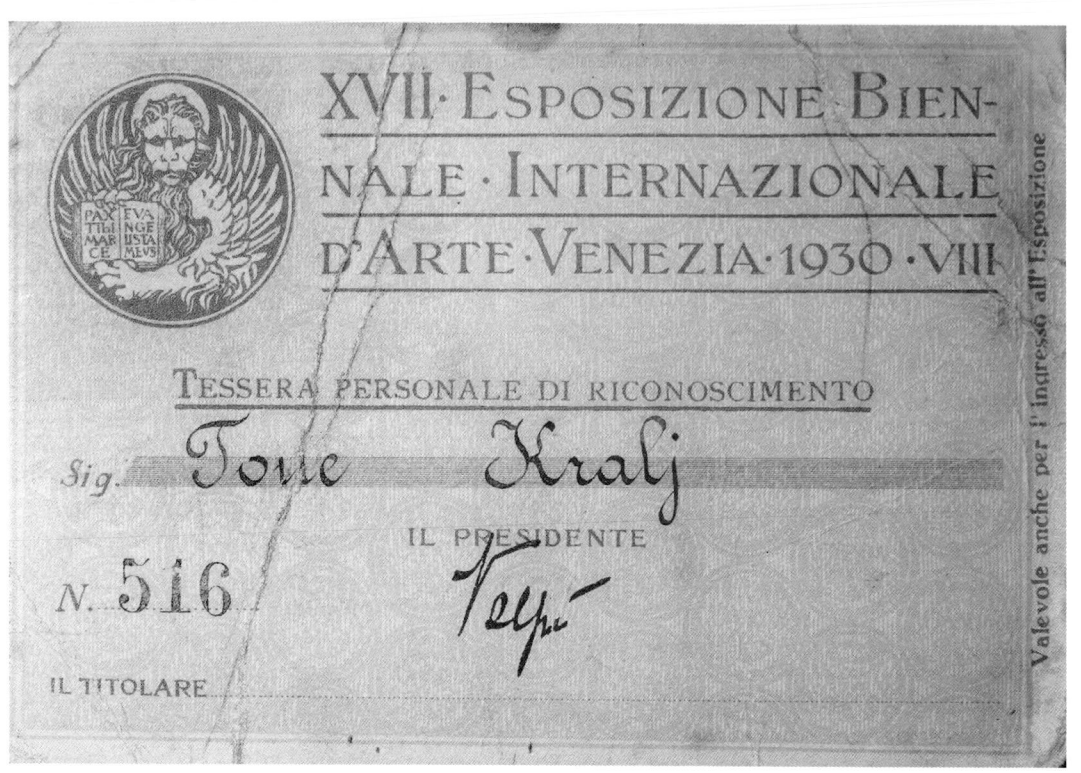

Ausweis des Ausstellers Tone Kralj bei der Biennale in Venedig 1930.

Auszeichnung bei der Ausstellung in Paris 1937.

betont mystischen oder gesellschaftlich betonten Dimensionen darstellten – auch in der Literatur zu finden ist."[64]

Kralj war also in der Tat ein eigenartiges „Zwitterwesen". Er überlebte die jeweiligen ideologischen und politischen Umstände, in die er geraten war, und passte sich an. Es gelang ihm dennoch, sich selbst und seinen Überzeugungen und schöpferischen Neigungen treu zu bleiben. Sei es im Faschismus, als er während des Malens antifaschistischer Motive in der Kirche bei einer Gelegenheit vor der Carabinieri-Kommission einen Schwachsinnigen spielen musste, um die Aufmerksamkeit von seinem Tun abzulenken, oder später, als er in sozialistisch-realistischer Manier ein sozialistisches Projekt, „Der Bau von Nova Gorica", malerisch abbildete[65] und zeitgleich in der Kirche im nahen Vrtojba in der Gesellschaft der Verdammten heimlich noch Karl Marx und Josip Broz Tito malte. Es handelte sich um eine Art Doppelheit beziehungsweise Vieldeutigkeit und ein unaufhörliches Spiel mit den Möglichkeiten, um ein möglichst breites Publikum anzusprechen, wie es schon Virgil Šček[66] in der Zeit von Kraljs Malarbeit in Avber 1928 bemerkte,[67] als er die Einstellung der Ortsbevölkerung von Avber zu den Malereien von Kralj beobachtete.

„Ich habe den Gläubigen an vier Sonntagen die Malereien erklärt. Zum Beispiel im Presbyterium rechts. Die Herodiade ist schlaksig, dünn wie eine Tänzerin.[68] *Sie tanzte im Saal nackt, nur in einen Schleier gehüllt, damit der Körper zu sehen und nicht zu sehen ist, wie man es eben haben will. Der Henker überzeichnet: riesig, die Muskeln schrecklich stark. Der Kopf des hl. Johannes: die Augen geöffnet. Warum? Nun, du hast mich getötet, doch ich kann deine Sünde immer noch sehen und erblicken, o König. Die Lippen geöffnet: Ich bin gestorben, doch ich kann deine Sünde immer noch aussprechen und verkünden. Die Gläubigen haben verstanden und haben die Bilder lieben gelernt.*[69] *Der Mesner Jakob ist ein alter, einfacher Mann, und ihm gefällt mehr die Idylle des hl. Antonius, die mehr als realistisch ist im Vergleich zur Einfachheit der Heiligen Kyrill und Method."*[70]

Kralj beherrschte die Kunst, inhaltlich und bzgl. der Motivik für beinahe jeden etwas zu finden.

---

[64] Milček Komelj, Umetnost Toneta Kralja [Die Kunst von Tone Kralj], Razstavni katalog, Galerija Božidar Jakac, Kostanjevica na Krki 2010, S. 20.

[65] Am 10. Februar 1947 wurde der Pariser Friedensvertrag zwischen Italien und Jugoslawien unterzeichnet, der am 15. September desselben Jahres in Kraft trat. Die neue Grenze verlief nach dem sogenannten französischen Vorschlag. Sie schnitt vom in Italien verbliebenen Görz fast das gesamte natürliche Hinterland ab: die Täler der Flüsse Soča/Isonzo und Vipava, einen Teil des Görzer Karstes, das Hügelland Goriška Brda usw. Das gesamte nördliche Küstenland blieb ohne Verwaltungs-, Wirtschafts- und Kulturzentrum. Das Zentralkomitee der Kommunistischen Partei Jugoslawiens mit Josip Broz Tito an der Spitze fasste den Beschluss, anstatt des „alten Görz" ein „Neues Görz" zu bauen. Am 18. April 1947 wurde ein besonderer Arbeitsausschuss gebildet, der mit dem Bau der neuen Stadt betraut wurde. Für die Stadt etablierte sich der Name Nova Gorica. Heute ist sie die Hauptstadt des nördlichen Küstenlandes mit 15.000 Einwohnern.

[66] Virgil Šček wurde am 1. Januar 1889 in Triest geboren. Er studierte Theologie in Graz und wurde am 7. Juli 1914 zum Priester geweiht. Šček war einer der Gründer der slowenischen Priesterorganisation Priesterkollegium vom hl. Paulus, der Standesorganisation der slowenischen und kroatischen Geistlichen im Gebiet von Julisch Venetien, das nach 1918 an Italien gefallen war. Viele Priester, die im Priesterkollegium tätig waren, hatten gleiche Ansichten wie die Christsozialen im slowenischen Raum im Königreich Jugoslawien. 1921 nahm er die Kandidatur für die Parlamentswahlen am 15. Mai 1921 an und wurde für drei Jahre ins römische Parlament gewählt. Bei seinem ersten Auftritt verurteilte er die Gewalt gegen die slowenische und kroatische Bevölkerung scharf. Nach Ablauf des Abgeordnetenmandats wirkte Šček einige Jahre in Görz. Anfang 1927 wurde er von Bischof Sedej aus Görz entlassen. Der Triester Bischof Alojzij Fogar entsandte ihn in das Karstdorf Avber. Wegen eines Streites mit Bischof Santin wurden gegen ihn schwere Kirchenstrafen verhängt. Er starb am 6. Juli 1948.

[67] Mehr auf Seite 97ff.

[68] Es handelt sich um einen Lapsus von Šček – tatsächlich ist das Salome.

[69] Virgil Šček meint das Verbot bzw. die Auflösung aller Kulturvereine der Slowenen und Kroaten unter Italien in der Zeit des Faschismus und das Verbot der slowenischen Sprache in der Öffentlichkeit im damaligen italienischen Gebiet.

[70] Marko Vuk, Slike Toneta Kralja v Avberu [Die Gemälde von Tone Kralj in Avber], in: Egon Pelikan, Življenje in delo primorskega krščanskega socialca Virgila Ščeka [Leben und Werk des Christlich-Sozialen Virgil Šček aus dem Küstenland], Knjižnica Annales, Koper 2001, S. 106.

Virgil Šček, Priester und Abgeordneter im römischen Parlament

Schöpferischer Aufenthalt im Küstenland

Bevor der Maler 1927 ins Küstenland ging, wurde Kralj von seinem ehemaligen Religonslehrer Andrej Orehek, Pfarrer in Struge, eingeladen, die Pfarrkirche des hl. Augustin in Struge bei Dobrepolje zu bemalen. Wie France Stele damals feststellte, ist Kralj mit diesen Malereien in eine neue Wirklichkeit eingetreten,

„doch ist das nicht die brutale alltägliche Wirklichkeit, sondern eine idealisierte, den groben Sinnen abgewandte Wirklichkeit von Heiligenlegenden, frommen Betrachtungen und erbaulichen Erkenntnissen aus der idealen Welt der religiösen Fantasie. Sein Weg scheint heute klar: aus dem Chaos des Expressionismus /.../ entwickelt er sich nun zu einer sinnlich leichter zugänglichen Form des Realismus, von jeder groben Sinnlichkeit befreit, was in der Kirchenkunst stets willkommen ist".[71]

Doch war die Bemalung in Struge erst der Beginn von Kraljs neuem Stil in den Kirchenmalereien. Nun folgte Kralj der Einladung nach Volče bei Tolmin, ins Küstenland, in das damals unter faschistischer Herrschaft stehende Gebiet Julisch Venetien im Königreich Italien. Es ist wohl kein Zufall, dass Kralj dem Pfarrer in Volče, Alojzij Kodermac, bereits 1926 vom Priester Stanko Stanič empfohlen wurde, den man in den Dreißigerjahren im engsten Führungskreis der damaligen Geheimen Christlich-Sozialen Organisation findet:

„Im Jahre 1926 traf ich in Görz Stanko Stanič. Dieser fragt mich, ob ich in Volče die Kirche bemalen lassen werde. Und ich sage ihm, dass ich in der Tat Arbeit für einen Künstler habe. Und er erzählt mir noch, dass er in Kontakt mit dem Maler Anton Kralj stehe, der gerne ins Görzische kommen würde. Er gab mir auch seine Adresse in Ljubljana."[72]

In Volče wiederholte er mit dem Motiv der heiligen Kyrill und Method teilweise zwar die Motivik seines Gemäldes von 1921 in Prem, doch stellte er nun die beiden Ersten unter den christlichen Heiligen, Petrus und Paulus, symbolisch auf eine gleichwertige Ebene mit den „slawischen" Aposteln Kyrill und Method. Kyrill und Method gelten nämlich als Aposteln der Slawen (Method 812–885, Kyrill 826–869). Die beiden waren byzantinische Missionare, die für die Christianisierung der Slawen im 9. Jahrhundert bekannt waren. Sie wurden von Fürst Rastislav in das Großmährische Reich, dessen militärisches und politisches Zentrum im Gebiet des heutigen Tschechiens lag, eingeladen. Dem Herrscher war bewusst, dass er die Selbstständigkeit seines großen slawischen Staatsgebildes nur erhalten können würde, wenn er sich von den fränkischen und bayrischen

---

[71] Zitiert nach: Tosja Makuc Kozina, Oris umetnosti Toneta Kralja na slikarskem, grafičnem in ilustrativnem področju [Die Kunst von Tone Kralj im Bereich der Malerei, Grafik und Illustration], Goriški letnik [Sammelband des Goriški muzej] 1985/1987, Nova Gorica, Nr. 12/14, S. 259.

[72] Lojzka Bratuž, Slikar Tone Kralj v spominih volčanskega župnika [Der Maler Tone Kralj in den Erinnerungen des Pfarrers von Volče], Koledar Goriške Mohorjeve družbe, Gorica 2004, S. 72.

Priestern, beziehungsweise vom Einfluss der Passauer und Salzburger Erzbistümer, die verlängerte Arme des ostfränkischen Königs Ludwig des Deutschen waren, befreien kann. Deshalb wollte Rastislav eine eigene Kirchenorganisation haben. Der byzantinische Kaiser Michael III., an den er sich wandte, entsprach seiner Bitte und entsandte Kyrill und Method, die dann 863 mit ihren Schülern nach Mähren kamen. Bei der Verkündigung des Christentums verwendeten sie eine besondere Schrift, die glagolitische. Die deutschsprachige Priesterschaft protestierte beim Papst. Dabei beriefen sie sich auf die Theorie der „drei heiligen Sprachen" – nämlich, dass nur drei Sprachen heilig seien (Hebräisch, Griechisch und Latein) und dass der Gottesdienst in einer dieser Sprachen stattzufinden habe.

Die von Kyrill und Method verwendete Sprache wird heute Altkirchenslawisch genannt und die Schrift Glagolitisch. Im Mittelalter sind im slowenischen Gebiet Abbildungen von Kyrill und Method kaum zu finden. Die symbolischen Schlüsselpositionen im Kulturgedächtnis der Slowenen wurden den heiligen Brüdern Kyrill und Method im Nachhinein in der Zeit des „Nation Building" und der Mobilisierung der Nationalbewegung der Slowenen zugeschrieben, als Kyrill-Method-Vereine als nationalreligiöse politische Vereine im gesamten slowenischen ethnischen Gebiet gegründet wurden. Eine große Rolle spielte dabei Mitte des 19. Jahrhunderts der slowenische Bischof und Schriftsteller Anton Martin Slomšek. Durch das Berufen auf die glorreichen alten Zeiten der „slowenischen nationalen Freiheit" wurden die heiligen Brüder Kyrill und Method zu Schlüsselikonen der Nationalbewegung. Ihre Abbildungen schmückten Kirchen und Bildstöcke und 1885 wurde (als Gegenpol zum deutschen „Schulverein", der Organisation zur Verteidigung und Verbreitung des Deutschtums in ethnisch gemischten Gebieten) der slowenische Schulverein der Heiligen Kyrill und Method gegründet.

Im Kontext der nationalen (gekoppelt mit der katholischen) Ideologie im slowenischen Raum könnte man die beiden als historische Reminiszenz betrachten. Noch heute sind sie Symbole des Widerstands der Slowenen gegen die „fremde Oberherrschaft". Kralj verwendet das Motiv der beiden „slawischen" Apostel später mehrfach, wie Dr. Milček Komelj feststellt:

„Die Heiligen Kyrill und Method werden meistens brüderlich zusammen beziehungsweise nebeneinander abgebildet und wir können sie in diesem Lichte heute begreifen als den einzigen und ältesten anerkannten gemeinsamen Ausgangspunkt für immer mehr unterschiedliche, historisch komplizierte und uns auch immer mehr auseinander driftende, nicht nur verbindende kulturelle und sprachliche Wege, die wir Slawen gegangen sind, bis heute kirchlich und kulturell aufgeteilt, obwohl sich Osten und Westen immer mehr vereinen. /.../ Kralj genoss und genießt bei den Slowenen größte Hochachtung wegen seines mutig geäußerten Nationalbewusstseins, das gerade symptomatisch dadurch bestätigt wird, dass er in den Kirchen im Küstenland auch weiterhin sehr gerne die beiden slawischen Apostel abbildete, die ungeachtet der päpstlichen Gewogenheit als unerwünscht galten. Er malte sie in Avber gerade im Jahr des Hirtenbriefs an die slawischen Völker von Pius XI., dem sogenannten Papst des Ostens und der kirchlichen Vereinigung. Die beiden Heiligen sind in mindestens noch neun von Kralj bemalten Kirchen im Küstenland zu finden ...".[73]

In dieser Zeit flammte in Julisch Venetien ein großer Streit über die Malereien von Kralj auf. Er fiel zeitlich mit dem allgemeinen Streit zwischen den gerade erwähnten Strömungen der „Jüngeren" und der „Älteren" in der Christlich-Sozialen (politischen) Bewegung im unter Italien stehenden Küstenland zusammen. Mitte der Zwanzigerjahre kam es nämlich im katholischen Lager zum Zerwürfnis hinsichtlich der künftigen Ausrichtung und der Art und Weise der Tätigkeit der Christlich-Sozialen Organisation unter den neuen Verhältnissen der faschistischen Diktatur. Der Streit manifestierte sich auf der ideenbezogenen, ideologischen, politischen und organisatorischen Ebene und war darüber hinaus auch generationsbedingt. Die Jüngeren in der katholischen Partei waren radikal christlich-sozial ausgerichtet und so kam es zwischen der „alten" (Josip Ličan, Mirko Brumat, Andrej Pavlica) und der „jungen" Richtung (Virgil Šček,

---

[73] Milček Komelj, Sv. Ciril in Metod v slovenski likovni ustvarjalnosti [Die Heiligen Kyrill und Methodius in der slowenischen bildenden Kunst], Ansprache in der Kirche hl. Kyrill und Method in Ljubljana bei der Eröffnung der Foto-Ausstellung von Ciril Velkovrh, 5. 7. 2013, Pfarre Bežigrad, Ljubljana 2014, S. 3.

Engelbert Besednjak, Jože Biteznik, Rado Bednařik, Filip Terčelj, Anton Rutar und andere)[74] zu Meinungsverschiedenheiten, die erst 1928 endgültig beigelegt wurden, vor allem durch den Druck des Regimes auf die slowenische Minderheit und die Kirche in Julisch Venetien. Ursache dieses Streites bzw. der Meinungsverschiedenheiten innerhalb der katholischen Bewegung in Julisch Venetien war Ende der Zwanzigerjahre das Beharren der konservativen Richtung auf Grundsätzen, die größtenteils noch aus der Zeit vor dem Aufkommen der christlich-sozialen Bewegung des Reformers der katholischen Bewegung Janez Evangelist Krek stammten.[75] Die gleichen Meinungsverschiedenheiten zwischen der konservativen und der neuen katholischen Strömung wirkten aber auch im gesamtslowenischen Raum, jenseits der Grenzen Julisch Venetiens, also im slowenischen Gebiet des Königreichs SHS bzw. Jugoslawien. Offensichtlich waren diese Ansichten so verschieden, dass sie letztendlich auch die Kirchenmalereien berührten.[76] Und offenbar war sich Tone Kralj dessen schon in der Zeit der Malarbeiten in Volče sehr wohl bewusst. Er schrieb an den Kunstkritiker Stele schon während des Malens:

„Volče, 17. Juni 1927

Lieber Herr Doktor!

Bitte, möchten Sie so freundlich sein und mir mitteilen, was N. G. wegen des Passionsreliefs unternommen hat. War die Kommission in Struge wegen der Kollaudation? Wenn sie da war, könnte man das offizielle Schreiben darüber bekommen, damit ich hier eine Waffe gegen alte Ansichten in der Hand hätte – von diesen gibt es auch hier genügend, und zwar in den höchsten Köpfen in der höchsten Potenz.

Die Arbeit geht mir gut von der Hand, ich muss nur konstatieren, dass ich die Sache nicht so durchführen kann, wie ich es unter besseren finanziellen Verhältnissen könnte – wieder ist es in erster Linie die teuflische Propaganda – ich werde mich wohl immer damit herumschlagen müssen – und der Genuss ist fast vollkommen verschwunden. Sobald ich den ganzen Komplex fertiggestellt habe, werde ich Ihnen Photographien besorgen, die Sie dann verwenden können, wenn es Ihnen beliebt.

Ich verbleibe ergeben Ihr Tone Kralj

Anschrift: Pfarrhaus, Volzana, Provinz Gorizia".[77]

Der höchste slowenische Kirchenvertreter im Küstenland, der Erzbischof von Görz, Frančišek Borgia Sedej,[78] der schon ziemlich betagt war, hatte zunächst nichts gegen Kraljs Malereien und seine „Slawisierung" der christlichen Figuren. Am 15. September 1928, als er nach Volče kam, um die neue Kirche einzuweihen, war seine erste Reaktion mehr als positiv, und sie zeigt auch das nationale Bekenntnis von Erzbischof Sedej:

„Nach beendetem Gottesdienst besichtigte der Erzbischof die Bilder von Tone Kralj. Als wir vor den

---

[74] Es handelte sich um christlich-sozial ausgerichtete Laien und Priester.

[75] Janez Evangelist Krek (1865–1917) war ein katholischer Sozialreformer, der im slowenischen ländlichen Raum ein Netzwerk von Wirtschaftsgenossenschaften nach dem System des österreichischen Raiffeisenverbandes ins Leben rief. Dadurch, dass er die Bauern in der Zeit der frühen liberalen Kapitalakkumulation in Schutz nahm, sicherte er die Vorherrschaft des slowenischen politischen Katholizismus in der Zeit vor dem Ersten Weltkrieg im gesamten slowenischen Gebiet in der österreichischen Hälfte der Habsburger Monarchie. Krek war ein Anhänger der Modernisierung der katholischen Bewegung und Kirche. Vielsagend ist sein Spitzname „Revolutionär im Talar". Ideenmäßig gilt er in der slowenischen Historiographie als erster christlicher Sozialist in Slowenien.

[76] Genauer: Egon Pelikan, Tajno delovanje primorske duhovščine pod fašizmom: primorski krščanski sociali med Vatikanom, fašističnom Italijo in slovensko katoliško desnico (zgodovinsko ozadje romana Kaplan Martin Čedermac) [Die geheime Tätigkeit der Priester des Küstenlandes unter dem Faschismus: die Christlich-Sozialen zwischen dem Vatikan, dem faschistischen Italien und der slowenischen katholischen Rechten. Historischer Hintergrund des Romans Kaplan Martin Čedermac], Nova revija, Ljubljana 2002, S. 388.

[77] Brief von Tone Kralj an France Stele vom 17. Juni 1927. Bibliothek des France-Stele-Instituts für Kunstgeschichte, ZRC, SAZU.

[78] Frančišek Borgia Sedej, der letzte slowenische Erzbischof in Görz. Er wurde 1906 Bischof. Auf Druck der faschistischen Obrigkeit zwang ihn Papst Pius XI. über den Gesandten Luca Passeto nach 25 Jahren im Bischofsamt zum Rücktritt. Im Oktober 1931 wurde sein Verzicht im Vatikan angenommen. Gut einen Monat später starb Erzbischof Sedej verbittert. Er wurde in der Kirche von Sv. Gora/Monte Santo bestattet. Das Begräbnis wurde zu einer massenhaften antifaschistischen Manifestation der Slowenen in Julisch Venetien.

Altar der Mutter Gottes in der Kapelle kamen, rief er: ‚Maria ist eine Slowenin'. Als er sich beim Taufstein Johannes den Täufer ansah, sagte er: ‚Das ist der echte Johannes der Täufer, so war er gekleidet.' /.../ Beim Mittagessen begann Herr Makuz die Bilder von Kralj zu kritisieren, doch der Erzbischof beendete die Kritik gleich."[79]

Bald danach, als Kralj viel Lob von verschiedenen Seiten bekam (in Görz im Blatt *Goriška straža*[80] und in einer Reihe von Kunstkritiken im Königreich SHS), änderte Erzbischof Sedej, offenbar unter dem Einfluss der Konservativen und der christlich-sozialen „alten Garde", seine Meinung und riet im Bistumsblatt davon ab, Kralj zu beauftragen bzw. drohte mit einem Verbot der Bestätigung eventueller weiterer Aufträge. Er war nun der Meinung, Kralj habe *„seinen Kram"* aus Krain, *„wo er keinen Erfolg hatte"*, nach Görz gebracht.[81] Der Widerstand hielt offensichtlich an, denn Kralj versuchte sich noch 1929 der Kritik zu erwehren, indem er sich an Dr. Stele wandte:

„Volče, 1. März 1929

Geehrter Herr Doktor!

Gestern besuchte mich der Redakteur des Jadranski almanah, er bat mich, für ihn eine Kritik über mein Werk im Küstenland (Kirchen) zu beschaffen, weil er einen ausführlichen Bericht in der Zeitschrift bringen will. Er sagte mir, ich solle Sie bitten, ich brauche jedoch sofort die Antwort, ob Sie das machen könnten, denn sonst muss ich mich an jemanden anderen wenden.

Der Essay müsste bis 28. d. M. abgesandt werden, eventuell bringe ich die Schrift mit, wenn ich nach den Feiertagen zurück nach Sv. Lucija gehe, wo ich die Kirche umgestalten werde. Der Text soll acht Seiten im Oktavformat umfassen mit den entsprechenden Abbildungen.

Die Photographien von Volče, Avber und Prem haben Sie, beziehungsweise ich stelle die Platten zur Verfügung. Von Tomaj würden wir Zeichnungen verwenden, da ich noch keine Photographien habe.

Mich würde es auch freuen, wenn Sie das schreiben könnten. Ich bitte um unverzügliche Antwort!

Mit Gruß, Tone Kralj

Anschrift: Volzana (trattoria Znidar) di Tolmino".[82]

Im folgenden Jahr nahm der Triester Bischof Alojzij Fogar den Maler in Schutz,[83] um den sich Angehörige der jüngeren Strömung der Christlich-Sozialen versammelten. Entscheidend war die Einladung von Virgil Šček: *„Komm zu mir, ich bin in der Triester Diözese!"*[84]

Nach seiner Ankunft in Avber auf dem Karst beim ehemaligen slowenischen Abgeordneten im Parlament in Rom, Virgil Šček, geriet Tone Kralj unter junge Intellektuelle des Küstenlandes, Führer der christlich-sozialen Gruppe in Julisch Venetien: Virgil Šček, Engelbert Besednjak, Teofil Simčič, Rado Bednařik, Ivan Rejec, Jože Bitežnik, Lojze Bratuž, Janko Kralj und eine ganze Reihe anderer Priester und Laien aus dem Küstenland. Das wurde Kraljs neues intellektuelles, geistiges, kreatives und soziales Milieu, mit dem er sich identifizieren konnte.[85]

---

[79] Lojzka Bratuž, Slikar Tone Kralj v spominih volčanskega župnika [Der Maler Tone Kralj in den Erinnerungen des Pfarrers von Volče], Koledar Goriške Mohorjeve družbe, Gorica 2004, S. 74.

[80] Slowenisches katholisches Tageblatt, das in Görz erschien. Es wurde 1928 vom Regime zusammen mit allen slowenischen Tageszeitungen in Julisch Venetien eingestellt.

[81] Alenka Klemenc, Sedej & Dostal kontra Kralj. Kritika Toneta Kralja ob poslikavi župnijske cerkve v Volčah [Kritik an Tone Kralj anlässlich der Bemalung der Pfarrkirche in Volče], Arhivi Nr. 29, Nr. 2, Arhivsko društvo Slovenije, Ljubljana 2006, S. 257.

[82] Brief von Tone Kralj an France Stele vom 1. März 1929. Bibliotheksarchiv des France-Stele-Instituts in Ljubljana, ZRC, SAZU. Stele hat die Kritik tatsächlich auch geschrieben. Siehe: France Stele, Novo cerkveno slikarstvo v Julijski krajini. (Dela Toneta Kralja,) [Neue Kirchenmalerei in Julisch Venetien. Werke von Tone Kralj]. Jadranski almanah, Gorica 1930, S. 76–82.

[83] Der Bischof von Triest Alojzij Fogar (friulanischer Herkunft) war ein Antifaschist und lehnte die Verwendung der Kirche zur Assimilierung der Slowenen in Julisch Venetien entschieden ab. Wie Erzbischof Frančišek Borgia Sedej wurde auch er vom Vatikan im Oktober 1936 durch eine Intrige zum Rückzug in den Ruhestand gezwungen.

[84] Pogovor s slikarjem Tonetom Kraljem [Gespräch mit dem Maler Tone Kralj], Ognjišče, Koper 1972, S. 17.

[85] Für weitere Informationen siehe: Verena Koršič Zorn, Tone Kralj v Furlaniji – Julijski krajini [Tone Kralj in Friaul – Julisch Venetien], Katalog ob razstavi v Gorici leta 1985 [Ausstellungskatalog], Gorica: Zveza slovenske katoliške prosvete iz Gorice in Slovenska prosveta iz Trsta, 1985, S. 15.

Auch Kraljs Einschätzungen der politischen Verhältnisse und der Verhältnisse in der katholischen Partei in Krain (im Königreich Jugoslawien) waren bald so, als ob man Meinungen und Standpunkte der Gesprächspartner aus diesem Kreis lesen würde, insbesondere Meinungen von Engelbert Besednjak oder Virgil Šček über die Umstände des Zwistes, die uneinheitliche Haltung der slowenischen Gemeinschaft gegenüber fremden, nichtslowenischen Obrigkeiten, die über den slowenischen Raum im Königreich Jugoslawien, damals die Drau-Banschaft,[86] oder noch später, in der Zeit des Zweiten Weltkriegs, herrschten. Über sein Gemälde, mit schauderhafter Ironie *Brüder* genannt (1933), schrieb Kralj zum Beispiel später, es sei *„vom Standpunkt des Menschen aus dem Küstenland entstanden* (d. h. vom Standpunkt der Slowenen unter italienischer Herrschaft, Anm. E. P.), *der auf das Auslassen der bloßen parteipolitischen Wut in Krain und die Bereitschaft zu gegenseitigem Abschlachten blickt, zumal in Diensten von Fremden, was schon im Ersten Weltkrieg geschehen war."*[87]

Politische und ideologische Gegensätze als radikale Spaltungen und als Möglichkeit, sich zu Gewalt und Bürgerkrieg zu entwickeln, beunruhigten Kralj als Vorahnung bereits in den Dreißigerjahren. In zahlreichen Werken und der Korrespondenz von Kralj kann die schon erwähnte, den Krieg ablehnende und pazifistische Haltung herausgelesen werden.

Im Gemälde „Brüder" beispielsweise zeigt der Maler den Bruderkrieg. Laut seiner Aussage gegenüber seiner Tochter Tatjana soll er die Idee an der Front im Ersten Weltkrieg bekommen haben, als er Soldaten tschechischer Nationalität beobachtete, die auf beiden Seiten der Front kämpften: auf der italienischen als Angehörige der tschechischen Freiwilligenverbände, die für die Entente ins Gefecht zogen, und auf der Seite der in der österreichisch-ungarischen Armee mobilisierten Tschechen.

Mit diesem Bild spielte er auf die ideologische und politische Spaltung in Slowenien an. In dem Sinne war er leider prophetisch. In der Zeit des Zweiten Weltkriegs und der italienischen Besatzung führten die Verhältnisse in der Provinz Ljubljana (Provincia di Lubiana)[88] das slowenische katholische Lager zur bewaffneten Kollaboration mit dem italienischen und deutschen Besatzer.[89] Das verworrene Geschehen lief im Dreieck: Kollaboration – Bürgerkrieg – Revolution ab.

Kralj malte den Bürgerkrieg (im Jahr 1942) in seiner charakteristischen Manier, doch er übermalte das Bild später offensichtlich selbst. Er bekam anscheinend Angst, weil die Grundbotschaft alle involvierten Seiten im Bürgerkrieg – wie Gladiatoren in der Arena – auf dieselbe Ebene stellt. Das Gemälde wurde (am 16. April 2019) zufällig auf der Rückseite der Leinwand des Gemäldes „Geiselerschießung" entdeckt, als wir es (um es in einem besseren Licht zu fotografieren) umdrehten.

Im Bild ist eine Allegorie der sog. „Provincia di Lubiana", wie der im Zweiten Weltkrieg von den Italienern

Brüder, 1933 · Öl / Leinwand

---

[86] Die Drau-Banschaft war die politische Verwaltungseinheit des slowenischen Teils des Königreichs Jugoslawien.

[87] Zitiert nach: Igor Kranjc, Tone Kralj, Retrospektiva, Katalog k razstavi [Ausstellungskatalog], Moderna galerija, Ljubljana 1998, S. 16.

[88] Die „Provincia di Lubiana" war der von der italienischen Besatzungsmacht nach dem Aprilkrieg 1941 besetzte und annektierte Teil des slowenischen Gebiets im Königreich Jugoslawien. In der Provinz entwickelte sich ein starker Partisanenwiderstand gegen die Besatzer, aber auch die von der katholischen Kirche in der Provinz unterstützte Kollaboration.

[89] Die Verhältnisse im slowenischen Gebiet des ehemaligen Königreichs Jugoslawien wurden vom Bürgerkrieg zwischen Angehörigen der Befreiungsfront, der die slowenischen Kommunisten vorstanden, auf der einen und Kollaborateuren katholischer („Weiße Garde") und liberaler Provenienz („Blaue Garde") auf der anderen Seite geprägt.

Ohne Titel, 1942 · Öl / Jute · 146 × 123 cm

(1941–1943) besetzte Teil des slowenischen Gebiets genannt wurde, in Form einer altrömischen Arena zu sehen. Darin erstechen sich unter dem Beifall und Wohlgefallen der Römermassen und der italienischen Armee die Slowenen gegenseitig mit Dolchen. Die Slowenen, dargestellt mit den charakteristischen Kopfbedeckungen und (nach nachträglicher Intervention verwischten) Emblemen auf den Mützen: die Blaue Garde bzw. Vertreter der jugoslawischen Heimatarmee alias „Tschetniks", Kommunisten mit Proletariermützen und „Weißgardisten" (Milizia Volontaria Anti Comunista) als Kollaborateure mit italienischer Flagge und Totenkopf auf der traditionellen slowenischen Kopfbedeckung – der Siebenschläferfellmütze.[90]

In der rechten unteren Ecke spielt der Stacheldraht auf das damalige Ljubljana an, das von der italienischen

Mussolini betrachtet mit ruhiger Zufriedenheit, die Arme auf der Brust verschränkt, von seiner eigenen Loge aus das Geschehen.

In der unteren Ecke liegt der blutüberströmte Christus – Slowenien.

[90] Traditionelle Kopfbedeckung, in Europa seit dem Mittelalter ausschließlich im slowenischen Raum bekannt. Sie wurde aus Fellen des Siebenschläfers gefertigt. Die Siebenschläfermütze galt noch im vorigen Jahrhundert als Symbol des Slowenentums, sie war auch ein Erkennungszeichen der slowenischen Studenten in Wien. Während des Zweiten Weltkriegs wurde das Tragen der Siebenschläfermützen von den deutschen Besatzern wegen der nationalen Bedeutung verboten. Sie spielt im kulturellen Kontext der Slowenen noch heute eine starke, aussagekräftige Rolle, die jedoch von der bäuerlich-konservativen und katholischen ideologischen Konnotation/Narration in die nationale übergeht.

Besatzungsmacht völlig mit Stacheldraht umgeben worden war, um illegales Betreten und Verlassen der Stadt durch Angehörige der Befreiungsfront zu unterbinden. Ljubljana war damals die einzige Hauptstadt in Europa, die komplett mit Stacheldraht umgeben und eingeschlossen war.

Als ob man die Worte hörte, die der Befehlshaber der italienischen Besatzungsdivision „Cacciatori delle Alpi", Vittorio Ruggero, im Herbst 1942 an Bischof Gregorij Rožman in Ljubljana richtete, als er im Gespräch über die Kollaboration meinte: *„Ich bin kein Slowene, doch so sehe ich die Slowenen und ihren Kampf untereinander* (den Bürgerkrieg, Anm. E. P.)*: die MVAC* (Slowenische Kollaborationistische Miliz – Milizia Volontaria Anti Comunista) *ist uns Italienern eine große Hilfe (…), aber sie* *erzeugt unter den Slowenen einen solchen Hass, der in fünfzig Jahren nicht überwunden sein wird."*[91]

Und die Slowenen haben es auch in der Tat bis heute – also in 80 Jahren – nicht geschafft. Schlimmer noch – die „Divided Memory" beider im slowenischen Bürgerkrieg (1941–1945) involvierten Seiten wurde physisch, politisch und ideell weitergegeben und ergibt zwei völlig getrennte kulturelle Erinnerungen. Auch heute kann man in Slowenien in der Politik, in den Medien, also auf Schritt und Tritt, die ideologische „Spaltung" des slowenischen Volkes heraushören.

[91] Zitiert nach: Božo Repe, S puško in knjigo [Mit Gewehr und Buch], Cankarjeva založba, Ljubljana 2015, S. 257.

Im Oktober 1945 malte Tone Kralj die „Geiselerschießung" auf die Rückseite der vorhin erwähnten Leinwand. Damit spielt er offensichtlich auf das Motiv im Bild *Die Erschießung der Aufständischen* (El tres de mayo) an, das 1814 von Francisco de Goya y Lucientes gemalt worden war. Die abgebildete Geiselerschießung fand tatsächlich im Oktober 1942 in Ljubljana statt. Auch diesmal stützte sich Kralj bei der Darstellung einer wahren Begebenheit auf das Werk eines europäischen Künstlers.

Geiselerschießung am 13. 10. 1942 · 1945 Öl / Jute · 123 × 146 cm

Die Motivik Kraljs im christlich-sozialen Umfeld

Die Verhältnisse in Triest, Görz und im Küstenland allgemein bedingten das Entstehen des geistigen Profils der christlich-sozialen laikalen und kirchlichen Elite, die schon vor dem Ersten Weltkrieg stark in das mitteleuropäische intellektuelle und geistige Milieu eingebunden und kosmopolitisch ausgerichtet war. Triest war vor dem Ersten Weltkrieg eine der wichtigen europäischen Städte, eines der ausgesprochen multiethnischen europäischen urbanen Zentren, und dort bildete sich, so wie auch im breiteren mitteleuropäischen Raum, die *forma mentis* der Christlich-Sozialen des Küstenlandes. Die ideologischen und politischen Führer des christlich-sozialen Umfeldes bzw. der Geheimen Christlich-Sozialen Organisation, in der sich Tone Kralj fand, hatten in den mitteleuropäischen intellektuellen Zentren studiert: Janko Kralj studierte Recht in Graz, Zagreb, Ljubljana und Padua, Engelbert Besednjak schloss sein Studium an der Universität in Wien ab, Virgil Šček studierte Theologie in Graz, Ivo Juvančič promovierte am Jesuitenkolleg in Innsbruck, das damals den Ruf als eine der besten theologischen Universitäten in Europa hatte. Jože Bitežnik studierte Recht in Graz und in Wien, Jakob Ukmar promovierte aus Kirchenrecht am Augustineum in Wien, Filip Terčelj studierte Soziologie in Köln usw.

Triest war damals jene Stadt, in der die meisten Slowenen im gesamten slowenischen ethnischen Raum lebten (laut Volkszählung 1910 knapp 60.000), eine Mischung von Kulturen, Identitäten, Ethnien bzw. Völkern und Religionen und ein Ort schnellen wirtschaftlichen Fortschritts. Es hatte knapp 250.000 Einwohner (zum Vergleich sei erwähnt, dass Ljubljana, damals noch die inoffizielle bzw. imaginäre Hauptstadt der slowenischen Gemeinschaft, im Jahre 1910 etwas mehr als 40.000 Einwohner hatte, davon etwa 20 Prozent Deutsche, und in der Hinsicht bloß ein provinzielles Städtchen der Doppelmonarchie war).[92]

Dr. Engelbert Besednjak – Führer der antifaschistischen Geheimen Christlich-Sozialen Organisation.

So wie Tone Kralj waren die Akteure der christlich-sozialen Bewegung, die in ihrer Weltanschauung das Christentum und die nationale Identität verknüpften, Katholiken oder katholische Priester, Nationalisten, Irredentisten und zugleich bodenständige Persönlichkeiten, die im damaligen Europa gern als *Selfmademan* bezeichnet wurden.[93] In der Regel waren sie nämlich alle bäuerlicher Abstammung bzw. kamen aus bescheidenen Verhältnissen. So fühlte sich Tone Kralj in ihrer Gesellschaft wie ein Fisch im Wasser.

---

[92] Egon Pelikan, Tajno delovanje primorske duhovščine pod fašizmom: primorski krščanski socialci med Vatikanom, fašistično Italijo in slovensko katoliško desnico (zgodovinsko ozadje romana Kaplan Martin Čedermac) [Die geheime Tätigkeit der Geistlichen des Küstenlandes unter dem Faschismus: die Christlich-Sozialen des Küstenlandes zwischen dem Vatikan, dem faschistischen Italien und der slowenischen katholischen Rechten. Historischer Hintergrund des Romans Kaplan Martin Čedermac], Nova revija, Ljubljana 2002, S. 561.

[93] Ein Mensch aus bescheidenen Verhältnissen, der sich aus eigener Kraft zu einer bedeutenden Person hochgearbeitet hat.

Tone Kralj zwischen Oleandern.

Die katholische, die nationale und die soziale Idee verschmolzen in seinem sakralen künstlerischen Schaffen zu einem subversiven, antifaschistischen, kreativen Geflecht und jede der Kirchen, die er in mehr als einem halben Jahrhundert bemalte, bedeutet somit gleichzeitig auch eine nationale, irredentistische und antifaschistische Markierung des slowenischen ethnischen Raumes.[94]

Welche ideologischen Kritiken seitens des zentralslowenischen Katholizismus er erlebte und welche politische Gefährdung durch das italienische faschistische Regime Kralj in der Zeit seines Schaffens in den Kirchen des Küstenlandes verspürte, darüber gibt ein weiterer Brief an den Kunstkritiker France Stele aus dem Jahre 1936, der all das in vorsichtigen, selbstzensurierten Anspielungen zusammenfasst, Aufschluss:

„Geehrter Herr Doktor!

Anbei die geforderten Photographien der Werke, die in Pevma ausgeführt wurden. In der ganzen Kirche fehlen noch zwei Seitenaltäre, die äußerst wichtig sind und die ich wohl nächstes Jahr anfertigen werde. Wie ich Ihnen letztes Mal geschrieben habe, sind diese Photographien mehr „für die Schublade", wenn nicht, können Sie sie zu künstlerischen Zwecken verwenden, ohne besondere Nennung des Ortes, wo sie sich befinden, weil mir das „strategisch gesprochen" nur schaden könnte,[95] mir die Sympathien der Entscheidungsträger untergräbt (und mich auch einigermaßen finanziell schädigt, was ob der heutigen „Passivität" des Publikums katastrophal sein kann). Wenn Sie zum Schluss kommen sollten, dass die Bilder „nazarenisch" sind,[96]

---

[94] Joep Leerssen: National Thought in Europe. A Cultural History, Amsterdam University Press, Amsterdam 2006, S. 136. (In Leerssens Typologie europäischer Nationalismen wird der italienische als separatistischer Typ charakterisiert, wie im Risorgimento. Doch „what begins as separatist or unification nationalism may, after an initial independent territory has been established, try to expand that territory to include 'out-lying' fellownationals." (Doch „was als separatistischer oder Vereinigungsnationalismus beginnt, kann nach der Errichtung eines anfänglich unabhängigen Territoriums versuchen, dieses Territorium um 'draußen gebliebene' Landsleute zu erweitern.") Der Irredentismo wurde auf historischer Tradition und Kultur gegründet. In Julisch Venetien war sein Rivale der slowenische separatistische Nationalismus, der mangels einer langjährigen historischen Tradition seine Argumente im Naturrecht von 1848 begründete und auch das deutsche und spätere transnationale Modell der Kulturnation aufnahm.)

[95] Die Bilder, die offensichtlich subversiv gegenüber dem Faschismus sind, wurden damals im Gebiet, in dem das italienische faschistische Regime herrschte, gemalt: Hätten die Behörden den Antifaschismus und die proslowenische Ausrichtung seiner Malereien erkannt, wäre der Maler in große Schwierigkeiten geraten. Doch auch außerhalb des faschistischen Italiens störte Kraljs offenbare Verbindung des Christentums mit dem slowenischen Nationalismus einen Teil der slowenischen Rezeption.

[96] Mit dem Ausdruck „nazarenische Malerei" wird eine romantisch-religiöse Ausrichtung in der Malerei bezeichnet, die von deutschen Malern Anfang des 19. Jahrhunderts etabliert wurde, die in Wien und in Rom tätig waren. Es handelte sich um katholische Künstler, die sich um eine Erneuerung der Kunst im christlichen Geiste bemühten.

möchte ich Sie bitten, sie nicht zu veröffentlichen. /.../ Wenn Sie auf mich hören wollen, möchte ich Ihnen raten, in Ihrer Zeitschrift nicht die italo-abessinischen[97] *Methoden zu unterstützen, die von einigen Führern ohne Armeen verwendet werden (sie sind fingiert).*

Obwohl ich niemandem das geringste Unrecht tue, belasten mich viele sehr komplizierte persönliche Probleme, wie bereits bestehende und aufkommende Kritiken nicht nur aus unseren Reihen, die mir einen Knüppel zwischen die Beine werfen. Die Verhinderung der Möglichkeit Kirchen zu bemalen unter unserem Bischof (Sedej) in Görz, die aufgehetzten Kämpfe unserer Kunstkritiker gegen mich und dagegen der großherzige Empfang überall im Ausland (Italien, Österreich, Deutschland, Belgien, die Niederlande und scheinbar nun wohl auch Paris!) (…) Viel Material, für „Memoiren"!

Ich bitte um Entschuldigung, aber ich halte Sie für den <u>einzigen</u> (unterstrichen von T. K.) aufrichtigen Menschen bei uns, deshalb quatsche ich Sie damit voll, doch ich möchte ein wenig „Luft ablassen", weil es mir mächtig guttut! Auch wenn es sinnlos und meinetwegen fruchtlos ist.

Weil ich nur der Leinwand (und sonst niemandem) beichte, können Sie die Berechtigung der Motivik meiner Werke erkennen.

Tone Kralj"[98]

Ihr Vorbild waren die alten italienischen und deutschen Meister. Sie hatten auch großen Einfluss auf andere romantische Kunstausrichtungen und stellten eine Kunstrichtung dar, die in der Kirchenmalerei bis zum Aufkommen des Expressionismus dominierte. Tone Kralj und andere Expressionisten betrachteten sie als minderwertig.

[97] Tone Kralj weist auf den Zweiten Italienisch-Äthiopischen Krieg hin, einen Kolonialkrieg von 1935 bis 1936 zwischen den Streitkräften des Königreichs Italien und des Äthiopischen Kaiserreichs (auch als Abessinien bekannt). Letzteres war zu jener Zeit der letzte unabhängige und nichtkolonialisierte Staat auf dem afrikanischen Kontinent. Äthiopien wurde besiegt, annektiert und einer militärischen Besatzung unterworfen. Das Äthiopische Kaiserreich wurde ein Teil der italienischen Kolonie Italienisch-Ostafrika. Die italienische Militär- und Besatzungspolitik in Abessinien sowie der vorangegangene Krieg voller Kriegsverbrechen wurde von der italienischen Propaganda als siegreicher ritterlicher Feldzug einer höheren Kultur dargestellt, der zur Gründung eines italienischen Imperiums führen sollte.

[98] Brief an France Stele, ohne Datum, offenbar aus dem Jahr 1936. Bibliothek des France-Stele-Instituts für Kunstgeschichte, ZRC SAZU.

Tone Kralj in den Dreißigerjahren.

Tone Kralj und die Zeit nach dem Zweiten Weltkrieg

Nach dem Zweiten Weltkrieg verband die sozialistische Kulturpolitik, die sich im slowenischen Raum, der Teil des Vielvölkerstaatsgebildes SFRJ war,[99] herausbildete, Tone Kralj paradoxerweise einerseits mit dem Expressionismus (dieser wurde von der sozialistischen Ideologie als Ausdruck von „Dekadenz"[100] gesehen im

[99] Sozialistische Föderative Republik Jugoslawien, SFRJ, war eine der Benennungen des sozialistischen Jugoslawiens zwischen 1963 und 1992. Es wurde unter dem Namen Demokratisches Föderatives Jugoslawien nach dem 2. Weltkrieg aus dem Gebiet des Königsreichs Jugoslawien aus der Vorkriegszeit gebildet, um dann 1945 den Namen in Föderative Volksrepublik Jugoslawien (FLRJU/FNRJ) und später 1963 zum endgültigen Namen SFRJ zu ändern.

[100] Die führende Figur dabei war in Slowenien Boris Ziherl (1910–1976), der als wesentlicher Partei- und Staatsfunktionär einer der wichtigsten kommunistischen Ideologen war, der die neue sozialistische Kunst nach dem Vorbild der Sowjetunion (des dortigen Stalin'schen Ideologen Alexej Alexandrowitsch Schdanow, Begründer des sowjetischen sozialistischen Realismus) diktierte. Bei der Beurteilung der slowenischen Kunst ging Ziherl von den normativen Prämissen der sowjetischen Ästhetiker aus und meinte, dass sich die slowenischen Vorkriegskünstler vom Volk getrennt und

erweiterten Sinne von Auflösung, Verfall und somit als unpassender Kunstausdruck für den Aufbau und die Repräsentation des sozialistischen „neuen Menschen"), und andererseits (wegen der religiösen Inhalte) mit Religiosität und katholischem Denken, das im Sozialismus bzw. im Lichte der damaligen sozialistischen Interpretation der Standpunkte von Marx zur Religion ebenso unerwünscht war. Folglich war Kraljs Kirchenmalerei, aber auch ein Großteil seines künstlerischen Schaffens der Vorkriegszeit überhaupt nach dem Zweiten Weltkrieg im jugoslawischen und slowenischen Kulturraum doppelt unerwünscht. Man könnte sagen, dass der Künstler das Schicksal des slowenischen Klerus des Küstenlandes teilte, den das neue Nachkriegsregime ebenso auf die Anklagebank setzte und als „Stützpfeiler der Reaktion" in der neuen sozialistischen Gesellschaft darstellte. Doch trotzdem konnte sich Kralj auch unter den neuen Machthabern durchsetzen.

Wie der Kunsthistoriker Igor Kranjc feststellt, blieb Kralj formell seinem vorherigen Werk treu, während er sich inhaltlich in sozrealistischer Manier an „die neue Realität und die Tagesthemen" anpasste.[101] Auch unter den neuen Verhältnissen schuf er große Leinwände, die jedoch nun in sozrealistischer Manier die Stoßarbeit beim Wiederaufbau darstellen[102] (den Bau des sozialistischen urbanen Vorzeigeprojekts an der Grenze, d. h. der Stadt Nova Gorica, von Fabriken wie Litostroj in Ljubljana, von Eisenbahnstrecken, Straßen usw.) – doch gleichzeitig auch äußerst freche, subversive Karikaturen des neuen Regimes, wie etwa Kraljs Wandmalerei in der Kirche in Vrtojba, wo, wie bereits erwähnt, unter „den Verdammten" Josip Broz Tito und seine Gattin Jovanka Broz erscheinen.

Er erlebte die Desavouierung seiner Kirchenmalerei als persönliches und gesellschaftliches Unrecht, das er in Briefen oftmals mit der Vorkriegszeit vergleicht. Man kann sich ob der kunsthistorischen Urteile über Tone Kralj wohl zurecht fragen, wieso im Jahre 1932 der führende slowenische Kunstkritiker Dr. France Stele vom Maler meinte, *„mit Tone Kralj bekam unsere Kirchenkunst nach den Gebrüdern Šubic die erste eigenständige Qualität",*[103] um ihn dann gut zwei Jahrzehnte später, nach dem Zweiten Weltkrieg und unter neuen kulturpolitischen Umständen, in seinem Standardwerk über die Geschichte der Kunst im Küstenland „Umetnost v Primorju" (Ljubljana, 1960) völlig zu desavouieren. Kurz vor seinem Tod erinnerte sich Tone Kralj an diese Zeiten:

„Ich hatte 1934 eine große Ausstellung in Wien. Die Kritiken waren voller Lobesworte: ‚Wenn das unser Mann wäre, würde man ihn auf Händen tragen.' Ich stellte in Padua, Rom, Mailand aus. Ich bekam in Padua auf der internationalen Antoniusausstellung im Jahre 1932 zwei Silbermedaillen. Meine erste Ausstellung war in Venedig auf der Internationalen Biennale, die damals eine weltweite Rarität war. Die internationale Jury hat meine Werke dreimal nacheinander in die Ausstellung aufgenommen: 1926, 1928 und 1930. Im Regelwerk der Biennale stand geschrieben: Wer dreimal nacheinander ausstellte, hat das Recht, ohne Jury auszustellen. Im Jahre 1932 wäre ich dabei gewesen, doch damals hat der Faschismus seine Hand über die Ausstellung in Venedig gehalten. Alle Ausländer wurden aus dem zentralen Pavillon, der mindestens 50 Säle zählt, geworfen. ‚Soll doch jeder Staat seinen eigenen Pavillon aufstellen!' haben sie gesagt. Jugoslawien hat tatsächlich einen eigenen Pavillon aufgestellt, doch meine Erfolge bei dieser Biennale wurden übersehen. Auch Preise bekam ich nur im Ausland. Der erste Preis daheim war nach dem Krieg der Levstik-Preis für die Illustration von Jugendbüchern. Beim Verlag Mladinska knjiga war ich nämlich nach dem Krieg einer der ersten Illustratoren. Ich habe

---

„nur der Unterhaltung der herrschenden Schichten gedient" hätten. Er unterdrückte die Kunst der slowenischen Schaffenden aus der Vorkriegszeit und bezeichnete sie als „kapitalistische Kunst". Seiner Meinung nach mussten „der verdorbene Impressionismus und Expressionismus sowie die darauffolgenden Kunstrichtungen: Kubismus, Futurismus und Surrealismus" verurteilt werden. Er setzte sich für die Durchsetzung einer sozrealistischen Kunst nach sowjetischem Vorbild ein.

[101] Igor Kranjc, Tone Kralj. Retrospektiva, Katalog k razstavi [Ausstellungskatalog], Moderna galerija, Ljubljana 1998, S. 27.

[102] Der Begriff Stoßarbeit steht für die zeitweise über das normale Maß hinausgehende Arbeit der sozialistischen Jugend, die in sog. Jugend-Arbeitsbrigaden eingeteilt war.

[103] France Stele, Jože Gorjup – cerkveni slikar [Jože Gorjup – Kirchenmaler], Dom in svet 1932, S. 71. Siehe auch Tosja Makuc Kozina, Oris umetnosti Toneta Kralja na slikarskem, grafičnem in ilustrativnem področju [Die Kunst von Tone Kralj im Bereich der Malerei, Grafik und Illustration], Goriški letnik [Sammelband des Goriški muzej] 1985/1987, Nova Gorica, Nr. 12/14, S. 248.

*Der Bau von
Nova Gorica, 1947
Öl/Leinwand
95 × 121 cm*

schon früher und sehr gerne Bücher ausgestattet, besonders für Kinder und mehrere solche wurden unter Italiens Herrschaft gedruckt."[104]

Nach dem Zweiten Weltkrieg etablierte sich Tone Kralj weiterhin auch als Grafiker und Illustrator von Jugendliteratur. Gleichzeitig setzte er Renovierungen bestehender Malereien und die Anfertigung neuer Kirchenmalereien in Jugoslawien und auf der anderen Seite der westlichen Staatsgrenze, in Italien, fort. Er passte sich im sozialistischen Jugoslawien den neuen Verhältnissen an und malte eine Reihe von Werken in sozrealistischer Manier.

Den Erfolg von Kraljs mehrschichtiger Anpassung an die neuen Verhältnisse spiegelt zweifellos bereits 1948 seine Funktion als Vorsitzender des Standesvereins der bildenden Künstler in Ljubljana wider (mit der er nicht betraut worden wäre, wenn er als politisch suspekt

gegolten hätte), und letztendlich auch 1972 die Verleihung der höchsten slowenischen nationalen Auszeichnung für Leistungen im Kunstbereich, des Prešeren-Preises fürs Lebenswerk.

---

[104] Pogovor s slikarjem Tonetom Kraljem [Gespräch mit dem Maler Tone Kralj], Monatsblatt Ognjišče, Bistum Koper, Koper 1972, S. 19.

Bau der Fabrik Litostroj, 1947 · Öl/Leinwand · 73 × 92,5 cm

Fliehende Mutter, 1942 · Öl/Leinwand · 158 × 152 cm

SUBVERSION TOTALITÄRER IDEOLOGIEN UND SYSTEME

Wenn man das Werk des Malers Tone Kralj im Küstenland beschreibt, muss man hervorheben, dass er auf seine subversive Art alle drei großen ideologischen totalitären Systeme des 20. Jahrhunderts aufs Korn nahm: den Faschismus, den Nationalsozialismus und den Kommunismus. Erkennungszeichen aller drei Ideologien und die künstlerischen Subversionen ihrer Tendenzen und

Praktiken können in Kraljs Schaffensopus beobachtet werden, worüber später ausführlicher die Rede sein wird.

Dabei verdient der Umstand besondere Betonung, dass Kralj seine künstlerischen Abbildungen zeitgleich mit der Herrschaft und den repressiven Praktiken des jeweiligen Regimes schuf. Er wirkte „in loco", in direktem Kontakt mit den neuesten Entwicklungen, also nicht „im Nachhinein" oder aus sicherer zeitlicher oder physischer Distanz, er reagierte auf die jeweiligen Repressionen und Tragödien. Er malte im Zentrum der tragischen europäischen Geschichte, die sich konzentriert auch im Grenzraum des Küstenlandes ereignete. Er malte während der Umzingelung und Niederbrennung der benachbarten Dörfer, während der Geiselerschießungen, der Gewalt gegen Zivilisten, während der Vertreibungen und Deportationen.

Die verfolgten und leidenden Slowenen sind in der Regel in den slowenischen Nationalfarben (weiß-blau-rot) abgebildet, wie etwa im Bild „Fliehende Mutter" (S. 43).

Wie es dem Maler gelingen konnte, mit seiner mehr als ein halbes Jahrhundert dauernden Tätigkeit den drei radikalsten totalitären Regimen des 20. Jahrhunderts künstlerisch zu trotzen, ohne dass irgendjemand sein Spiel durchschaute und ihn aufdeckte, bleibt bis heute ein Phänomen ohne eindeutige Antwort.

Aber auch sein kirchliches Opus, das aus der Bemalung von fast 50 Kirchen im Küstenland besteht, stellt ein Phänomen dar, das in verschiedene Bereiche der Kulturgeschichte hineinreicht. Tone Kralj wirkte nämlich in der Zeit der gesamteuropäisch stattfindenden Suche nach dem „nationalen Wesen", doch gleichzeitig ebenso in der Zeit der Nationalisierung der Territorien, d. h. in der Zeit der Herrschaft der Ideen von „Blut und Boden", und ebenso in der Zeit der Idee von der „katholischen Erneuerung", die den letzten Versuch des politischen Katholizismus darstellt, sich im europäischen Kontext durchzusetzen, gemeint ist das sog. „Instaurare omnia in Christo" – was freilich auch für die Kunst galt. Er war damit in der Zeit des Terrors des Faschismus konfrontiert (seit seinen Anfängen im Jahre 1921, als der Maler im Küstenland seine ersten Bilder schuf, bis zum Jahr 1943) und setzte sein subversives künstlerisches Kommentieren des Regimes auch später, während der nationalsozialistischen Besetzung von 1943–1945 fort, wo dieser Raum in „Operationszone Adriatisches Küstenland" umbenannt wurde und im Küstenland eine berüchtigte, unter dem Befehl des SS-Offiziers Odilo Globocnig stehende Gruppe agierte, die davor in Polen durch die verbrecherische Operation mit dem Namen *Aktion Reinhardt* „berühmt" geworden war.[105] Und am Ende arbeitete Kralj in derselben subversiven Manier im „neuen", sozialistischen Nachkriegs-Jugoslawien unter der Führung von Marschall Josip Broz Tito, sporadisch und vorsichtig auch die neuen Machthaber ironisierend: In der Kirche von Vrtojba bildete er unter den „Verdammten" Josip Broz Tito selbst ab, zu erkennen am charakteristischen Ring an der rechten Hand, einem persönlichen Geschenk Stalins.[106]

Tone Kralj malte also in jenen Zeiten und an jenen Orten, die ideell, kulturell, ideologisch oder politisch und militärisch schwerlich noch tragischer und unvorhersehbarer hätten sein können.

In jenen Zeiten setzte er sich unbestritten als Bildhauer, Maler, Grafiker und Illustrator durch, ohne dass das Ausmaß und die Komplexität seiner künstlerischen Subversion der Regime in ihrer Gesamtheit erkannt und aufgedeckt worden wären.

---

[105] Aktion Reinhardt war der Tarnname für die Ausrottung der polnischen Juden im Generalgouvernement in den Jahren 1942 und 1943. Es gibt mehrere Variationen dieser Bezeichnung wie Einsatz Reinhardt, Sondereinsatz Reinhardt und Aktion Reinhard bzw. Reinhart (andere Schreibweisen). Der Leiter der Aktion Reinhardt war SS-Brigadeführer Odilo Globocnig, der Lubliner SS- und Polizeiführer, der von Heinrich Himmler, dem Reichsführer-SS, mit dieser Aufgabe betraut wurde. Das Programm hatte zwei verschiedene Ziele; erstens die Deportation und physische Vernichtung der Juden im Generalgouvernement und zweitens die Einbringung der Wertsachen und Vermögenswerte der Opfer, von ihren Häusern bis zu den Schuhen an ihren Füßen. Um dieses Ziel zu erreichen, wurden drei Todeslager errichtet: Belzec, Sobibor und Treblinka.

[106] Wie der hohe Partisanenoffizier und Nachkriegsfunktionär Ivan Dolničar bezeugt, hat Tito vor seinem Tod verfügt, mit seinem Diamantring begraben zu werden – jenem, den er von Stalin als Ersatz für denjenigen bekommen hatte, den er selbst vor dem Krieg in Moskau gekauft hatte und der ihm während der Sutjeska-Schlacht vom Finger gefallen war, weil er wegen der schweren Zeit stark abgemagert war. Sein letzter Wunsch wurde erfüllt, doch der Ring wurde später aus Titos Gruft gestohlen. (Jože Pirjevec, Mladina, Nr. 17, Ljubljana, 26. 4. 2017.)

III. DER HISTORISCHE KONTEXT ZU KRALJS MALEREIEN

Die slowenische nationale Bewegung und die Rolle des slowenischen Klerus in der Zeit des „Nation Building" im slowenischen Raum (1848–1918)

Seit dem Mittelalter lebten „die Sprecher und Sprecherinnen der slowenischen Dialekte" verteilt auf die Habsburgischen Kronländer Krain, Steiermark, Kärnten, Görz und Gradisca, Istrien und Triest. Das Gebiet, in dem die slowenische Bevölkerung mehr oder weniger geschlossen siedelte (etwa 1.100.000 Menschen), umfasste Mitte des 19. Jahrhunderts rund 24.000 km². Die sprachlich-ethnischen Grenzen des slowenischen Siedlungsgebiets hatten sich seit dem 15. Jahrhundert nicht wesentlich verändert. Die Sprachgrenze im Westen, zu den italienischen und friulanischen Nachbarn, verlief vom Golf von Triest bis zum Tagliamento, zwischen der friulanischen Tiefebene und dem Karstgebirge.[107]

Programm des Vereinten Sloweniens

Bereits vor dem Jahr 1848, das vom Aufschwung der nationalen Bewegungen geprägt war, erlangte der Klerus im gesamten ethnisch slowenischen Gebiet eine führende gesellschaftliche Rolle, vor allem bei der Entstehung des ersten slowenischen politischen Programms „Zedinjena Slovenija" (Vereintes Slowenien), denn der Klerus ersetzte das Fehlen sonstiger slowenischer, laikaler Eliten – ähnlich wie dies bei einigen anderen mitteleuropäischen Völkern, z. B. den Slowaken, der Fall war.[108] Die zentrale Persönlichkeit bei der Entstehung des Programms des „Vereinten Sloweniens" im Jahr 1848 war der Domkaplan zu Klagenfurt in Kärnten – der Priester Matija Majar.[109] Nur einige Tage nach Majar und unabhängig von ihm meldeten sich in deutschsprachigen Zeitungen in Wien slowenische Akademiker und Studenten, die in der habsburgischen Hauptstadt lebten, zu Wort. Das „Vereinte Slowenien" war die Hauptforderung der politischen Programme der Slowenen aus dem Jahre 1848. Statt der Zerstückelung der auf die historischen habsburgischen Länder verteilten slowenischen Bevölkerung forderten sie eine gemeinsame Verwaltungseinheit im Rahmen des österreichischen Kaiserreichs. Die Forderungen der Slowenen umfassten auch die Gleichberechtigung der slowenischen Sprache in der öffentlichen Verwaltung und im Schulwesen. Das Programm des „Vereinten Sloweniens" blieb das gemeinsame slowenische politische Programm bis zum Zerfall der Habsburger Monarchie.[110]

Lesevereine und Versammlungen („tabori") nach tschechischem Vorbild

Die Mobilisierung der slowenischen nationalen Ideologie folgte dem politischen Konzept, das bei der politischen Organisation der nationalen Bewegung diverse mitteleuropäische Vorbilder einschloss. Nach tschechischem Vorbild ahmte es die Organisation der ersten nationalen Versammlungen („tabori" genannt, in den 60er Jahren des 19. Jahrhunderts) und Kulturvereine (sog. „čitalnice", Lesevereine) nach, die auch die Bedeutung der nationalen Sprache bei der Selbstfindung der Nation betonten. Ebenso übernahm man die Organisationsmethoden der tschechischen Turnvereine, die deutsche Praxis der Organisation von Gesangs-, Jäger- und Bergsteigervereinen und auch polnische und mitteleuropäische Vorbilder.[111] Das Organisieren von Lesevereinen, Diskussionen („besede") und Versammlungen („tabori") diente der Mobilisierung von Unterstützern. Anfangs gab es beim Propagieren des Programms des „Vereinten Sloweniens" in der slowenischen

---

[107] Peter Vodopivec, Od Pohlinove slovnice do samostojne države: Slovenska zgodovina od konca 18. do konca 20. stoletja [Von Pohlins Grammatik zu einem unabhängigen Staat: slowenische Geschichte vom Ende des 18. bis zum Ende des 20. Jahrhunderts], Založba Modrijan, Ljubljana 2006, S. 10.

[108] Elena Manova, Hg., Slovaška zgodovina [Slowakische Geschichte], Slovenska matica v Ljubljani, Ljubljana 2005, S. 223.

[109] Pieter M. Judson, Habsburški imperij [Das Habsburgerreich], Sophia, Ljubljana 2018, S. 215.

[110] Peter Vodopivec, Od Pohlinove slovnice do samostojne države: Slovenska zgodovina od konca 18. do konca 20. stoletja [Von Pohlins Grammatik zu einem unabhängigen Staat: slowenische Geschichte vom Ende des 18. bis zum Ende des 20. Jahrhunderts], Založba Modrijan, Ljubljana 2006, S. 53.

[111] Peter Vodopivec, Od Pohlinove slovnice do samostojne države: Slovenska zgodovina od konca 18. do konca 20. stoletja [Von Pohlins Grammatik zu einem unabhängigen Staat: slowenische Geschichte vom Ende des 18. bis zum Ende des 20. Jahrhunderts], Založba Modrijan, Ljubljana 2006, S. 78–84.

Politik noch keine Spaltung in eine liberale und eine klerikale Strömung, deshalb gilt diese Zeit als „Zeit der Eintracht".[112]

DIE IDEOLOGISCHE SPALTUNG

Auf die „Zeit der Eintracht" folgte die ideologische Auseinandersetzung. Die Lage spitzte sich Ende der 80er Jahre zu, als die Priesterschaft eine ideologische „Trennung der Geister" forderte – zumindest in der Kultur.[113] In Ermangelung der Möglichkeit, die ideellen und ideologischen Auseinandersetzungen in der Politik zu entwickeln und auszutragen, entfalteten sich diese zuerst im Bereich der Kultur.[114] Diese Zeit der ideologischen „Trennung der Geister" begann mit dem Auftritt des Ideologen der katholischen Bewegung in Slowenien, dem Geistlichen Anton Mahnič.

Im Jahre 1892 fand in Ljubljana die erste slowenische katholische Versammlung statt, die das katholische slowenische politische Programm erstellte. Mit der Gründung der Katholischen Nationalen Partei 1892 in Ljubljana wurde aus der ideologischen eine politische Spaltung.[115]

Die slowenischen Liberalen, die zahlenmäßig in Städten und Marktgemeinden vorherrschten, organisierten sich unter dem Druck der Verhältnisse selbst. 1894 kam es zur Gründung der Nationalen (Liberalen) Partei.

DIE GRÜNDUNG DER LIBERALEN UND SOZIALDEMOKRATISCHEN PARTEI

Fünf Jahre danach kam es auch im Kronland Görz-Gradisca (der heutigen Region Primorska/Küstenland) zur Spaltung zwischen den Anhängern der katholischen Partei und den Liberalen. Im Jahr 1900 wurde die National-fortschrittliche Partei für Görz gegründet.

Die politisch-ideologischen Gegensätze verschärften sich seit Anfang der Neunzigerjahre auch in der Steiermark, doch dort manifestierte sich die Trennung zwischen Katholisch-Konservativen und Liberalen endgültig erst mit der Gründung einer Liberalen Partei in den Jahren 1906/07. Dort, wo der nationale Gegner der slowenischen Einigungsbestrebungen am stärksten war, das ist an der deutschen und italienischen ethnischen Grenze in der Steiermark, in Kärnten und im Küstenland, kam es erst später zu Spaltungen oder sie blieb wie z. B. in Kärnten überhaupt aus. Auf die parteipolitische Spaltung der Gesellschaft folgte eine Spaltung im Vereins- und Gesellschaftsleben. Beide Parteien hatten auch eigene Wissenschafts-, Bildungs-, Schüler- und Studentenvereine.[116]

Ihre eigene Partei gründeten 1896 auch die slowenischen Sozialdemokraten. Die Partei entstand nach dem Vorbild der österreichischen Sozialdemokratie (Hainfelder Programm) und übernahm deren Programm und die Organisationsstruktur. Angesichts des niedrigeren Industrialisierungsgrades in den slowenischen Landen und folglich der geringen Zahl der Arbeiter war ihre Stärke verhältnismäßig gering.

DIE GRÜNDUNG DER GENOSSENSCHAFTEN NACH DEM VORBILD VON RAIFFEISEN

Während die Idee des „Vereinten Sloweniens" bei den slowenischen Bauern 1848 kaum Beachtung fand, gelang es der katholisch-konservativen Partei anlässlich der neuen Verhältnisse an der Jahrhundertwende die Agrarbevölkerung massenhaft zu mobilisieren.[117]

In den zumeist stark von der Agrarwirtschaft geprägten habsburgischen Ländern mit slowenischsprachiger Bevölkerung erwies sich die Organisationsstruktur der Katholischen Kirche anlässlich des Aufstiegs

---

[112] Ebenda, S. 106.
[113] Mehr dazu: Egon Pelikan, Laibach/Ljubljana: Kultur – Ideologie – Politik : Die „liberal-klerikale" Spaltung in Slowenien am Ende des 19. Jh. und ihre Folgen; in: Kannoier, Reinhard (Hg.), Konrad, Helmut (Hg.): Urbane Leitkulturen 1890–1914: Leipzig, Ljubljana, Linz, Bologna. Wien: Verlag für Gesellschaftskritik, 1995. (Studien zur Gesellschafts- und Kulturgeschichte, 6).
[114] Mehr dazu: Egon Pelikan, Akomodacija ideologije političnega katolicizma na Slovenskem [Anpassung der Ideologie des politischen Katholizismus in Slowenien], Obzorja, Maribor 1997, S. 43.
[115] Ernst Bruckmüller, Avstrijska zgodovina [Österreichische Geschichte], Slovenska matica, Ljubljana 2017, S. 368.
[116] Mehr dazu: Egon Pelikan, Laibach/Ljubljana: Kultur – Ideologie – Politik : Die „liberal-klerikale" Spaltung in Slowenien am Ende des 19. Jh. und ihre Folgen; in: Kannoier, Reinhard (Hg.), Konrad, Helmut (Hg.): Urbane Leitkulturen 1890–1914: Leipzig, Ljubljana, Linz, Bologna. Wien: Verlag für Gesellschaftskritik, 1995. (Studien zur Gesellschafts- und Kulturgeschichte).
[117] Pieter M. Judson, Habsburški imperij [Habsburgerreich], Sophia, Ljubljana 2018, S. 227.

des politischen Katholizismus als hervorragendes politisch-organisatorisches Netzwerk. Sobald die Pfarren in die ideologisch-politischen Auseinandersetzungen hineingezogen wurden – wobei die Pfarren eine wichtige gesellschaftlich-integrative Rolle in der slowenischen Bevölkerung inne hatten –, erlangte das katholische Lager die politische Vorherrschaft. Jene „500 Pfarrhäuser" (wie sich der größte slowenische Schriftsteller, der Sozialdemokrat Ivan Cankar dazu äußerte) machten es möglich, dass das gesamte slowenische Gebiet bis zum abgelegensten Dorf mit diesem Organisationsnetz abgedeckt war. Als mit der Demokratisierung die politische Organisation immer wichtiger wurde, verfügte außer dem katholischen politischen Lager niemand über eine ähnliche politisch-organisatorische Infrastruktur. Diese Struktur musste nun mit politischen, schulischen, kulturellen Inhalten gefüllt werden.

Der Priester Janez Evangelist Krek fügte jene wichtigste Komponente der katholischen Mobilisierung – die ökonomische, und zwar genossenschaftliche – hinzu. Mit Kreks Genossenschaftsorganisation wurden die Bauern in der Zeit der frühen Kapitalanhäufung wirtschaftlich geschützt, was in der Folge – zusammen mit der Ausweitung des Wahlrechts – eine völlige Vorherrschaft des politischen Katholizismus im slowenischen öffentlichen Leben ermöglichte, weil die wirtschaftlichen, schulischen und politischen Rollen verknüpft wurden. So lag z. B. die Leitung der Genossenschaften überall in den Händen des Klerus.[118]

Bezüglich der äußeren Einflüsse und Vorbilder, die zum Erfolg der organisatorischen Tätigkeit von Janez Evangelist Krek beitrugen, sollte man zunächst seine unmittelbare Erfahrung mit der katholischen Arbeiterbewegung im Ruhrgebiet erwähnen (sog. „Windthorstbund"), die ein Netzwerk katholischer Arbeiterorganisationen umfasste.[119] Dort lernte Krek das Organisationsschema in der Praxis, seine Wirkungsweise und die Rolle junger Kapläne in den Arbeiterorganisationen kennen.[120]

Das zweite ideelle Vorbild für den Priester Krek war Karl von Vogelsang mit seinem Kreis deutscher katholischer Sozialreformer. Darüber hinaus sind neben ihm auch weitere Reformer des mitteleuropäischen Raumes zu erwähnen, wie etwa Wilhelm Ketteler, Adolph Kolping, Franz Hitze und andere. Einen starken Einfluss auf Krek hatten auch die österreichischen Christlich-Sozialen Leopold Kunschak, Franz Schindler und andere, mit denen er in persönlichem Kontakt stand.[121]

Das dritte wesentliche Vorbild für Krek war der Siegeszug der Christlich-Sozialen unter der Führung von Karl Lueger und ihr Wahlsieg 1897 in Wien.[122]

Das schnell wachsende Genossenschaftennetzwerk nach Vorbild der Genossenschaftsideen von Raiffeisen führte in Cisleithanien zu einer raschen Ausbreitung neugegründeter Spar- und Darlehenskassen, Einkaufs- und Verkaufsgenossenschaften, Lagergenossenschaften usw. 1888 gab es hier 30 solcher Genossenschaften, 1909 bereits 7000 und die Zahl nahm sprunghaft zu.[123]

Im slowenischen Raum konnte Krek sowohl die ländlich-bäuerliche Bevölkerung als auch die Industriearbeiterschaft vereinen: Er war Organisator der katholischen Arbeiterschaft und zugleich Gründer der stärksten Organisation im ländlichen Bereich, des sog. Genossenschaftsbundes.[124] So ist z. B. die Zahl der Konsumgenossenschaften unter seiner organisatorischen Führung in Slowenien dermaßen angestiegen, dass er sich vor der Gesellschaftsschicht der Händler rechtfertigen musste, er habe *„nicht die Absicht, die Händlerschaft in Krain zu vernichten"*.[125]

Die Wahlreform 1907 und der Wahlsieg des katholischen Lagers in Krain 1908

In der gesamten Österreichisch-Ungarischen Monarchie führte in ökonomisch weniger entwickelten

---

[118] Anka Vidovič Miklavčič, Krekovo zadružništvo: Teorija in praksa [Kreks Genossenschaften: Theorie und Praxis], in: Krekov simpozij v Rimu, Hg. Edo Škulj, Celje, 1992, S. 177.

[119] Siehe dazu: Marjan Drnovšek, Krekova vestfalska pisma [Kreks westfälischer Brief], in: Dve domovini 26 (2007), S. 75–96.

[120] Ruda Jurčec, Janez Evangelist Krek, Založba Hram, Ljubljana 1935, S. 50.

[121] Ernst Bruckmüller, Razvoj krščanskih socialcev v Avstriji do prve svetovne vojne [Die Entwicklung der Christlich-Sozialen in Österreich bis zum Ersten Weltkrieg], in: Krekov simpozij v Rimu, Mohorjeva družba, Celje 1992, S. 133.

[122] Ebenda, S. 140.

[123] Ebenda, S. 141.

[124] Ruda Jurčec, Janez Evangelist Krek, Založba Hram, Ljubljana 1935, S. 11.

[125] Anka Vidovič Miklavčič, Krekovo zadružništvo: teorija in praksa [Kreks Genossenschaften: Theorie und Praxis], in: Krekov simpozij v Rimu, Mohorjeva družba, Celje 1992, S. 176.

Gebieten die Demokratisierung des politischen Lebens zum Erstarken der konservativen Parteien. Eine solche Entwicklung war damals charakteristisch für viele provinzielle, landwirtschaftliche Gegenden in Europa, wo in der Zeit der frühen Kapitalanhäufung die Bauern von katholischen Parteien mit konkreten Sozialprogrammen in Schutz genommen wurden.[126] Auch in Slowenien war dies die Basis für die Bildung einer breiten Wählerbasis der katholischen Partei, die überwiegend aus der Agrarbevölkerung bestand.

Im letzten Jahrzehnt vor dem Zerfall der Österreichisch-Ungarischen Monarchie wurde also die slowenische Gesellschaft zunehmend vom politischen Katholizismus mit seiner effizienten politischen, wirtschaftlichen und schulischen Organisation beherrscht.[127]

Die Demokratisierung des Wahlrechts sicherte der katholischen Partei 1908 eine ziemlich überzeugende Mehrheit im Krainer Landtag. Die katholische Bewegung war vor dem Ersten Weltkrieg in den Gebieten mit überwiegend slowenischer Bevölkerung überall erfolgreicher als die liberale – außer im Küstenland: In Triest, in Istrien und im Görzischen verlief der liberal-katholische politische und ideologische Kampf auch weiterhin mit wechselhaftem Glück für beide Seiten.

Der Erste Weltkrieg und die jugoslawische Idee – das Königreich der Serben, Kroaten und Slowenen

Das Programm des „Vereinten Sloweniens" begann erst Ende des 19. Jahrhunderts andere politische Vorstellungen zu verdrängen. Diese jugoslawische Idee erschien in verschiedenen Varianten: etwa die Vereinigung aller Slawen Österreichs in einer Art Trialismus innerhalb der Habsburger Monarchie, die Vereinigung der Slowenen, Kroaten und Serben zu einer besonderen Einheit in der Österreichisch-Ungarischen Monarchie, die Vereinigung zu einem selbstständigen Staat, dem sog. Königreich der Serben, Kroaten und Slowenen und somit die Zerschlagung Österreich-Ungarns, was letztendlich 1918 auch geschah.

So vereinten sich im Mai 1917, einen Tag bevor der Reichstag in Wien wieder zu tagen begann, 33 slowenische, kroatische und serbische Abgeordnete der österreichischen Hälfte der Monarchie und Dalmatiens zum Jugoslawischen Klub. Dessen Vorsitzender, der Slowene Anton Korošec, las in einer feierlichen Sitzung am 30. Mai 1917 die sog. Maideklaration vor, die sich „auf Grundlage des nationalen Grundsatzes und des kroatischen Staatsrechts" für die Vereinigung der Slowenen, Kroaten und Serben zu einem demokratischen und „selbstständigen Staatskörper" unter dem Habsburger Zepter einsetzte. Der Priester Anton Korošec wurde 1917, nach dem Tode von Janez Evangelist Krek, zum unumstrittenen Führer der slowenischen Politik.

Die „Maibewegung" erreichte ihren Höhepunkt bei der feierlichen Überreichung von 200.000 Unterschriften von Slowenen und Sloweninnen (!) zur Unterstützung der Maideklaration und der Politik des Jugoslawischen Klubs an dessen Vorsitzenden Anton Korošec am 25. März 1918 in Ljubljana. Bis zum Ende des Ersten Weltkriegs verloren durch die Kriegshandlungen etwa 35.000 Einwohner aus den damaligen slowenischsprachigen Gebieten der Habsburgermonarchie ihr Leben, mehrheitlich Männer, die als Soldaten gefallen waren. Die Unterschriftensammlung zur Unterstützung der Maideklaration 1917 war der erste öffentlich sichtbare massenhafte Auftritt von Frauen in der slowenischen Geschichte. Die Maideklaration unterzeichneten nämlich vorwiegend Frauen, die nach der Einberufung der Männer und Söhne zum Militär allein zuhause geblieben waren, unter schweren Bedingungen allein für die landwirtschaftlichen Betriebe und das Überleben der Familie sorgen mussten und sich baldigen Frieden wünschten.[128] Gleichzeitig kamen aus verschiedenen Teilen der Monarchie Nachrichten von der Antikriegsstimmung und der Unzufriedenheit des Militärs. Im Februar 1918 meuterten Matrosen in der Bucht von Kotor (Boka Kotorska) und im Mai Soldaten in Judenburg, Murau und Radkersburg; an allen vier Meutereien

---

[126] Martin Conway: Catholic Politics in Europe: 1918–1945, London, New York 1997, S. 38.

[127] Siehe: Fran Erjavec, Zgodovina katoliškega gibanja na Slovenskem [Geschichte der katholischen Bewegung in Slowenien], Ljubljana 1928; Janko Pleterski, dr. Ivan Šušteršič 1863–1935, Ljubljana 1998.

[128] Peter Vodopivec, Od Pohlinove slovnice do samostojne države: Slovenska zgodovina od konca 18. do konca 20. stoletja [Von Pohlins Grammatik zu einem unabhängigen Staat: slowenische Geschichte vom Ende des 18. bis zum Ende des 20. Jahrhunderts], Založba Modrijan, Ljubljana 2006, S. 159.

waren auch slowenische Soldaten beteiligt. Trotzdem wurde die Maideklaration von der Mehrheit der Sloweninnen und Slowenen nicht nur wegen der Sehnsucht nach Frieden unterzeichnet, sondern weil sie sich einen Nationalstaat wünschten, der die slowenischen nationalen Emanzipationsbestrebungen verwirklichen und die Slowenen vor deutschem und italienischem Druck beschützen sollte. Ein nicht geringer Teil der Unterzeichner meinte dabei noch im Frühjahr 1918, dass ein solcher Staat nur unter dem Szepter der Habsburger Monarchie verwirklicht werden könne.[129] Gleichzeitig begannen die Vorbereitungen für die Bildung eines „Nationalrates" (Narodni svet), der die Rolle einer zentralen überparteilichen Volksvertretung übernehmen sollte. Dieser wurde am 17. und 18. August 1918 in Ljubljana unter dem Namen Nationalrat für die slowenischen Lande und Istrien gegründet. In Zagreb wurde dann am 6. Oktober 1918 als oberster Vertreter der Südslawen in der Österreichisch-Ungarischen Monarchie der Nationalrat der Slowenen, Kroaten und Serben gegründet. Vorsitzender wurde der führende slowenische Politiker, der katholische Priester Anton Korošec.

Das schnelle Ende der Österreichisch-Ungarischen Monarchie überraschte die slowenischen Politiker. Die slowenische Bevölkerung in Ljubljana, damals noch inoffizielle slowenische Hauptstadt, begrüßte am 29. Oktober 1918 mit riesengroßer Begeisterung den Zerfall Österreich-Ungarns. In einer Massenversammlung wurden Jugoslawien, der amerikanische Präsident Wilson und sein Grundsatz der Selbstbestimmung gefeiert.[130]

Kriegsende, Zerfall der Monarchie und Eintritt in das Königreich der Serben, Kroaten und Slowenen

Letztendlich führte die Partei des politischen Katholizismus mit den Priestern Janez Evangelist Krek und Anton Korošec an der Spitze die Slowenen in das Königreich der Serben, Kroaten und Slowenen (das spätere Königreich Jugoslawien).[131]

Im Ringen um die Grenzen des neuen Staates bei der Friedenskonferenz in Paris entpuppte sich gerade Italien als schärfster Gegner der Vereinigung der Sloweninnen und Slowenen zu einem Nationalstaat, weil diese Verhandlungen im Schatten des „Londoner Vertrags" aus dem Jahre 1915 standen. Der Londoner Vertrag war am 26. April 1915 unterzeichnet worden. Darin war Italien von Frankreich und Großbritannien (mit der Zustimmung Russlands), ungeachtet der ethnischen Grenzen, das gesamte Julisch Venetien sowie Mitteldalmatien mit Zadar und die meisten Inseln an der dalmatinischen Küste als Belohnung für den italienischen Kriegseintritt auf Seiten der Entente versprochen worden.[132]

Die Entstehung des südslawischen Staates selbst war für die siegreichen Ententemächte nicht strittig. Im Donaubecken-Balkanraum klaffte eine Lücke, in der sowohl revolutionäre als auch habsburgische oder deutsche revisionistische Kräfte hätten Fuß fassen können. England und vor allem Frankreich kam die Bildung eines „Großserbiens" sehr gelegen und Frankreich gefiel ein starkes Jugoslawien, darüber hinaus galten auch für Italien Wilsons Grundsätze von der Selbstbestimmung der Völker.[133] Trotzdem kam es unausweichlich zum Konflikt mit den Interessen Italiens, das unmittelbar nach Kriegsende als Ententemacht mit seiner Armee sogar die im Londoner Vertrag zugesicherte Grenze übertrat. Die Lage wurde durch den am 12. November 1920 geschlossenen Grenzvertrag von Rapallo geregelt, der einen großen Erfolg der italienischen Diplomatie bedeutete. Nach dem Abschluss des Vertrags fiel das Küstenland an Italien, und über 500.000 Slowenen und Kroaten wurden dort zur slowenischen und kroatischen Minderheit. Dem slowenischen Teil des Königreichs der Serben, Kroaten und Slowenen war der Weg zum Meer vollkommen versperrt.[134]

Der zweite Schlag für das Programm des „Vereinten Slowenien" war die Kärntner Volksabstimmung. Die Friedenskonferenz in Paris beschloss bereits im Mai 1919, dass die Kärntnerinnen und Kärntner über die Staatszugehörigkeit dieses slowenisch-deutschen Gebiets bei einer Volksabstimmung entscheiden sollten.

---

[129] Ebenda, S. 149.
[130] Ebenda, S. 161.
[131] Ebenda, S. 154.

[132] Vgl. Lavo Čermelj, Slovenci in Hrvatje pod Italijo med obema vojnama [Slowenen und Kroaten unter Italien in der Zwischenkriegszeit], Slovenska matica, Ljubljana 1965, S. 19.

[133] Jože Pirjevec, Jugoslavija 1918–1992, Založba Lipa, Koper 1995, S. 28.

[134] Metod Mikuž, Slovenci v stari Jugoslaviji [Slowenen im alten Jugoslawien], Mladinska knjiga, Ljubljana 1965, S. 188.

Bei dieser, am 10. Oktober 1920 abgehaltenen Volksabstimmung stimmten rund 60 % der Abstimmungsberechtigten, darunter rund 12.000 slowenischsprachige Kärntnerinnen und Kärntner, für die Zugehörigkeit des Abstimmungsgebietes zur Republik Österreich. Die Grenze verlief nun entlang des Karawankenkamms.[135]

Für die Slowenen, die mit dem neuen Staat, dem Königreich SHS, den Kultur- und Zivilisationskreis Mitteleuropas verlassen hatten, in dem sie unter den Habsburgern 600 Jahre lang gelebt hatten, und der ihnen fremden levantinischen Welt gerade in der Hoffnung beigetreten waren, mit deren Hilfe ihre ethnische Integrität zu bewahren, bedeuteten sowohl die Rapallo-Grenze als auch die Kärntner Volksabstimmung eine große Enttäuschung.[136] So wie vor dem Ersten Weltkrieg das polnische Volk zerstückelt gewesen war, waren es nun die Slowenen.

Trotz der italienischen Gebietszugewinne verbreitete sich nach dem Ersten Weltkrieg in Italien rasch der Mythos vom „verstümmelten Sieg", denn mit der neuen Grenze waren die italienischen imperialistischen Gelüste keineswegs gestillt. Beim Beitritt zu Jugoslawien (dem Königreich SHS) belief sich die Zahl der Slowenen auf etwa 1.100.000. Über 300.000 blieben nach dieser neuen Grenzziehung in Italien. Doch ohne Berücksichtigung des Küstenlandes wäre die „Geschichte der Slowenen in der Zwischenkriegszeit" (im Hinblick auf die Bevölkerungszahl und angesichts des heutigen Gebiets der Republik Slowenien) deshalb eigentlich nur die Geschichte „eines Teils des slowenischen Volkes". Der andere, küstenländische Teil dieser Geschichte, der sich unter der italienischen Herrschaft ereignete, lässt sich anhand der Erzählung über den Maler Tone Kralj nachvollziehen.

Das Ende des Ersten Weltkriegs im Küstenland

Der politische Verein „Edinost" (Einigkeit) in Görz erneuerte gleich nach Kriegsende im Küstenland das breite Netzwerk christlich-sozialer Organisationen. Er hatte mit beschleunigter Mobilisierung der slowenischen und kroatischen Bevölkerung in ganz Julisch Venetien große Erfolge. Währenddessen kam 1922 in Italien der Faschismus an die Macht.

Mit der radikalen Liquidierung der intellektuellen Elite der Sozialdemokraten und Liberalen durch das faschistische Regime blieb die slowenische Priesterschaft in Julisch Venetien auf einmal ohne politische Konkurrenz – ähnlich wie in der Zeit des Nationalisierungsprozesses im 19. Jahrhundert, als es eine andere intellektuelle Elite als die des Klerus im slowenischen Raum praktisch nicht gab.

Das Küstenland nach dem Ersten Weltkrieg

Das Gebiet am Fluss Soča/Isonzo war im Laufe der Geschichte immer ein Grenzgebiet gewesen: zwischen dem Römischen Reich und den Keltenstämmen, zwischen germanischer und romanischer Bevölkerung, slawischer und romanischer Bevölkerung, später die politische Grenze zwischen der Republik Venedig und dem Habsburgerreich, dann im 19. Jahrhundert die Grenze zwischen dem Königreich Italien und Österreich-Ungarn, um nur einige wichtigere Grenzziehungen in diesem Raum zu nennen. Nach dem Ersten Weltkrieg wurde als Folge des geheimen Londoner Vertrags[137] und letztendlich des Grenzvertrags von Rapallo[138] am

---

[135] Peter Vodopivec, Od Pohlinove slovnice do samostojne države: Slovenska zgodovina od konca 18. do konca 20. stoletja [Von Pohlins Grammatik zu einem unabhängigen Staat: slowenische Geschichte vom Ende des 18. bis zum Ende des 20. Jahrhunderts], Založba Modrijan, Ljubljana 2006, S. 172.

[136] Jože Pirjevec, Jugoslavija 1918-1992, Založba Lipa, Koper 1995, S. 29.

[137] Das neutrale Italien verhandelte am Beginn des Ersten Weltkriegs sowohl mit den Zentralmächten als auch mit den Ententemächten, die eine neue Front eröffnen wollten. Dabei prüfte es, wer ihm mehr Territorium bietet. Italien sandte am 16. Februar 1915 seine Bedingungen nach London, unter denen es bereit war, auf Seiten der Entente in den Krieg einzutreten. Dann liefen Gespräche bis zum 26. April, als der Londoner Vertrag unterzeichnet wurde, bestehend aus drei Dokumenten: die italienischen Forderungen, die Verpflichtung der Staaten, keinen Separatfrieden zu schließen, und das Versprechen, die Vereinbarung geheim zu halten. Italien dagegen verpflichtete sich, nach der Unterzeichnung des Vertrags innerhalb eines Monats in den Krieg auf Seiten von Großbritannien, Frankreich und Russland gegen alle Feinde dieser Staaten einzutreten, also gegen Österreich-Ungarn, Deutschland und das Osmanische Reich. Dafür sollte es beim allfälligen Sieg Triest, Trient, Görz, Istrien, ein Protektorat über Albanien, den Hafen Vlora in Albanien, die Dodekanes-Inseln, Zadar, Teile von Dalmatien, das Isonzo-Tal sowie einen Teil des deutschen Kolonialimperiums in Asien und Afrika erhalten.

[138] Siehe Anm. Nr. 7.

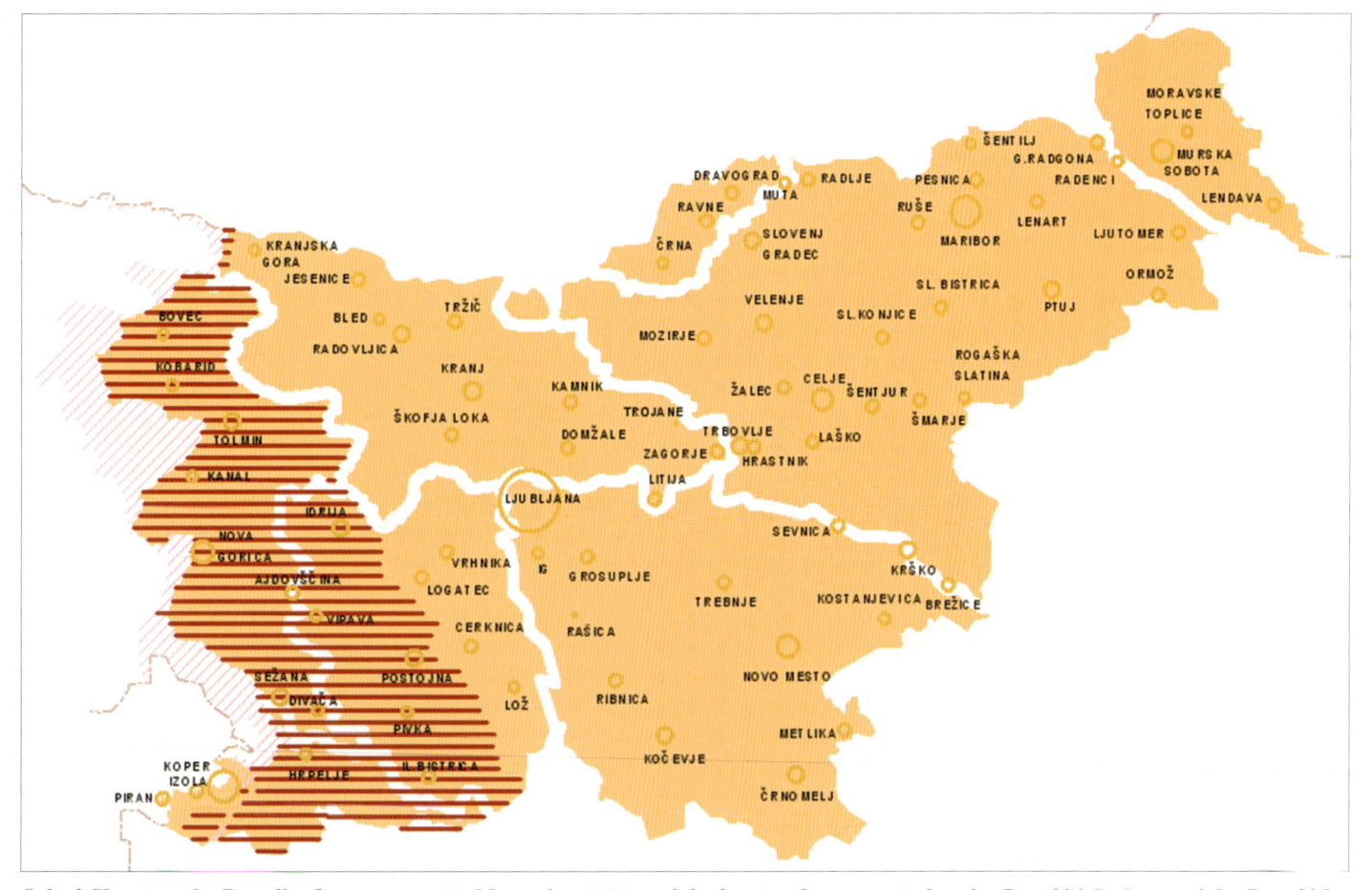

Julisch Venetien, die Rapallo-Grenze vom 12. November 1920 und die heutige Grenze zwischen der Republik Italien und der Republik Slowenien.

12. November 1920 die politische Grenze des Königreichs Italien weit nach Osten verschoben. In einigen dieser östlichen Gegenden hatte es nie italienische ethnische Minderheiten gegeben. Nach dem Abschluss des Rapallo-Vertrags fiel das Küstenland an Italien. Die neue Grenze verlief auf der Linie der Berge Peč–Jalovec–Triglav–Porczcn–Blegoš–Planina–Javornik–Snežnik–Kastav. Mehr als ein Viertel des mehrheitlich slowenischen ethnischen Gebiets fiel an Italien. Mehr als 500.000 Slowenen und Kroaten in Julisch Venetien verwandelten sich in die slowenische und kroatische Minderheit.[139] Über den Vertrag, der das slowenische ethnische Gebiet teilte, sagte der italienische Außenminister Carlo Sforza, der den Vertrag unterzeichnete, er habe *„Italien eine Landgrenze gegeben, die perfekter ist als unter dem Römischen Reich"*.[140] Und so rief am 18. November 1922, kurz nach seinem Marsch auf Rom und der erzwungenen Machtübernahme in Italien, Benito Mussolini im römischen Parlament dem slowenischen Abgeordneten Josip Vilfan (oder auch Wilfan) zu: *„Al Nevoso ci siamo e ci resteremo!"*[141]

Die Grenze hätte also für immer Bestand haben sollen, und wenn sie sich ändern sollte, dann sollte sie gemäß den imperialistischen Träumen der neuen Ideologie des faschistischen Regimes noch weiter in Rich-

---

[139] Metod Mikuž, Slovenci v stari Jugoslaviji [Slowenen im alten Jugoslawien], Ljubljana 1965, S. 188. Beim Beitritt zu Jugoslawien belief sich die Zahl der Slowenen auf etwa 1.100.000. Über 300.000 sind nach der Grenzziehung in Italien geblieben.

[140] Janko Pleterski, Med Mussolinijem in čaršijo [Zwischen Mussolini und der Belgrader Vetternwirtschaft], Delo, 19. März 1996, S. 6.

[141] *„Am Snežnik sind wir und da bleiben wir auch!"* Egon Pelikan, Discorsi parlamentari dell'on. Vilfan nel parlamento italiano, Circolo per gli studi sociali Virgil Šček, Trieste 1997. Mussolinis Worte sind eine Replik auf den Auftritt von Vilfan im römischen Parlament vom 18. November 1922.

tung Osten, auf den Balkan und in den Donauraum rücken. Die „natürliche" Grenze Italiens sollte nach Mussolinis Meinung eigentlich *„auf dem Dinaridenkamm oberhalb von Dalmatien"* liegen.[142]

Ein solcher imperialistischer Plan erforderte ein „gesäubertes Hinterland" und nach der faschistischen Machtübernahme in Italien, im Oktober 1922, steigerte sich in Julisch Venetien der Assimilierungsdruck auf die Minderheit. Mit der Machtübernahme der Faschisten wurde die Eliminierung der slowenischen und kroatischen Intelligenz in Julisch Venetien zum Staatsprogramm mit besonderer Priorität erhoben.[143] Der faschistische Sekretär in Pula[144] schrieb z. B. im Jahre 1925 in seinem Bericht an den Sitz der faschistischen Partei in Rom über die slowenische und kroatische Intelligenz:

> *„Auf dem Land, in der Umgebung urbaner Siedlungen im Inneren von Istrien, ist die Bevölkerung mehrheitlich slowenisch und kroatisch; sie zeigt zwar keine Zeichen einer antifaschistischen Stimmung, doch hängt sie an den lokalen fremdstämmigen Lehrern und Priestern.*[145] *Diese führen sie und sorgen dafür, dass unter der Bevölkerung die slowenische und kroatische Sprache erhalten bleiben."*[146]

Nach der Vorstellung desselben faschistischen Sekretärs sollte die „fremdstämmige Population" zuerst intellektuell *geköpft* werden, da dann die Assimilierungspolitik und die Italienisierung schneller voranschreiten würden. In den Archiven des Innenministeriums in Rom ist eine Reihe von Berichten über Maßnahmen des Regimes zu finden, die sich in den 20er Jahren auf slowenische und kroatische Intellektuelle beziehen. Der Vorsteher der Direktion für öffentliche Sicherheit in Görz teilte z. B. 1925 dem Innenminister mit: *„Deshalb habe ich den Unterpräfekten die Anweisung gegeben, die Priester wie auch die Lehrer sorgfältig im Auge zu behalten und mir laufend zu berichten."*[147] In diese Verhältnisse kam aus dem zentralslowenischen Raum der Maler Tone Kralj.

Die Politik des faschistischen Regimes gegenüber der slowenischen und kroatischen Minderheit in Italien

Ende der Zwanzigerjahre, genauer in den Jahren 1927 und 1928, wurden alle politischen und kulturellen Vereine der Slowenen und Kroaten in Italien aufgelöst. In Julisch Venetien waren es 400 slowenische Vereine. Ihr Vermögen wurde beschlagnahmt. Damals zog ein Großteil der Intelligenz und auch der politischen Vertreter der Minderheit weg, nicht selten durch Zwangsumsiedlung in den Süden Italiens. Während man mit den Lehrern vergleichsweise leichtes Spiel hatte, meistens einfach mit Dekreten über die Versetzung auf eine neue Stelle in andere Teile Italiens, war bei der Priesterschaft die Situation komplizierter. Anfang der 30er Jahre zeigten sich nämlich die Effizienz der Organisationsmaßnahmen und die Ergebnisse der vorangegangenen Tätigkeit der christlich-sozialen Führer Virgil Šček, Engelbert Besednjak und anderer Christlich-Sozialer und des Klerus im Küstenland. Schon 1920 hatte der Geistliche Virgil Šček auf der Gründung der Organisation des Priesterkollegiums vom hl. Paulus, d. h. einer eigenen Standesorganisation der slowenischen Priesterschaft in Julisch Venetien, bestanden.[148]

Die slowenische und kroatische Bevölkerung unter italienischer Herrschaft[149] geriet unter den Druck der staatlichen Politik, die eine systematische praktische Verwirklichung der Gleichsetzung der Staatsbürgerschaft und der nationalen Zugehörigkeit als gemeinsames Endziel hatte. Der Bevölkerung blieb unter diesen Umstän-

---

[142] Janko Pleterski, Med Mussolinijem in čaršijo [Zwischen Mussolini und der Belgrader Vetternwirtschaft], Delo, 25. März 1996, S. 6.

[143] Vgl. Karel Šiškovič, La snalizzazione tra le due guerre, Bollettino, Triest 1976, Nr. 2/3, S. 25.

[144] Pula, Hafenstadt, bis Ende des Ersten Weltkrieges Militärbasis der kaiserlich-königlichen Flotte, auf der Halbinsel Istrien, heute Kroatien. Slowenisch: Pulj, italienisch: Pola.

[145] Vom Standpunkt des italienischen faschistischen Beamten waren im Gebiet, das vom Regime als italienisches Gebiet angesehen wurde, die slowenischen und kroatischen Einwohner „fremdstämmig", also keine ethnischen Italiener.

[146] Zitiert nach: Bon Gherardi Silva, Il regime fascista in Istria (1925–1933), Aspetti politici, sociali, organizzativi, Qualestoria, Triest 1981, Nr. 2, S. 13.

[147] ACDS (Archivio centrale dello Stato, ACDS), NAW, T-586, Mikrofilm Nr. 102, Dokument Nr. 027387. Bericht vom 15. Dezember 1925.

[148] Siehe näher: Marko Tavčar, Virgil Šček nel parlamento italiano, Circolo per gli studi sociali Virgil Šček, Trieste 1994.

[149] Auch heute bezeichnender Volksausdruck für diese historische Epoche im Küstenland.

den als Herzstück der intellektuellen Elite nur noch die Priesterschaft. Die Priesterschaft, organisiert im Priesterkollegium vom hl. Paulus, die etwa dreihundert slowenische Priester zählte, spielte nun in den neuen Verhältnissen beim Übergang des Gebiets von der Herrschaft der Donaumonarchie auf die Herrschaft von Italien weiter ihre Rolle nationaler Führerschaft der slowenischen und kroatischen Bevölkerung. Die frühere scharfe Konkurrenz anderer politischer Eliten innerhalb des slowenischen Volkes, die (völlig konform mit der bekannten Theorie des tschechischen Historikers Miroslav Hroch, wonach bei der Entstehung einer modernen Nation auf die Agitations- und Affirmationsphase die Differenzierungsphase folgt) sich an der Frage, wer das slowenische Volk führen sollte, aufschaukelte, (der politische Katholizismus oder die Liberalen oder die Sozialdemokraten usw.) verschwand nun unter dem Druck des faschistischen Regimes, als das Küstenland einer systematischen Assimilierungspolitik ausgesetzt wurde, plötzlich wieder.

Im Küstenland bekam die Priesterschaft bei der Führung der dortigen slowenischen nationalen Bewegung nun unabsichtlich die „neue-alte", retrograde Monopolrolle in der Gesellschaft. In den Führern dieser Bewegung fand der Ankömmling aus dem zentralslowenischen Raum, der Kirchenkünstler Tone Kralj, seine Ansprechpartner.

Das Ende der Zwanzigerjahre in Julisch Venetien

Im Bericht eines anonymen Autors zur Lage in Julisch Venetien,[150] sein Adressat ist nicht bekannt, doch offenbar handelt es sich um eine hohe politische Persönlichkeit im Königreich SHS, sind für das Jahr 1928 statistische Daten zu finden, aus denen ersichtlich ist, dass die Minderheit innerhalb eines Jahrzehnts, von 1918 bis 1928, die laikale Intelligenz fast vollständig verlor. Wie der Bericht anführt, entließ die Obrigkeit sämtliche slowenischen Beamten aus den Gemeindeverwaltungen und sämtliche slowenischen Richter. Des Weiteren soll die faschistische Regierung bereits über 600 von 820 slowenischen und kroatischen Lehrern in Julisch Venetien teilweise versetzt

[150] Pokrajinski arhiv v Novi Gorici [Regionalarchiv Nova Gorica, nachfolgend **PANG**)], Besednjak-Archiv (nachfolgend **BA**), Dok. Nr. 604.

oder entlassen haben.[151] Die gesamte slowenische laikale Intelligenz soll auf etwa 50 Anwälte, 15 Ärzte und noch eine Handvoll öffentlicher Bediensteter geschrumpft sein. Der Mythos vom vermeintlichen permanenten Konflikt zwischen dem „urbanen Italienertum" und dem „bäuerlichen Slawentum" (*città – campagna*) setzte sich nun unter dem Regime in die Wirklichkeit um. Die Säuberung unter dem slowenischen liberalen Bürgertum war in Julisch Venetien, in Görz und Triest fast vollständig. Ende der Zwanzigerjahre brach im Küstenland schrittweise auch das bereits vor dem Ersten Weltkrieg und in der Zeit unmittelbar danach errichtete christlich-soziale schulische, wirtschaftliche, kulturelle usw. Organisationsnetzwerk des schon erwähnten Priesters und Politikers Janez Evangelist Krek zusammen. Dennoch erwies sich das Organisationsnetzwerk der katholischen Kirche, die in Julisch Venetien in den Händen der Slowenen war, als viel widerstandsfähiger gegen die Druckausübung des Regimes als andere nationale Organisationen. Die Vorteile der christlich-sozialen Organisation vor Ort, ihre verzweigte, an die Einrichtungen der katholischen Kirche angelehnte Struktur, wurden auch von den Liberalen anerkannt. Liberale Vertrauenspersonen waren, mehr als die Christlich-Sozialen, von Verfolgungen gerade wegen ihrer größeren beruflichen Exponiertheit (Anwälte, Lehrer usw.) stärker betroffen. Ein Mitglied der slowenischen illegalen, liberalen und irredentistischen Organisation TIGR[152] (Abkürzung für die Toponyme Triest, Istrien,

[151] Im zweiten Bericht über die Lage der Lehrerschaft von 1932 ist zu lesen: „*Was die Lehrer betrifft, sind heute im Küstenland 90 Prozent italienischer Nationalität, die übrigen sind Slowenen oder Kroaten, die die faschistische Position übernommen haben oder ihre Überzeugung vollkommen verborgen haben. In Istrien sind somit nur ein kroatischer Lehrer und drei Lehrerinnen geblieben. Diese sind zwar nationalbewusste Kroaten, doch müssen sie das verbergen.*" (BA, Dok. Nr. 176. Der Bericht von 1933 umfasst 40 maschinengeschriebene Seiten. Er ist für einen nicht identifizierten Adressaten gedacht, doch offenbar eine Regierungsstelle im Königreich Jugoslawien. Der Titel lautet *Von der allgemeinen Lage der Volksgruppe unter Italien*. Er ist höchstwahrscheinlich im jugoslawischen Konsulat in Triest entstanden.)

[152] TIGR war eine revolutionäre Geheimorganisation slowenischer und kroatischer Irredentisten, Nationalisten und vor allem Antifaschisten. Sie war im slowenischen und kroatischen ethnischen Gebiet, das nach dem Grenzvertrag von Rapallo an Italien angeschlossen worden war, aktiv. Viele Mitglieder dieser Organisation hatten Verbindungen mit dem jugoslawischen und Einzelne sogar mit dem britischen Nachrichtendienst, waren aber auch militärisch

Görz, Rijeka), Slavko Tuta, erzählt in seinen Erinnerungen, dass *„im Unterschied zu den Katholiken die Führungsschicht der Liberalen im Grenzland auf einen Schlag versagt hat. Genauso haben damals die Sozialisten versagt, von denen es nicht viele gab ...".*[153] Die Behörden zerstörten nämlich mit administrativen und polizeilichen Maßnahmen schnell ihre Organisationen und Arbeitskreise. Darüber schrieb Ende der Zwanzigerjahre Lavo Čermelj[154] an Josip Vilfan[155]:

> *„Die Zahl der Flüchtlinge* (aus Julisch Venetien, Anm. E. P.) *wird jeden Tag größer, viele wenden sich an mich, und ich bin völlig machtlos. /.../ Unsere schlechte Organisation rächt sich bitter. /.../ Indessen droht wieder eine neue Versetzung von Lehrern des Küstenlandes ..."*[156]

Wie der erwähnte Bericht jedoch besagt, habe die slowenische Minderheit *„noch 272 slowenische Priester, deren Bildung einer akademischen gleichwertig ist."*[157] Bald bekamen auch der slowenische Klerus und seine Arbeit für die slowenische Bevölkerung verstärkt die radikale Repression des faschistischen Regimes zu spüren.

IV. DIE VATIKANISCHEN BEHÖRDEN UND DER KLERUS IM KÜSTENLAND

VATIKAN, FASCHISMUS UND DIE SLOWENISCHE MINDERHEIT IM KÜSTENLAND

Die Geschichte der katholischen Kirche im Küstenland in der Zeit des Faschismus prägt das Wirken des Malers Tone Kralj entscheidend. Vor allem die Servilität der katholischen Kirche bzw. der Politik des Vatikans gegenüber dem faschistischen Regime, insbesondere nach dem im Jahre 1929 geschlossenen Konkordat, stellte jenen Bruch dar, der den slowenischen Klerus im Küstenland in die Position des Widerstandes gegen die „Politik der beiden Roms" – des katholischen und des faschistischen – versetzte, einschließlich des Widerstandes gegen deren Assimilierungsmaßnahmen. Ohne diesen Widerstand der slowenischen Priesterschaft hätte Tone Kralj nie sein subversiv-widerständisches Maleropus realisiert.

Zur Geschichte der Kirche in Julisch Venetien in der Zwischenkriegszeit wurde viel geschrieben. Schon die Übersicht der Literatur ist sowohl in der slowenischen[158] als auch in der italienischen Geschichtsschreibung[159] sehr umfangreich. In den letzten zehn Jahren kam es, neben einigen sehr guten neueren Studien allgemeiner Natur zum Verhältnis zwischen dem faschistischen Staat und dem Vatikan[160], auch zu zwei wichtigen Änderungen, die den Zugang zu neuen Quellen ermöglichen und für das Verständnis der Geschichte der Kirche in Julisch Venetien wesentlich sind: Die erste ist die Öffnung des Archivs der Geheimen Christlich-Sozialen Bewegung für den gesamten Zeitraum zwischen den beiden Weltkriegen im Jahre 2010, das nun im Regionalarchiv in Nova Gorica aufbewahrt wird, und die zweite die Öffnung der

---

ausgebildet. Die Organisation hatte eine Vereinbarung auch mit der Kommunistischen Partei Italiens. Ihre Mitglieder verübten Anschläge auf wichtigere Vertreter des Staates, sie griffen faschistische Einrichtungen und Patrouillen an und verübten Sabotageaktionen gegen die Infrastruktur.

[153] Slavko Tuta, Cena za svobodo [Der Preis der Freiheit], Goriška Mohorjeva družba, Gorica 1999, S. 156.

[154] Lavo Čermelj, (1889–1980) war ein slowenischer politischer Aktivist, Publizist und Autor. In den 1930ern war er zusammen mit Josip Vilfan, Ivan Marija Čok und Engelbert Besednjak einer der namhaftesten Vertreter der slowenischen antifaschistischen Flüchtlinge aus Julisch Venetien unter italienischer Verwaltung.

[155] Josip Vilfan oder Wilfan (1878–1955) war ein slowenischer Jurist, Politiker und Menschenrechtsaktivist aus Triest. In den frühen 1920er Jahren war er ein politischer Führer der liberalen Partei und der slowenischen und kroatischen Minderheit in Julisch Venetien unter italienischer Herrschaft. Zusammen mit Engelbert Besednjak (Christlich-Soziale Partei) war er der einflussreichste Vertreter der slowenischen Flüchtlinge aus dem slowenischen Küstenland in den 1930ern.

[156] Wilfan-Archiv (nachfolgend WA), fasc. Nr. 7. Aus dem Brief von Lavo Čermelj an Josip Wilfan vom 4. August 1930.

[157] PANG, BA, Dok. Nr. 604.

[158] Milica Kacin Wohinz, Oris jugoslovanske historiografije 1945–1985 o Julijski krajini med vojnama [Abriss der jugoslawischen Historiographie 1945–1985 zu Julisch Venetien in der Zwischenkriegszeit], Prispevki za novejšo zgodovino, Ljubljana 1986, Nr. 1–2, S. 45–64. Oder: Branko Marušič, Poskus pregleda zgodovinopisja ob slovenski zahodni meji [Versuch einer Übersicht der Geschichtsschreibung an der slowenischen Westgrenze], Zgodovinski časopis, Ljubljana 1987, Nr. 1, S. 139–146.

[159] Paolo Blasina: Santa Sede, clero e nazionalità al confine orientale 1918–1920. Note e documenti, Qualestoria, Trieste 1993, Nr.1, S. 29–50.

[160] Vgl. Luca Ceci: L'interesse superiore. Laterza, Roma-Bari 2013.

Vatikanischen Archive für die Amtszeit des Papstes Pius XI. im Jahre 2006.¹⁶¹ Dadurch ist es heute möglich, sowohl die Geschichte des Verhältnisses zwischen Kirche und Staat im faschistischen Italien als auch die Spezifika der Relation Kirche – Faschismus in Julisch Venetien aus vier Blickwinkeln zu beschreiben: anhand von Studien der Dokumente in den Archiven der lokalen kirchlichen und weltlichen Behörden (Dekanate, Bistümer, Polizei, Quästuren und Präfekturen), der Dokumente in den Staatsarchiven in Rom (beim Außenministerium, beim Innenministerium usw.), im Archiv der christlich-sozialen Bewegung und letztlich in den Vatikanischen Archiven für die Amtszeit von Pius XI. (d. h. für die Jahre 1922–1939). Gerade letztere Dokumente behandeln minutiös die Verhältnisse in Julisch Venetien im Dreieck Kirche–Regime–Minderheit an der „bewaffneten Grenze" und sind eigentlich eine Art „Wikileaks", das die Hintergründe aller wichtigeren Ereignisse innerhalb der Kirche in Julisch Venetien enthüllt, die irgendein Echo in der lokalen, staatlichen (italienischen) oder breiteren (jugoslawischen beziehungsweise europäischen) Öffentlichkeit hatten.¹⁶²

Die Dokumente stellen uns anschaulich dar, wie akribisch die Probleme in Julisch Venetien von der päpstlichen Kanzlei, eigentlich vom vatikanischen Kardinalstaatssekretär Eugenio Pacelli, dem späteren Pius XII., persönlich verfolgt wurden, denn mit seiner Unterschrift beziehungsweise Paraphe (Signatur) sind auch die meisten der erwähnten Unterlagen gekennzeichnet. Aus den Dokumenten der Kongregation für außerordentliche kirchliche Angelegenheiten (Affari Ecclesiastici Straordinari) geht hervor, dass besonderes Augenmerk der päpstlichen Kanzlei auf Julisch Venetien und die slowenische Minderheit gerichtet war. Die vernichtende Politik gegenüber der Minderheit innerhalb der katholischen Kirche begann, wie gesagt, erst nach dem Konkordat von 1929. Die Zeit fällt mit dem Eintritt des Kardinals Eugenio Pacelli (im Jahre 1930), des späteren Pius XII., als Leiter der vatikanischen Staatskanzlei (Segreteria di Stato) zusammen.

Vor dem Konkordat – die Zwanzigerjahre

Die Zwanzigerjahre waren eine Zeit, in der der Heilige Stuhl noch bereit war, sich für die verfolgte slowenische und kroatische Priesterschaft einzusetzen. Diese hatte echte Schwierigkeiten, vor allem mit staatlichen Behörden, die die Gewalt der lokalen Faschisten gegen den Klerus und die slowenische und kroatische Bevölkerung in Julisch Venetien zuließen. Auf die Gewalt gegen den Klerus, die in der Weihnachtszeit 1920 in Istrien ausgebrochen war (vor den Wahlen im Frühjahr 1921), folgte nämlich eine öffentliche Reaktion des Vatikans. Die Geschehnisse verurteilte zuerst der neue Bischof von Triest, Angelo Bartolomasi, in seinem Hirtenbrief vom 21. Mai 1921 und anschließend auch Papst Benedikt XV., der sich in seiner Antwort an den Bischof von Triest für die verfolgten slowenischen und kroatischen Priester einsetzte.¹⁶³

Das Priesterkollegium vom hl. Paulus schickte Benedikt XV. einen Dankesbrief im Namen der gesamten Priesterschaft, der katholischen Intelligenz sowie der slowenischen und kroatischen Bevölkerung in Julisch Venetien.¹⁶⁴ Doch die Ruhe währte nicht lange.

Geheime Visitationen und Berichte aus Julisch Venetien vor dem Abschluss des Konkordats von 1929

Auch Berichte zur Lage in Julisch Venetien, die aus den Bistümern des Küstenlandes in den Vatikan kamen, waren in den Zwanzigerjahren der slowenischen und kroatischen Minderheit noch gewogen. Man könnte von einer Art generellen „Linie von Papst Benedikt XV." in

---

¹⁶¹ Für die Problematik der Beziehungen im Dreieck zwischen der slowenischen Priesterschaft und der italienischen Kirchenhierarchie sowie der faschistischen Obrigkeit in Rom und in Julisch Venetien sind die Bestände in der AA.EE.SS - Congregazione degli Affari Ecclesiastici Straordinari, Italia (III. e IV. periodo) besonders interessant. Dieser Tätigkeitsbereich des Heiligen Stuhls gehörte unter die Segreteria di Stato, Sezione per i Rapporti con gli Stati, Archivio Storico (Kürzel: SS.RR.SS.).

¹⁶² Über die Inhalte des neu zugänglichen Materials wurden bislang nur wenige Studien veröffentlicht. Siehe: Egon Pelikan, Cerkev in obmejni fašizem v luči vatikanskih arhivov [Die Kirche und der Grenzland-Faschismus im Lichte der vatikanischen Archive], Acta Histriae, Koper 2012, Nr. 4, S. 563–577.

¹⁶³ Rudolf Klinec, Primorska duhovščina pod fašizmom [Die küstenländische Priesterschaft unter dem Faschismus], Goriška Mohorjeva družba, Görz 1979, S. 19.

¹⁶⁴ ACDS (Archivio Centrale dello Stato), UCNP (Capo dell'Ufficio centrale), fasc. Nr. 81)

Bezug auf die Slowenen und Kroaten in Julisch Venetien sprechen, die zu jener Zeit mit der ungelösten „Rom-Frage" zwischen der faschistischen Regierung und der katholischen Kirche zusammenfällt. Als Beispiel eines solchen Dokuments, Ergebnis einer geheimen Visitation (von denen es im Vatikanischen Archiv mehrere gibt), können wir uns den Bericht der geheimen Visitation in Julisch Venetien im Juli und August 1928 ansehen. Der geheime päpstliche Visitator (Erzbischof Gaetano Malchiodi) hielt in der Einleitung seines an den damaligen Staatssekretär des Heiligen Stuhls Pietro Gasparri adressierten Berichts fest:

> *„Ich habe die Ehre, Ihrer Eminenz den Bericht über meine geheime Visitation präsentieren zu dürfen, die ich im Auftrag des hl. Vaters in den Bistümern Triest, Koper, Poreč und Pula, Rijeka und Zadar mit der Absicht durchgeführt habe, festzustellen, wie die Lage der Slawen hinsichtlich ihrer religiösen Betreuung ist. (…) Ich habe vor anderen kirchlichen Würdenträgern in Julisch Venetien das Geheimnis der Mission sorgfältig gewahrt und sie im Glauben gelassen, dass ich mich dort als Tourist im Urlaub befinde."*[165]

Der geheime Visitator führte seine Aufgabe sorgfältig durch, denn im Bericht fehlt es nicht an minutiösen Beschreibungen der Lage in den einzelnen Bistümern oder Dekanaten sowie über Exzesse der faschistischen Obrigkeit in den einzelnen slowenischen Dörfern. Nach Meinung des Visitators, der sich auf den slowenischen und kroatischen niedrigeren Klerus beruft, *„herrscht unter den Leuten die Überzeugung, dass italienische Bischöfe die Regierung in ihrer Bestrebung unterstützen, den Slawen noch das zu nehmen, was von ihrem nationalen Bewusstsein übriggeblieben ist."*[166]

Der Visitator persönlich war der slowenischen und kroatischen Bevölkerung zugeneigt, denn im Bericht ist (in einem zwar etwas kolonialen Ton) zu lesen: *„Diese slawische Bevölkerung bereitete den Regierungen, denen sie untertan war, nie Schwierigkeiten, doch sie erlaubt nicht, dass die Obrigkeit in das eingreift, was ihnen am heiligsten ist, den Glauben und die Sprache."*[167]

Die Vorwürfe des „Panslawismus" (womit offenbar die Sympathie für das südslawische multinationale Königreich SHS gemeint ist), den die italienische Obrigkeit ihren slawischen Bürgern zuschrieb, sollen nach Meinung des Visitators bloß ein Vorwand für die politische Verfolgung der Priester und des Volkes gewesen sein, denn es sei *„offensichtlich, dass das Programm der Regierung eine möglichst rasche Italianisierung der „Fremdstämmigen" („allogeni") ist und dazu alle Mittel eingesetzt werden sollen."*[168]

Der geheime Visitator stellte auch fest, dass es in den Schulen bereits keine Spur mehr von irgendetwas Slawischem gebe, einschließlich des Religionsunterrichts, der in der Schule vollkommen italianisiert sei, was (ihm persönlich) inakzeptabel erschien. Er berichtet auch von den Schwierigkeiten des Bischofs Angelo Bartolomasi in Triest, der seine Stadt 1922 letztlich sogar aus Protest verlassen hatte, weil die Gewalt gegen die Minderheit *„auch sein Italienertum beleidigte"*.[169]

Zusammengefasst betrachtet ist der Visitationsbericht voller Verständnis für die Lage der Slowenen und Kroaten unter dem Faschismus, der Visitator verurteilte die faschistischen Assimilierungsmethoden scharf, er wies auf die Unzumutbarkeit der Einsetzung italienischer Priester in den „slawischen" Gemeinden hin, die die Sprache des Volkes nicht verstehen. Er schloss mit dem Gedanken ab, dass das Programm des Regimes klar sei, und zwar die slawische Priesterschaft im grenznahen Gebiet Julisch Venetien zu beseitigen. Vorwürfe vom Anti-Italienertum des slowenischen Klerus seien nach Meinung des Visitators nur Unterstellungen und Lügen, und das Priesterkollegium vom hl. Paulus, in dem sich 1920 die slawischen Priester organisiert hätten, schien für ihn bloß eine logische Folge der Gewalt gegen sie zu sein.[170]

Der Bericht der geheimen Visitation schloss mit der Feststellung, dass die faschistischen Methoden einen irreparablen Schaden verursachen, denn *„man versucht gewaltsam alles zu zerstören, was slawisch ist, man versucht, sämtliche Prinzipien des Naturrechts zu brechen und

---

[165] ASV-AES, Italia, P. 689, f. 141. Dok. 16. Archivio Segreto Vaticano (00120 - Città del Vaticano).
[166] ASV-AES, Italia, P. 689 f. 141. Dok. 28.
[167] ASV-AES, Italia, P. 689 f. 141. Dok. 29.
[168] Ebenda.
[169] Rudolf Klinec, Primorska duhovščina pod fašizmom [Die küstenländische Priesterschaft unter dem Faschismus], Mohorjeva družba, Gorica 1979, S. 20.
[170] ASV-AES, Italia, P. 689 f. 141. Dok. 65.

*aus den Herzen Abertausender dasjenige auszureißen, was ein Recht aller Völker ist, das Recht, mit Gott in der Sprache ihrer Väter zu sprechen. (...) Es wird ein Programm verwirklicht,¹⁷¹ das von Istrien und Görz bis nach Trentino reicht."*¹⁷²

Der Visitator Malchiodi wusste aber wohl nicht, dass zu dieser Zeit bereits Gespräche zwischen der faschistischen Regierung und dem Heiligen Stuhl über den Abschluss eines Konkordats liefen, das knapp sechs Monate nach seinem Visitationsbericht zustande kommen sollte. Die Haltung des Vatikans zu den Verhältnissen in Julisch Venetien, die mit dem Wohlwollen des Visitators gegenüber der Minderheit konform ging, sollte sich bald radikal ändern.

DAS KONKORDAT ZWISCHEN DEM HEILIGEN STUHL UND DEM FASCHISTISCHEN ITALIEN VON 1929 UND SEINE AUSWIRKUNGEN AUF DIE LAGE DER SLOWENISCHEN MINDERHEIT IN JULISCH VENETIEN

Zwischen dem Heiligen Stuhl und dem faschistischen Staat wurde am 11. Februar 1929 nach langwierigen Verhandlungen ein Konkordat geschlossen, das ein Ende des fast 70 Jahre dauernden Konflikts zwischen der katholischen Kirche und dem Staat Italien bedeutete. Die Kirche und auch das staatliche Regime gewannen dabei viel, während die slowenische und kroatische Minderheit in Italien viel verlor. Das Konkordat führte im Küstenland zu katastrophalen politischen Veränderungen: Es leitete die radikale Repression gegen den slowenischen und kroatischen Klerus in Julisch Venetien ein, worauf die slowenischen Geistlichen, die im Priesterkollegium vom hl. Paulus vereint waren, zur geheimen Tätigkeit und zum Widerstand sowohl gegen das weltliche/faschistische als auch das kirchliche Rom übergingen. Dabei stützte man sich auf finanzielle und sonstige Hilfe aus dem Königreich Jugoslawien. Als Teil dieses Widerstands kann auch die Einladung an den Maler Tone Kralj verstanden werden, Kirchen im Grenzland zu bemalen.

Während der Verhandlungen vor dem Abschluss des Konkordats versuchte der Heilige Stuhl zunächst offenbar tatsächlich die sprachlichen Rechte der neuen Minderheiten in Italien zu schützen. Durch eine Indiskretion der faschistischen Regierung sickerte durch, dass der Heilige Stuhl zunächst sogar die Forderung aufgestellt hatte, dass überall dort, wo es an Priestern slowenischer und deutscher Sprache fehlte, Priester aus den Mutterländern eingesetzt werden sollten.¹⁷³ Die Vertreter der italienischen Regierung lehnten nicht nur diese Forderung, sondern auch die Bestimmung ab, die im Konkordat das Recht auf Religionsunterricht in der Muttersprache sichern würde (für die Minderheit in den neuen Provinzen, d. h. in Julisch Venetien und in Südtirol). Beide Forderungen wurden dann von den Vertretern des Vatikans zurückgezogen. Laut den wichtigsten Vertretern der slowenischen Minderheit in Italien, Engelbert Besednjak und Jože Biteznik, war ein solches Nachgeben des Vatikans umso inakzeptabler, als das italienische Schulgesetz nach der vom Schulminister Giovanni Gentile vorbereiteten Reform von 1923¹⁷⁴ den Gebrauch der slowenischen und der deutschen Sprache in der Schule verboten hatte. Es wäre vielleicht zu verstehen gewesen, wenn die faschistische Obrigkeit das Versprechen gegeben hätte, in der Muttersprache zumindest den Religionsunterricht (auch weiterhin) zuzulassen.¹⁷⁵ Doch das Konkordat brachte nicht einmal die Zusicherung, dass der Religionsunterricht in der Muttersprache zumindest privat, außerhalb der Schulgebäude, in Kirchen erlaubt sei, es öffnete jedoch tatsächlich das Schultor für italienische Priester.¹⁷⁶

---

¹⁷¹ Der Autor meint das Programm des völligen Ethnozids der Slowenen und Kroaten unter Italien.

¹⁷² ASV-AES, Italia, P. 689 f. 141. Dok. 66.

¹⁷³ PANG, BA, Dok. Nr. 548. Engelbert Besednjak/Jože Biteznik, „Mussolini, der Vatikan und die Minderheiten". Sonderausgabe der Zeitung Mitteilungen über die Lage der nationalen Minderheiten in Italien, erschienen 1933 in Wien. Erschienen in Buchform (80. S.), unterzeichnet mit „südslawische Katholiken in Italien". Autoren sind Engelbert Besednjak und Josip Biteznik.

¹⁷⁴ Im Oktober 1923 wurde durch die von Giovanni Gentile, dem damals führenden italienischen Philosophen und Minister in der faschistischen Regierung, ausgearbeitete Schulreform die slowenische Sprache in der ersten Klasse der Grundschule abgeschafft. Die italienische Sprache wurde aufsteigend die einzige obligatorische Unterrichtssprache in der Grundschule und die slowenische Sprache wurde somit im Schuljahr 1927/28 bereits völlig aus der Grundschule verdrängt und verboten.

¹⁷⁵ PANG, BA, Dok. Nr. 548.

¹⁷⁶ Ivo Juvančič, Dr. Frančišek Sedej in fašizem [Dr. Frančišek Sedej und der Faschismus], Goriški letnik, Goriški muzej, Nova Gorica 1974, Nr. 1, S. 105.

Veränderungen nach dem Konkordat

Die Folgen des Konkordats veränderten das multiethnische Bild von Julisch Venetien auch im Bereich der Kirche. Sie umfassten unter anderem:

- die Abschaffung sämtlicher slowenischer, auch katholischer periodischer Presse (1930);
- die Absetzung (1931) des letzten slowenischen Erzbischofs in Julisch Venetien, Frančišek Borgia Sedej, und die Ernennung des italienischen Nationalisten und Philofaschisten Giovanni Sirotti an die Spitze des Erzbistums Görz;
- das Verbot des Gebrauchs der slowenischen Sprache in Kirchen in Venetien 1933, worauf der Vatikan nicht reagierte, beziehungsweise beim Verbot sogar mit der Obrigkeit kooperierte;
- systematische Assimilierungspolitik des Administrators Giovanni Sirotti im Erzbistum Görz (1931–1934);
- Assimilierungspolitik seines Nachfolgers Carlo Margotti (1934);
- Schließung aller slowenischen und kroatischen Klöster in Julisch Venetien bis 1934, beziehungsweise die Ersetzung slowenischer Ordensangehöriger durch italienische;
- Verbot des Gebrauchs der slowenischen Sprache in Kirchen in den Vorstädten von Triest 1936;
- erzwungener Rücktritt des Bischofs von Triest, Alojzij Fogar, 1936, der sich der Kooperation mit dem Regime bei der Assimilierung der Minderheit mithilfe der katholischen Kirche widersetzte;
- Druckausübung durch die Kirchenhierarchie (d. h. die Bischöfe Carlo Margotti, Antonio Santino, Giuseppe Nogara usw.) auf slowenische und kroatische Priester, auf die slowenische Sprache zu verzichten und nur die italienische zu verwenden usw.

Alle diese Maßnahmen verliefen, wie es nun aus den Unterlagen im Vatikanischen Archiv ersichtlich ist, mit der Zustimmung und oft sogar mit Anweisungen aus dem Vatikan.[177]

Dadurch formierte sich eine völlig neue Situation, die man nach dem Konkordat von 1929 als spezifische Erscheinung der Verschmelzung zweier ideologischer Strategien beobachten kann, in der Historiografie mit spezifischen Termina bezeichnet: das sind der „fascismo di confine" (Grenzland-Faschismus) seitens des Regimes und die sog. „romanizzazione" (Romanisierung) innerhalb der katholischen Kirche.

Der Grenzland-Faschismus (*fascismo di confine*)

Im Küstenland „mutierten" in der Zwischenkriegszeit die Ideologie und die politische Praxis des Faschismus zu einer besonderen Form, zum sog. „Grenzland-Faschismus" (*fascismo di confine*). Dieser bedeutete in der Praxis eine Art Verdopplung der Repression, denn die Spezifik des Grenzland-Faschismus in den „neu angeschlossenen Provinzen" Julisch Venetiens (sog. *provincie nuove*) definierte eine Art „Doppelausrichtung": Einerseits ging es um jene ideologisch-politische Ausrichtung, die für den gesamten italienischen Staat charakteristisch war; diese stützte sich in der Innenpolitik auf die Mobilisierung der Massen gegen den Klassenkampf und befürwortete in der Außenpolitik den Imperialismus. Andererseits förderte der Faschismus im Grenzland eine spezifische, halbkoloniale Einstellung gegenüber den neu angeschlossenen Regionen, in denen die slowenische und kroatische Bevölkerung lebte, damals auch „Fremdstämmige" (sog. „allogeni") genannt. In den Diskursen des Grenzland-Faschismus signalisierten Begriffe wie „minderwertig", „barbarisch", „allogen", „Rasse" und „Imperialismus" zweifelsohne einen kolonialen Diskurs.[178] Der Grenzland-Faschismus sah jedoch nicht nur die Illoyalität der slawischen Bevölkerung als Problem, sondern auch die potentielle ideologisch-politische „Konkurrenz" der nichtfaschistischen politischen Ausrichtungen. Francesco Giunta,[179] der

---

[177] Dazu näher: Egon Pelikan, Prepoved rabe slovenščine v Benečiji leta 1933 v luči na novo odprtih vatikanskih arhivov [Das Verbot des Gebrauchs der slowenischen Sprache im Lichte der neugeöffneten vatikanischen Archive], Acta Histriae, Koper 2012, Nr. 4, S. 1177–1196.

[178] Vanesa Matajc: Border Fascism in the Venezia Giulia: The Issue of „Proximate Colony" in Slovenian Literature, Acta Histriae, Koper 2016, Nr. 4, S. 939-958.

[179] Francesco Giunta (1887–1971). Während des Ersten Weltkriegs war er ein Offizier-Freiwilliger (1915–16) an der Front unter dem Sabotin. Die Führung der faschistischen Bewegung in Mailand schickte ihn im April 1920 nach Triest mit dem Auftrag der Mobilisierung und Organisierung des Faschismus gegen Slawismus und Kommunismus. Giunta wurde zum Hauptprotagonisten des Auf-

Ideologe des Grenzland-Faschismus, verwendete schon 1919 in seinen Reden das Syntagma „slavo-comunisti". Damit bezeichnete er nicht den Zusammenhang zwischen dem Slawentum und dem Kommunismus (und dem Sozialismus), wie diese Bezeichnung später, in der Zeit nach dem Zweiten Weltkrieg verwendet wurde, sondern Giunta betonte im Kontext des Begriffs „fascismo di confine" vielmehr sein wesentliches Merkmal – die „doppelte", zwar voneinander getrennte, doch zeitgleiche Gefahr: der (slawischen/slowenischen) nationalen Gegner in den neuen Provinzen und der Klassengegner des Faschismus (Arbeiterschaft, Sozialdemokraten/Kommunisten). Letztere stellten auch im Gesamtstaat ein Problem für die faschistische Obrigkeit dar.[180]

Dazu kommt auch die völlige Unerfahrenheit und das Unverständnis für Autonomiefragen[181] oder für die Minderheitenpolitik überhaupt, schon in der Zeit des italienischen liberalen Staates, d. h. vor dem Aufstieg des Faschismus.[182]

Im ideologischen Sinne erntete das totalitäre Regime keineswegs die Erfolge, die die Propaganda des Regimes in anderen Teilen des faschistischen Italiens oder z. B. in Nazi-Deutschland erreichte.[183]

So konnte auch die spätere „faschistische Mobilisierung" im Sinne eines aufgezwungenen, durch Staatsideologie und Politik stimulierten Vitalismus (der auch sonst für alle faschistischen Bewegungen in Europa charakteristisch war)[184] die slowenische Bevölkerung in Julisch Venetien nicht „erreichen".[185]

In einzelnen Orten gab es zwar einige wesentliche Unterschiede (insbesondere in den größeren, z. B. in Idrija, Postojna, Triest usw. gingen die Zuwanderung einerseits und die Abwanderung beziehungsweise Assimilierung andererseits schneller voran),[186] ansonsten ging die Italianisierung des slowenischen ethnischen Gebiets in physischer Hinsicht, etwa durch Zuwanderung, sehr langsam vonstatten, und im Sinne der Veränderung des Nationalbewusstseins unter der bestehenden slowenischen Population noch langsamer. Die Assimilierung endete in gesellschaftlicher Hinsicht in der Familie und in territorialer Hinsicht im ländlichen Raum. In beiden Milieus hatte gerade der Klerus den maßgeblichen Einfluss auf die slowenische und kroatische Bevölkerung. Trotz der Vielzahl der Auswanderer aus Julisch Venetien ist der ländliche Raum völlig slowenisch geblieben, da auch die Politik der Ansiedlung italienischer Kolonisten zu langsam verlief. Das gab letztendlich auch der Präfekt von Triest zu, als er kurz vor dem Krieg in einem Gespräch mit dem jugoslawischen Konsul sagte, dass die Kolonisierung auf dem Karst zwischen *„diesen verdammten Steinen"* (*„tra questi sassi maledetti"*) steckengeblieben

---

kommens des Faschismus in Julisch Venetien. Er gründete faschistische Organisationen im ganzen Land, organisierte Strafexpeditionen faschistischer Squadre gegen slowenische und kommunistische Einrichtungen usw. Am 13. Juli 1920 führte er die Triester Faschisten und Nationalisten zum Angriff auf das slowenische „Volkshaus" (Narodni dom) in Triest. Das Gebäude wurde vollständig niedergebrannt. In den Jahren 1923 und 1924 war er der Generalsekretär des Partito Nazionale Fascista (PNF).

[180] Zum Grenzland-Faschismus siehe: Ana Maria Vinci: Sentinelle della patria (Il fascismo al confine orientale 1918–1941), Editori Laterza, Bari 2011.

[181] Apih Elio: Regime fascista e repressione nazionale ai confini orientali d'Italia, Qualestoria, Triest 1985, Nr. 1, S. 34.

[182] Dazu: Ester Capuzzo: La condizione delle minoranze nel diritto pubblico italiano dalla crisi dello Stato liberale alla Repubblica; in: Le minoranze tra le due guerre, Il Mulino, Bologna 1994, S. 44-45.

[183] Vgl. David Welch: The Third Reich, Politics and Propaganda, Routledge, London/New York 2002.

[184] Der sog. „elan vital" war für das säkularisierte rechtsradikale Regime, wie es der Faschismus und noch mehr der Nationalsozialismus waren, charakteristisch (das Phänomen, das von J. P. Sartre auch als „zerstörerischer Dynamismus" des Faschismus bezeichnet wurde). (Siehe: Tálos Emmerich/Wolfgang Neugebauer: Austrofaschismus, Wien 1985.)

[185] Noch 1927 veröffentlichte das Triester Blatt Edinost zur offensichtlichen Verspottung der faschistischen „Mobilisierung" und gleichzeitig auch ohne jeden Kommentar auf der Titelseite der Zeitung Anzeigen, die für sich sprachen: *„1. Du sollst wissen, dass ein Faschist und insbesondere ein Milizionär nicht an den ewigen Frieden glauben darf. 2. Die Tage der Haft sind immer verdient. 3. Du dienst dem Vaterland, auch wenn du einen Benzinkanister bewachst. 8. Mussolini hat immer recht. 9. Für einen Freiwilligen gibt es keine mildernden Umstände, wenn er ungehorsam ist. 10. Eine Sache soll dir vor allem lieb und teuer sein: das Leben des Führers … usw."* Das zentrale Blatt der Slowenen in Julisch Venetien veröffentlichte solche und ähnliche Gebote. Ganz offenbar veräppelte man damit die „neue Ideologie" und das slowenische Publikum hatte (trotz der Tragik des Augenblicks) wohl einen Heidenspaß. (Siehe: Tageszeitung Edinost, Triest, 8. März 1927).

[186] Apih Elio: Regime fascista e repressione nazionale ai confini orientali d'Italia, Qualestoria, Triest 1985, Nr. 1, S. 38.

sei.[187] Derselben Meinung wie der faschistische Präfekt in Görz waren die meisten Vertreter der faschistischen Obrigkeit auch Ende der Dreißigerjahre. In seinem Bericht an das Innenministerium mit dem Titel „Über die Erfolge der Assimilierung fremdstämmiger Elemente" wird noch 1939 festgehalten:

„Ich kann sagen, dass unser Ansehen (d. h. das Ansehen des faschistischen Regimes, Anm. E. P.) unter den fremdstämmigen Einwohnern gering ist. Zwischen den Einwohnern der alten Provinzen (anderer Regionen von Italien, Anm. E. P.) und den hiesigen Fremdstämmigen besteht ein sehr großer Unterschied, das sind zwei Welten. Und in dieser fremdstämmigen Welt sind der slowenische Klerus und seine lokalen Vertreter nach wie vor angesehen. Gerade der beharrliche Gebrauch der slowenischen Sprache (orig. „uso della lingua slovena") ist die sichtbarste Form ihres Widerstands gegen unsere Einflussnahme ..."[188]

DIE „ROMANISIERUNG" (*romanizzazione*)

Die „generelle" Ausrichtung innerhalb der Kirche in Julisch Venetien nach dem Konkordat 1929 war die sog. „Romanisierung". In der Praxis bedeutete sie die Italianisierung auch jenes Teils der katholischen Kirche, in dem der slowenische und kroatische Klerus in den Dreißigerjahren noch immer die zahlenmäßige Mehrheit hatte. Repressive Maßnahmen gegen die slowenische und kroatische Minderheit innerhalb der Kirche in Julisch Venetien gingen in der Regel mit einer vorherigen geheimen Absprache zwischen dem faschistischen Regime und dem Vatikan einher. Auf die Repression folgte ein entschlossenes Auftreten der lokalen (Minderheits-) Behörden und auf deren Beschwerden antworteten die Vertreter des Vatikans in der Regel, dass sie gegen die Gesetze der staatlichen Obrigkeit hilflos seien. Die slowenischen und kroatischen Priester, organisiert im Priesterkollegium des hl. Paulus, widersetzten sich der „Romanisierung". Ebenso widersetzten sich der Romanisierung die friulanischen Priester, da sie die Rechte aller ethnischen Minderheiten in Julisch Venetien beeinträchtigte. Wie der italienische/friulanische Historiker Luigi Tavano schrieb, stellte die „Romanisierung" die Konfrontation zweier Formen des Katholizismus, bzw. zweier kirchlich-politischer Wirklichkeiten dar: der früheren österreichisch-ungarischen und der neuen italienischen, faschistischen:

„Man kann das aktuelle historische Geschehen in all seiner Komplexität nicht verstehen und auch nicht die tiefe Kluft, die sich nach dem Ersten Weltkrieg eröffnete, ohne den grundlegenden Zensurmechanismus – die Vergangenheit sollte vollständig zensuriert werden, denn sie sei „unter Österreich geschehen ...", – *zu berücksichtigen, was den Verlust des historischen Gedächtnisses zur Folge hatte, ohne das ein Volk nicht besteht."*[189]

Im Jahre 1918 gab es noch über 500 slowenische und kroatische Priester, 1929 nur noch 272. Die geplante völlige Ausschaltung des slowenischen und kroatischen Elements in der Kirche Julisch Venetiens verhinderte letztlich der Zweite Weltkrieg. Die Archivmaterialien im Vatikan lassen keinen Zweifel an dieser geplanten Ausschaltung.[190] Ebenso gibt es keinen Zweifel darüber, dass die radikale Abrechnung mit der Minderheit in Julisch Venetien innerhalb der Kirche erst nach der Unterzeichnung des Konkordats im Jahre 1929 begann, denn die Dokumente zeigen hier eine sehr klare Zäsur auf. Die geöffneten vatikanischen Archive ermöglichen für den behandelten Zeitraum eine genaue Einsicht in die Verfahren bei der Einsetzung der Bischöfe, die Hin-

---

[187] Vgl: Čermelj Lavo, Slovenci in Hrvatje pod Italijo med obema vojnama [Slowenen und Kroaten unter Italien zwischen den beiden Weltkriegen], Ljubljana 1965, S. 186.

[188] ACDS (Archivio Centrale dello Stato), NAW, (National Archives Washington), T - 586, Mikrofilm Nr. 9, Dokument Nr. 004759. Bericht der Präfektur Görz an das Innenministerium mit dem Titel „Über die politische Arbeit in Bezug auf die geistliche Assimilierung der fremdstämmigen Elemente" vom 16. März 1939.

[189] *„Non sembra possibile intendere tutta la storia locale, nella profonda cesura che si aprì in essa nel dopoguerra, senza tenere presente questo fondamentale meccanismo di censura – il passato era tutto da censurare, perche „sotto l'Austria": con la conseguente perdita della memoria, senza cui un popolo non sussiste piu ..."* (Luigi Tavano, La chiesa goriziana fra autonomia e inserimento 1929-1934; in: I cattolici isontini, Gorizia 1982, S. 167–168.)

[190] Dazu näher: Egon Pelikan, Cerkev in obmejni fašizem v luči vatikanskih arhivov [Die Kirche und der Grenzland-Faschismus im Lichte der vatikanischen Archive], in: Acta Histriae, 20/4, Koper 2012, S. 563–576).

tergründe der Absetzung kirchlicher Würdenträger in Julisch Venetien – auch mit Hilfe von Intrigen, wenn sie ein Hindernis für die Italianisierung der Minderheit innerhalb der Kirche darstellten, Intrigen an der Spitze der lokalen Kirchenhierarchie, über völlig private Angelegenheiten der einzelnen Würdenträger, die aufgrund der geheimen Visitationen päpstlicher Vertrauter entstanden, die durch Julisch Venetien, wie wir gesehen haben, als „Touristen" reisten.[191]

Der Mensch der „göttlichen Vorsehung" (wie Mussolini bei einem Anlass von Pius XI. bezeichnet wurde) konnte aber auch nach dem Konkordat von 1929 die bisherige Politik des Heiligen Stuhls gegenüber der Minderheit nicht radikal desavouieren oder ihn vor der in- und ausländischen Öffentlichkeit mit zu „radikalen Maßnahmen" kompromittieren, da der Vatikan mit dem Regime wie nie zuvor in der Geschichte des vereinigten italienischen Staates zusammenarbeitete. Das Paradoxon bestand also darin, dass eine radikale Abrechnung mit den slawischen Priestern nicht möglich war, weil die Kirche dem Regime zu nahe stand.

Neue Verhältnisse

Der offen profaschistisch gesinnte Administrator des Erzbistums Görz, Giovanni Sirotti, hielt in seinem Bericht an die Konsistorial-Kongregation im Vatikan im Jahre 1932 über seine Beobachtungen in seinem Erzbistum fest: *„Das Volk folgt blind seinen Priestern in religiösen, nationalen und politischen Angelegenheiten. Die slawischen Priester sind eines noch schwereren geistigen Schadens schuldig, weil sie für die italienische Minderheit nicht in italienischer Sprache predigen wollen. Wegen des unerbittlichen Hasses auf Italien wollen sie den Irredentismus nicht aufgeben und träumen von einer Grenze am Isonzo..."*[192]

Sirotti beurteilte die Situation ähnlich wie schon davor der gut informierte Bischof von Ljubljana Anton Bonaventura Jeglič, der Bischof aus der slowenischen Hauptstadt im Königreich SHS. Jeglič trug bereits am 12. März 1920 in sein Tagebuch ein: *„Die Görzer Priester sind im St. Pauls-Kollegium vereinigt, das Volk erwartet von ihnen Hilfe. Sie werden in den Untergrund gehen und gegen die Italiener wirken."*

Die geheimen Tätigkeiten umfassten bald eine breite Palette von Aktivitäten, die über die engeren kirchlichen Angelegenheiten hinaus in Bereiche der lokalen Kultur und Ökonomie hineinreichten.

Noch 1926 hatte z. B. der Verband der slowenischen katholischen Kulturorganisationen („Christlich-Sozialer Bildungsverband") in ganz Julisch Venetien ein Netz von 131 Kulturvereinen mit 8800 Mitgliedern – ein Erbe der verzweigten katholischen Organisation noch aus der Zeit, als das Territorium zur Donaumonarchie gehörte. Registriert waren 118 katholische Gesangsvereine, 96 Theatergruppen usw. Von besonderer Bedeutung für die Gemeinschaft im Kulturbereich war die Literatur und mit ihr die Verlage, die sie druckten und distribuierten. Der stärkste Buchverlag war die Mohorjeva družba (St. Hermagoras Verein) mit 15.000 Mitgliedern.[193] Was die Ökonomie betrifft, umfasste 1926 der katholische Genossenschaftsverband 170 Genossenschaften mit 75.000 Mitgliedern. Unter den Genossenschaften waren 70 Geldinstitute, Spar- und Darlehenskassen, 22 Konsumgenossenschaften usw. All das bot damals der christlich-sozialen Bewegung eine starke ökonomische Grundlage.[194]

Ende der Zwanzigerjahre bröckelte jedoch das Organisationsnetz aus der Zeit vor dem Ersten Weltkrieg in Julisch Venetien in den Bereichen Bildung, Wirtschaft, Kultur usw. schnell unter den Maßnahmen des Regimes.

Die geheime Tätigkeit des Klerus und die innere Gliederung der geheimen Organisation

Anfang der Dreißigerjahre begann unter finanzieller Hilfe aus dem Königreich Jugoslawien innerhalb der katholischen Kirche die geheime Tätigkeit in Julisch Venetien. Das konkrete Wirken der Geheimen

---

[191] ASV-AES, Italia, P. 689 f. 141. Trieste, Parenzo, Pola, 1928 Visita del Rev. Malchiodi per verificare la condizione dell'assistenza religiosa degli slavi. Der Bericht der geheimen Visitation umfasst 40 maschinengeschriebene Seiten.

[192] Rudolf Klinec, Primorska duhovščina pod fašizmom [Die küstenländische Priesterschaft unter dem Faschismus], Mohorjeva družba, Gorica 1979, S. 96.

[193] Die größte slowenische Verlagsgesellschaft mit starkem nationalen Vorzeichen, gegründet 1851.

[194] Vgl. Milica Kacin Wohinz, Kacin Wohinz Milica, Primorski krščanski socialci med vojnama [Die küstenländischen Christlich-Sozialen zwischen den Weltkriegen], Zgodovinski časopis, Ljubljana 1993, Jahrgang 47, Nr. I, S. 111.

Christlich-Sozialen Organisation, der Umfang ihrer Aktivitäten und die Organisationsstruktur ist aus einer Reihe verschiedener Texte und Dokumente zu ersehen, die bei ihrer Tätigkeit entstanden sind und die im Archiv von Engelbert Besednjak gezielt gesammelt und aufbewahrt wurden.[195] Eine nähere Übersicht der liberalen Organisation in Julisch Venetien oder z. B. der Organisation TIGR ist für Historiker komplizierter, da wir bei diesen Organisationen über keine konkreten statistischen Archivdaten verfügen und deshalb über ihre organisatorischen Verbindungen, die wirtschaftliche Stärke und Sonstiges oftmals nur mutmaßen können.

Die Geheime Christlich-Soziale Organisation entstand Ende der Zwanzigerjahre durch die Verschmelzung der Christlich-Sozialen Partei und der Standesorganisation der Priester – des Priesterkollegiums des hl. Paulus.

Im Jahre 1936 waren im Priesterkollegium beziehungsweise in der Geheimen Christlich-Sozialen Organisation 276 slowenische und kroatische Priester tätig, die das Gebiet Julisch Venetien physisch abdeckten. Die Organisation befasste sich mit dem geheimen Druck, der illegalen Verbreitung slowenischer und kroatischer Literatur und der Information der europäischen Öffentlichkeit über die Repressionen gegen die Minderheit in Julisch Venetien, wofür im Europäischen Nationalitäten-Kongress der slowenische Abgeordnete im römischen Parlament, der Politiker Engelbert Besednjak sorgte,[196] mit der Finanzierung der Bildung slowenischer und kroatischer Schüler, dem systematischen Unterricht der slowenischen und kroatischen Sprache usw.

Mindestens ein Teil der Organisation war auch mit der Vermittlung von Daten nachrichtendienstlicher Natur an das Königreich Jugoslawien befasst.

Die Organisation teilte in jeder der Regionen, d. h. Triest, Görz, Istrien und Venetien, die Arbeit nach Sektionen auf. Der oberste Rat, der an der Spitze der Organisation stand, zählte 1937 53 Mitglieder. Davon waren 36 Priester Mitglieder der Vereinigung der Priester und diese waren folglich in der Mehrheit gegenüber den laikalen Mitgliedern der Organisation.

Das Geld aus Jugoslawien kam über einen geheimen Fonds im Außenministerium des Königreichs Jugoslawien über das jugoslawische Konsulat in Triest und wurde über fiktive Konten der katholischen Buchhandlung in Görz, Konten kirchlicher Einrichtungen und Geschäfte über ganz Julisch Venetien verteilt. Im Haus des Hermagoras-Vereins für Istrien, in Triest, war auch ein Zentrum zur Sammlung statistischer und propagandistischer Informationen, wohin alle wichtigen Informationen flossen, die dann über das jugoslawische Konsulat in Triest ins Königreich Jugoslawien weitergeschickt wurden.

Nachrichtentätigkeit

Die Organisation entsandte zu diesem Zweck Vertrauenspersonen auf Erkundungsfahrten durch Julisch Venetien, wo sie (mit Autos oder Motorrädern, für die sie ausdrücklich Finanzansprüche bei der Regierung in

---

[195] Egon Pelikan, Tajno delovanje primorske duhovščine pod fašizmom: primorski krščanski socialci med Vatikanom, fašistično Italijo in slovensko katoliško desnico (zgodovinsko ozadje romana Kaplan Martin Čedermac) [Die geheime Tätigkeit der küstenländischen Priesterschaft unter dem Faschismus: die küstenländischen Christlich-Sozialen zwischen dem Vatikan, dem faschistischen Italien und der slowenischen katholischen Rechten. Historischer Hintergrund des Romans Kaplan Martin Čedermac], Nova revija, Ljubljana 2002.

[196] Der Europäische Nationalitäten-Kongress war die zentrale Organisation, die die europäischen nationalen Minderheiten in der Zwischenkriegszeit verband. Die Rolle der beiden slowenischen Vertreter, Dr. Josip Wilfan und Dr. Engelbert Besednjak, war bei der Tätigkeit des Kongresses sehr wichtig, denn sie besetzten zwei Schlüsselfunktionen, Wilfan als Präsident des Kongresses und Besednjak als Vorsitzender des Internationalen Verbands der Minderheitenjournalisten – wodurch er eine Art Referent für die Propagandatätigkeit des Kongresses war. Die Vorgängerorganisation der heutigen Vereinten Nationen, der sog. „Völkerbund", war in der Hand der Großmächte, der Sieger im Ersten Weltkrieg, die selbst mit nationalen Minderheiten nichts anfangen konnten und an der Thematisierung und Lösung dieser Frage nicht interessiert waren. Die Siegermächte des Ersten Weltkriegs hatten gegenüber nationalen Minderheiten auch keine formalen Verpflichtungen. Verschiedene Verpflichtungen gegenüber nationalen Minderheiten mussten jedoch die Verliererstaaten übernehmen, und so übernahm Italien keinerlei formale Verpflichtungen in Bezug auf die slowenische und kroatische Minderheit in Julisch Venetien. (Näher: Egon Pelikan, Tajno delovanje primorske duhovščine pod fašizmom: primorski krščanski socialci med Vatikanom, fašistično Italijo in slovensko katoliško desnico (zgodovinsko ozadje romana Kaplan Martin Čedermac) [Die geheime Tätigkeit der Priester des Küstenlandes unter dem Faschismus: die Christlich-Sozialen des Küstenlandes zwischen dem Vatikan, dem faschistischen Italien und der slowenischen katholischen Rechten. Historischer Hintergrund des Romans Kaplan Martin Čedermac], Nova revija, Ljubljana 2002, S. 413–444.)

Belgrad anmeldeten) Fotos machten und Angaben militärischer Natur sammelten und sie an das jugoslawische Konsulat weitergaben.

Der Dichter, Schriftsteller und christlich-soziale Politiker Stanko Vuk, der bei dieser Arbeit mehrmals mitwirkte, war z. B. vom Konsulat damit betraut worden, zu beobachten und zu berichten, wie viele Personen in welche Flugzeugen 1936 vom Flugplatz Miren bei Görz nach Spanien zu den Kampfplätzen des Spanischen Bürgerkriegs flogen. Ebenso fotografierten und beschrieben Mitglieder der Organisation Festungsanlagen und sonstige militärische Objekte an der italienisch-jugoslawischen Grenze. In einem der Berichte an Besednjak schreibt der erwähnte Stanko Vuk unter anderem:

„Dann war ich noch bei Golias (Chiffre für den jugoslawischen Konsul in Triest, Anm. E. P.), *der mir einen neuen Auftrag hinsichtlich der Uggovitzer Grenze erteilte, Arbeit für drei Tage. Als ich ihm die Ergebnisse lieferte, gab er mir einen neuen Auftrag für die Tarviser Grenze. Und als ich ihm wieder entsprach, bedankte er sich und bat mich, ob ich über die kommunistische Zelle in Vicenza Angaben über den Luftverkehr in Vicenza beschaffen könnte …"*[197]

Kirche und Minderheit

In die Italianisierung („Romanisierung") der Kirche in Julisch Venetien waren unmittelbar involviert: Regierungschef Benito Mussolini persönlich (mit seinen Anweisungen an die Präfekten in den „neuen Provinzen" („province nuove"), die Repression zu steigern, die slowenische Sprache zu verbieten und mit der Drohung, jene Priester, die die slowenische Sprache trotzdem verwenden würden, zu konfinieren), Papst Pius XI. und der vatikanische Kardinalstaatssekretär Eugenio Pacelli (der spätere Pius XII.), die (offenbar in Absprache) Anweisungen an die italienischen Bischöfe in Julisch Venetien gaben, nachdem der Vatikan mithilfe von Intrigen alle slowenischen oder den Slowenen zugeneigten Bischöfe in den Ruhestand versetzt hatte. Widerstand gegen diese Maßnahmen leisteten: der lokale slowenische Klerus und die gesamte jugoslawische Bischofskonferenz (der Erzbischof von Zagreb Antun Bauer, der Bischof von Ljubljana Gregorij Rožman u. a.), die jugoslawische katholische Presse, die Publikationen des *Europäischen Nationalitäten-Kongresses*, wofür die slowenischen Politiker Engelbert Besednjak und Josip Bitežnik in Wien und in Genf sorgten. Mit dieser Angelegenheit befasste sich aber auch der päpstliche Nuntius in Jugoslawien Ermenegildo Pellegrinetti, der über sein Nachrichtennetz einen kompletten Überblick über die Presse und auch das sonstige Geschehen im Königreich Jugoslawien hatte. Mit der Frage der Rechte der slowenischen Gläubigen waren also eine ganze Reihe von Institutionen und Einzelpersonen, Eminenzen europäischen Formats und internationale Politiker befasst.

Wenn man heute Berichte über Vorfälle in Julisch Venetien, Berichte offizieller und noch mehr geheimer Visitationen der päpstlichen Spitzendiplomaten (Gaetano Malchiodi, Carlo Raffaello Rossi, Luca Passetto usw.), sowie geheime Umfragen unter dem Klerus, Berge von Anschuldigungen und Diskreditierungen der slowenischen Priester liest, die (durch den Administrator des Erzbistums Görz Giovanni Sirotti, den Erzbischof von Görz Carlo Margotti und andere) ihren Weg auf den Schreibtisch von Kardinal Pacelli gefunden haben (dieser erstellte nämlich kürzere Zusammenfassungen für Pius XI.), wird klar, dass der Vatikan über die Verhältnisse in Julisch Venetien sogar besser und genauer informiert war als die faschistische Regierung. Dies ist aus den schon erwähnten vatikanischen Unterlagen ersichtlich.

Es ist auch offensichtlich, dass für Analysen der Lage in Julisch Venetien viel Zeit und Energie aufgewendet wurde – auch von der höchsten Stelle im Vatikan, sodass es sich offenbar auch keineswegs um eine marginale, geringfügige Sache „irgendwo an der Ostgrenze" handelte, wo vielleicht „irrtümlicherweise" dies und jenes passiert gewesen sein mag, wie etwa das Verbot der Verwendung der Minderheitssprache oder die Auswechslung eines „slawischen oder den Slawen zugetanen" Bischofs.

Aus den vatikanischen Dokumenten ist aber auch klar zu ersehen, dass das päpstliche Staatssekretariat, die „Heilige Kongregation für die Außerordentlichen Kirchlichen Angelegenheiten" und Pius XI. nach dem Konkordat von 1929 die „nationalistischen" slowenischen und kroatischen Priester vor Repressionen nicht schützten, wie einer Reihe vatikanischer Dokumente zu

---
[197] BA, Dok. Nr. 191.

entnehmen ist.¹⁹⁸ In der Tat hatte die kirchliche Politik des Vatikans in Julisch Venetien nach dem Konkordat 1929 das vollkommen gleiche Ziel wie die weltliche, faschistische Obrigkeit – die Minderheit auszulöschen. Nur dass es eher gemäßigter passieren sollte, im Sinne des bekannten Prinzips „fortiter in re – suaviter in modo".¹⁹⁹

Das, was in Julisch Venetien zwischen den beiden Weltkriegen geschah, war somit ein eigenartiges „Cuius regio cius religio",²⁰⁰ das das faschistische Regime dem Vatikan nach 1929 aufzwingen konnte.

Im breiteren Kontext ging es letztendlich auch um ideologische Liebäugeleien der Kirche mit dem Regime, die den Korporativismus und das Einparteiensystem einbezogen, aber auch den Persönlichkeitskult und die Gleichsetzung der Staats- und der nationalen Zugehörigkeit. Viele dieser Grundsätze, die für die Ideologie des Regimes charakteristisch waren, herrschten formell oder informell auch im Vatikan vor.

Um den Vatikan ein Stück weit in Schutz zu nehmen, muss man sich die damaligen geopolitischen Verhältnisse ins Gedächtnis rufen. Wer konnte sich damals wirklich vorstellen, dass diese angeschlossenen Gebiete nicht „für ewig" im italienischen Staat verbleiben würden?

Im neuen Machtverhältnis war das nicht mehr das Italien des 19. Jahrhunderts, das militärisch und politisch eine Niederlage nach der anderen anhäufte und das politische und militärische Geschehen in der Welt „aus der dritten Reihe" beobachtete. Worauf hätten sich denn die Prognosen stützen können, dass die Grenze des Staates, der damals die siegende Seite in Spanien unterstützte, in Nordafrika triumphierte und eine der politischen, militärischen und diplomatischen Großmächte Europas darstellte, sich in einigen Jahrzehnten erneut ändern sollte?

Und was sollte man also hier an dessen Ostgrenze mit einer Handvoll irredentistisch, separatistisch-nationalistisch gesinnter Priester sowie ihnen gewogenen Bischöfen mit ihren Ideen von einer eigenen „slawischen" katholischen Aktion, mit Forderungen nach Einsetzung slowenischer Priester unter der slowenischen Bevölkerung, mit dem Wunsch nach Religionsunterricht in Slowenisch, der Verbreitung von Büchern in slowenischer Sprache und so weiter anfangen?

Auch Pius XI. konnte nicht vorhersehen, dass der Imperialismus als wesentliche ideologische Prämisse der faschistischen Ideologie mit der Zeit die italienische Ostgrenze verspielen würde, die – wenn man sie freilich vom Standpunkt der nationalen Optik des Königreichs Italien betrachtet – nach dem Ersten Weltkrieg mehr als bloß „sehr günstig" war.²⁰¹

Widerstandsstrategien der Geheimen Christlich-Sozialen Organisation

Um die Absichten der Aufständischen und die an sie angepasste Struktur der Geheimen Christlich-Sozialen Organisation zu verstehen, ist vielleicht das Übersichtsschema am besten geeignet, das 1938 als überarbeitete Satzung der Geheimen Christlich-Sozialen Organisation entstand. Nach diesem Schema hatte die Christlich-Soziale Organisation in jeder der Regionen, d. h. Triest, Görz, Istrien und in Slowenisch-Venetien (Beneška Slovenija), die geheime Arbeit nach Sektionen aufgeteilt. Allein der Oberste Rat, der die Christlich-Soziale Organisation leitete, zählte im November 1938 53 Mitglieder. Die Satzung der Geheimen Christlich-Sozialen Organisation bestimmte:

> „I. Wesentliches:
> Mitglieder der Partei sind vertrauenswürdige Männer, die sich zum katholischen und nationalen Programm bekennen und dieses Regelwerk annehmen. Die Partei bekennt sich zur jugoslawischen nationalen Idee und stützt sich auf christliche und demokratische Prinzipien (vielsagend ist die Reihenfolge der erwähnten Werte; hervorgehoben von E. P.). /…/ Eigenmächtige Aktionen sind untersagt.
>
> II. Aufgaben:
> Die Partei hat zu sorgen:
> a) für die nationale Erziehung des geistlichen Nachwuchses (mit Kursen, Bibliotheken, Vorträgen usw.);
> b) für die Erziehung laikaler Akademiker (mit denselben Mitteln wie oben);

---

¹⁹⁸ Vgl. PANG, BA, Dok. Nr. 377.
¹⁹⁹ *Hart in der Sache, mild in der Form.*
²⁰⁰ *Wessen Gebiet, dessen Religion.*

²⁰¹ Janko Pleterski, Med Mussolinijem in čaršijo [Zwischen Mussolini und der Belgrader Vetternwirtschaft], Delo, Ljubljana 1996, 19. März 1996, S. 6.

c) für die richtige berufliche Einordnung des Schülernachwuchses, wie es den Bedürfnissen des Landes entspricht;

d) für die Organisation und Erziehung der ländlichen Vertrauenspersonen (mit Kursen, eigenen Bibliotheken, Ausflügen usw.);

e) für „Schulen am heimischen Herd"202 (mit der Ausbildung fähiger Jungen und Mädchen, der Beschaffung der nötigen Unterrichtsmittel usw.);

f) für die Organisation und Erziehung der weiblichen Jugend;

g) für den Kontakt mit Aussiedlern im In- und Ausland (mit einem Schwerpunkt auf ihrer religösen und nationalen Erziehung);

h) für Kontakte mit jungen Männern – Soldaten203 (sie hat ihnen nützliche Lektüre bereitzustellen und sie zu besuchen);

i) für die Ausbildung von Organisten204 (mit Kursen, der Lieferung von Musikinstrumenten und Büchern) und für die Verbreitung weltlicher und kirchlicher Musik (mit dem Drucken von Noten und der Unterstützung der Komponisten);

j) für den Nationalkataster (dazu ist eine Statistik aus allen Bereichen des Volkslebens zu führen);

k) für die Gründung und Verbreitung slowenischer Presse;205

l) für die Propaganda im In- und Ausland;

m) für Kontakte mit Behörden im Staat;

n) für die Organisation genehmigter sozialer Veranstaltungen.

---

202 Gemeint ist der Unterricht in privaten Räumen, da der Gebrauch der slowenischen Sprache an öffentlichen Schulen und öffentlichen Institutionen verboten war, und die Verbreitung antifaschistischer Werte streng sanktioniert wurde.

203 Das sind junge Männer aus den Reihen der slowenischen Gemeinschaft, die als italienische Staatsbürger in die italienische Armee in verschiedene Orte des Königreichs Italien eingezogen wurden.

204 Die Musikkultur, besonders der Chorgesang (Lieder in der verbotenen slowenischen Sprache) sowie ihre lokalen Träger, Organisten und Chorleiter spielten eine wichtige Rolle bei der Aufrechterhaltung und Verbreitung des nationalen Bewusstseins in der Gemeinschaft der slowenischen Volksgruppe.

205 Wegen des strengen Verbots der Presse in slowenischer Sprache war freilich auch das eine illegale Tätigkeit.

III. Organe:

a) Oberster Rat (V. S.);

b) die Partei hat zwei Exekutivausschüsse, einen in der Heimat, den anderen im Ausland. Der erste nennt sich Exekutivausschuss (I. O.), der andere

c) Auslandsausschuss (O. I.);

d) beide zusammen bilden die oberste Exekutive (V. E.) der Partei, in der der Obmann den Vorsitz hat;

e) Regionalausschüsse (P. O.);

f) gemeinsame Sektionen (S. O.), die bestimmte Aufgaben im Gebiet der gesamten Minderheit wahrnehmen;

g) Landessektionen (D. O.), die mit Aufgaben in der jeweiligen Region betraut sind;

h) Schiedsstelle (R.).

A

Der Oberste Rat ist das höchste Organ. Er setzt Leitlinien für unsere gesamte Arbeit. Seine Mitglieder sind:

1. *nationalbewusste öffentliche Vertreter;*
2. *Vertreter des Klerus mit der oben angeführten Qualifikation;*
3. *Vertreter der ländlichen Vertrauenspersonen;*
4. *herausragende nationalbewusste Einzelpersonen;*
5. *unsere Vertreter im Ausland. […]*

Der jetzige Oberste Rat zählt folgende Mitglieder:

1. Mons. Berlot*, 2. Mons. Valentinčič*, 3. Ivan Rejec*, 4 Josip Godnič*, 5. Anton Rutar*, 6. Božo Milanović*, 7. Andrej Gabrovšek*, 8. Ivan Pavič*, 9. Dr. Janko Kralj, 10. Virgil Šček*, 11. Dr. Anton Kacin, 12. Polde Kemperle, 13. Dr. Engelbert Besednjak, 14. Dr. Jože Bitežnik, 15. Ing. Josip Rustja, 16. Prof. Rado Bednařik, 17. Ing Franc Pegan, 18. Anton Vuk.

Der Oberste Rat wird durch folgende Mitglieder ergänzt:

Für die Region Triest: 19. Franc Krhne*, Dekan, 20. Lojze Gulič*, Pfarrer, 21. Franc Malalan*, Dekan, 22. Ivan Omersa, 23. Albin Kjuder*, Pfarrer, 24. Pfarrer Gorše*.

Für die Kroaten in Istrien: 25. Pfarrer Brumnič*, 26. Pfarrer Jurca*, 27. Pfarrer Banko*, 28. Pfarrer Stifanič*

Für die Region Rijeka: 29. Pilat Aćim*, Dekan, 30. Mons. Hušo*, 31. Pfarrer Kalan*, 32. Dekan Kraševec*, 33. Dekan Jamnik*.

Für die Region Görz: 34. Ignacij Breitenberger*, Dekan, 35. Lojze Novak*, Dekan, 36. Mons. Ivo Juvančič*, 37. Stanko Stanič*, 38. Ciril Sedej*, 39. Lojze Kodermac*, Pfarrer, 40. Lojze Pavlin*, Dekan, 41. Pfarrer Janko Žagar*, Ledine, 42. Karel Oblak*, 43. Venceslav Bele*, 44. Pfarrer Peter Butkovič*, 45. Franc Černic, 46. Lojze Sardoč, 47. Jožko Bratuž, 48. Anton Pilat*.

Vertreter der ländlichen Vertrauenspersonen:

49. Ivan Krpan (Görz), 50. Pajca* (Istrien), 51. Stanko Kosmina (Triest).

Für das Ausland: 52. Vladimir Sironić und 53. Prof. Lipe Terčelj*.

Der Oberste Rat kommt einmal jährlich zusammen, erforderlichenfalls auch öfter.

Er tagt in einem Raum oder in Gruppen an verschiedenen Ortem mit derselben Tagesordnung. Die Tagesordnung wird von der Obersten Exekutive (V. E.) festgelegt.

Kompetenzen des Obersten Rates:

1. *Er wählt den Vorsitzenden der Partei für drei Jahre.*
2. *Er wählt die Regionalausschüsse, und zwar:*

   5 bis 7 Ausschussmitglieder für die Region Görz,
   5 bis 7 Ausschussmitglieder für die Region Triest,
   5 bis 7 Ausschussmitglieder für Istrien,
   3 Ausschussmitglieder für die Region Rijeka."[206]
(Auf der Namensliste stehen 39 Priester.)

Aus der Satzung ist ersichtlich, dass der rote Faden des Programms der Tätigkeit der Geheimen Christlich-Sozialen Organisation die nationale Idee ist, verflochten mit der katholischen, jugoslawischen und demokratischen Idee. Dasselbe kann auch von der Ideenausrichtung der Mehrheit des slowenischen Klerus in Julisch Venetien behauptet werden, da die nationale und die religiöse Ausrichtung des Programms untrennbar verflochten waren, was eine Folge der vorherigen Rolle des Klerus in der nationalen Bewegung war. Der slowenische und kroatische Klerus war der Träger nationaler politischer Initiativen im breiteren ethnisch mehrheitlich slowenischen Gebiet, einschließlich des nunmehr an Italien angeschlossenen Küstenlandes. Eine solche Rolle der Priesterschaft war ansonsten für jene Völker Mitteleuropas charakteristisch (z. B. für Slowenen oder Slowaken), denen es im Nationalisierungsprozess an anderen (politischen) Eliten fehlte.

Der Kontext der vorgestellten Satzung der Widerständischen reicht also in das 19. und die ersten Jahrzehnte des 20. Jahrhunderts zurück, in die Zeit national-emanzipatorischer Bestrebungen im Vielvölkerstaat Österreich-Ungarn. Nach dessen Untergang, nach dem Jahr 1918, wollte sich der slowenische Klerus in Julisch Venetien nicht mit dem Umstand abfinden, dass seine nationalen und politischen Aktivitäten im neuen faschistischen Staat verboten waren. Er erwartete naiverweise, dass er seine politische, schulische, kulturelle, genossenschaftlich-wirtschaftliche Arbeit usw. würde fortsetzen und dabei den Augenblick der allfälligen Rückgängigmachung der Grenzziehung von Rapallo abwarten könne. Die Folge dieser Bemühungen waren immer hysterischere Reaktionen des Regimes und bald danach auch des Vatikans, die die Region weder befrieden noch eine Kooperation zwischen Kirche und Staat herstellen konnten, so wie ihnen dies auf der gesamtstaatlichen Ebene nach dem Konkordat von 1929 gelungen war. Aus dieser Nichtkooperation entstanden Widerstandsstrategien in den in der Satzung genannten Bereichen.

Aus der Liste der Mitglieder des Obersten Rates, wie sie in der Satzung der Organisation angegeben wird, ist ersichtlich, dass viele von ihnen die wichtigsten Posten in der kirchlichen Hierarchie in Julisch Venetien besetzten. Aus der Satzung erfährt man, dass die Regionalausschüsse die Exekutivgewalt der Organisation in den einzelnen Regionen waren. Die allgemeinen Sektionen für ganz Julisch Venetien wurden in Untersektionen gegliedert: a) Vertrauenspersonen-Sektion, b) Gesangssektion, c) Wirtschaftssektion, d) Schülersektion, e) literarische Sektion und f) Propaganda- und Journalistensektion. In den Sektionen wurden Erfahrungen ausgetauscht und Aktivitäten im gesamten Gebiet Julisch Venetien koordiniert. Jede Sektion hatte noch eine eigene interne Geschäftsordnung.[207]

Die beschriebene Struktur der Geheimen Christlich-Sozialen Organisation wurde in den Dreißigerjahren

---

[206] Archiv von Anton Vuk im Privateigentum in Miren bei Görz. Dokument mit dem Titel: *Statut naše stranke* [Satzung unserer Partei].

[207] Archiv von Anton Vuk im Privateigentum in Miren bei Görz. Dokument mit dem Titel: *Statut naše stranke* (Satzung unserer Partei).

zwar teilweise geändert, doch in ihrem Wesen blieb sie gleich. Wie etwa aus dem Bericht von 1936 zu ersehen ist, waren einzelne Sektionen der Geheimen Christlich-Sozialen Organisation in den einzelnen Regionen durch Unterorganisationen, Sektionen und Untersektionen vertreten.[208]

Symbolträchtig ist der Umstand, dass die Führung der Geheimen Christlich-Sozialen Organisation etwa zu gleichen Teilen aus Laien und aus Priestern bestand, da es sich gleichzeitig um den Widerstand gegen das „weltliche" und in mancherlei Hinsicht auch um den Widerstand gegen das „katholische" Rom handelte (insbesondere nach der Unterzeichnung des Konkordats von 1929 und nachdem 1931 mithilfe einer Intrige des Vatikans der letzte slowenische Erzbischof in Julisch Venetien, Frančišek Borgia Sedej, zum Rücktritt gezwungen worden war).[209] Das Priesterkollegium des hl. Paulus als Standesorganisation der slowenischen und kroatischen Priester in Julisch Venetien stellte mit einer Art „Personalunion", d. h. mit der Einbeziehung bzw. Verflechtung mit der ehemaligen politischen Christlich-Sozialen Organisation, den wesentlichen Bestandteil der neuen Geheimen Christlich-Sozialen Organisation sowohl im Sinne ihrer Ideenausrichtung als auch im Sinne der Abdeckung des gesamten Gebiets Julisch Venetien dar. Die Mitglieder aus der Priesterschaft bildeten ein unersetzliches Organisationsnetz und zugleich den intellektuellen Kern der Organisation.

Der politische Ausschuss der Organisation wurde von 36 Vertrauenspersonen geführt, die neben dem Obersten Rat alle im Detail mit der Arbeit und den Zielen der Organisation vertraut waren, doch sie agierten übereinstimmend und standen die ganze Zeit in Verbindung miteinander. Nach Meinung eines von ihnen, des Priesters Božo Milanović, waren das größte Problem bei der Aufrechterhaltung der Verbindungen gerade die großen Entfernungen *„von Tarvis bis nach Lošinj und Zadar."*[210]

Angesichts der umfangreichen Namensliste der Mitglieder der Geheimen Christlich-Sozialen Organisation, die in der Satzung angeführt wird, und der genauen Beschreibung ihrer Tätigkeit kann man sich unschwer vorstellen, was es für die slowenischen Priester in Julisch Venetien bedeutet hätte, wenn diese Satzung mitsamt Namensliste der Mitglieder und Vertrauenspersonen in die Hände der italienischen Polizei gelangt wäre. Sie wäre über das gesamte Netz der führenden Laien und Priester zum noch viel breiteren Netzwerk von Vertrauenspersonen in ganz Julisch Venetien gekommen, die auch in den kleinsten Dörfern organisiert waren, und man hätte eine Verhaftungswelle erlebt, die die Zahl der Verhafteten vor dem ersten oder zweiten Triestiner Prozess sicherlich weit übertroffen hätte.[211] Für geheime Vereinigung und Tätigkeit waren nämlich in Italien schon allein laut dem Gesetz zum Schutz des Staates von 1926 fünf bis zehn Jahre Haft vorgesehen. Die Tätigkeit der slowenischen und kroatischen Priester innerhalb der Geheimen Christlich-Sozialen Organisation war zweifellos so, dass sie aufgrund dieses Gesetzes bestraft worden wären. Ähnlich wären die Konsequenzen gewesen, wenn die Geheimpolizei des Regimes das gesamte Archiv der Organisation, das Archiv von Engelbert Besednjak, die Pläne für verschiedene irredentistische Tätigkeiten, internationale Verbindungen mit dem Europäischen Volksgruppen-Kongress,[212] internationale Aktionen, für

---

[208] PANG, BA, Dok. Nr. 439. Entwurf eines neuen Regelwerks für die Arbeit des Obersten Rates der Organisation, der von Virgil Šček am 13. September 1937 an Engelbert Besednjak nach Wien geschickt wurde.

[209] Siehe dazu näher: Egon Pelikan, Vizitacije v Julijski krajini v času med obema vojnama [Visitationen in Julisch Venetien in der Zwischenkriegszeit], Acta Histriae, Koper 2013, Nr. 3, S. 313–328.

[210] BA, Dok Nr. 3.

[211] Der erste Triestiner Prozess fand vor dem Sondergericht zum Schutz des Staates (*Tribunale Speciale per la difesa dello Stato*) vom 1. bis 5. September 1930 in Triest statt. Von der Polizei wurde die Geheimorganisation TIGR (Triest-Istrien-Görz-Rijeka) aufgedeckt. Es wurden 87 Slowenen verhaftet und des Antifaschismus, Irredentismus und der Umtriebe gegen den Staat angeklagt. Sie wurden zu insgesamt 147 Jahren Haft verurteilt, und vier zum Tod durch Erschießen. Die vier slowenischen Antifaschisten wurden bereits am 6. September 1930 bei Basovizza/Bazovica oberhalb von Triest erschossen. Der Prozess fand ein starkes Echo in der demokratischen Presse des damaligen Europas.

[212] Mehr dazu s. Egon Pelikan, Tajno delovanje primorske duhovščine pod fašizmom: primorski krščanski socialci med Vatikanom, fašistično Italijo in slovensko katoliško desnico (zgodovinsko ozadje romana Kaplan Martin Čedermac) [Die geheime Tätigkeit der Priester des Küstenlandes unter dem Faschismus: die küstenländischen Christlich-Sozialen zwischen dem Vatikan, dem faschistischen Italien und der slowenischen katholischen Rechten. Historischer Hintergrund des Romans Kaplan Martin Čedermac], Nova revija, Ljubljana 2002, S. 413–444.

die die „Universalität" der katholischen Kirche genutzt wurde,²¹³ die Finanzierung aus dem Königreich Jugoslawien, die Diversität und Pluralität sowie das systematische Einsetzen für den Erhalt des slowenischen Charakters Julisch Venetiens usw. aufgedeckt hätte.

Die Propagandasektion der Geheimen Christlich-Sozialen Organisation hatte oft auch sehr originelle Ideen. Engelbert Besednjak sammelte Anfang der Dreißigerjahre die Adressen von 1300 Bischöfen und kirchlichen Würdenträgern aus der ganzen Welt und schickte an sie so wie an Pius XI. und alle Kardinäle eine gedruckte Denkschrift mit Landkarte, die über die Lage der Katholischen Kirche im slowenischen ethnischen Gebiet unter Italien beziehungsweise unter dem Faschismus informierte, und zwar in lateinischer Sprache, die den erwähnten Adressaten, die in Latein geschult waren, verständlich war, sodass sie die Denkschrift auch lesen konnten. Ihre Adressen beschaffte Dr. Anton Zdešar aus dem Netz der kirchlichen Vertrauenspersonen und in Verbindung mit dem Bistum der slowenischen Hauptstadt Ljubljana: Er entnahm sie dem *Annuario pontificio*,²¹⁴ das das Bistum Ljubljana bezog. Darüber erzählen die Notizen von Besednjak:

> *„Ich wartete, dass mir Moscatello die Abschriften der Berichte bringt, die ihm Gildo (Virgil Šček, Anm. E. P.) und Božo (Milanović, Anm. E. P.) des Öfteren nach Rom schickten, um Materialien für das „Rundschreiben an die gesamte Christenheit" zu sammeln. Wie der Korrespondenz zu entnehmen ist, wurden 1300 Exemplare gedruckt, weil es nach Meinung von Dr. Anton Zdešar weltweit „so viele oder annähernd so viele Bischöfe gab."*²¹⁵

Bezüglich der Verbindung der Geheimen Christlich-Sozialen Organisation zum Königreich Jugoslawien sei noch erwähnt, dass das „Rundschreiben an die gesamte Christenheit" unter der Ägide des Minderheiteninstituts in Ljubljana gedruckt wurde. Die Denkschrift wurde im Frühjahr 1933 versandt, und zwar nach Indien, in den Iran, die Vereinigten Staaten von Amerika, nach Südamerika, China, Celebes (Sulawesi), Borneo usw., also in die ganze Welt.

Das durch die Organisationsstruktur der katholischen Kirche und die ständigen beruflichen Kontakte zwischen Priestern entstandene Netzwerk und die Verbindungen mit Laien der Christlich-Sozialen Organisation war für die geheime Tätigkeit gegen den Staat sehr gut geeignet.

Die Finanzierung der Geheimen Christlich-Sozialen Organisation aus dem Königreich Jugoslawien

Das Königreich Jugoslawien unterstützte den slowenischen und kroatischen Irredentismus in Julisch Venetien auch finanziell. Aus mehreren Dokumenten ist ersichtlich, dass auch die Liberale Organisation ebenso wie die Christlich-Soziale Organisation aus Mitteln des geheimen Budgets beim Außenministerium des Königreichs Jugoslawien über das jugoslawische Konsulat in Triest finanziert wurde.²¹⁶

Interessant dabei ist die Höhe der Vergütungen für die sog. „Volksverteidigungsarbeiter". Aus den Materialien geht hervor, dass das Königreich Jugoslawien nach 1923 die Mittel paritätisch auf die Organisation der Christlich-Sozialen und der Liberalen aufteilte. Die Beschäftigten auf höheren Posten bezogen Mitte der Zwanzigerjahre z. B. in der Liberalen Organisation etwa 600 Lire Monatsgehalt.²¹⁷ Die führenden Mitglieder wie Podgornik oder Vilfan bezogen etwa 3000 Lire (der Lohn eines Maurermeisters belief sich z. B. damals auf 350 Lire monatlich).²¹⁸ Zur Vorstellung über die Höhe

---

²¹³ Ebenda, S. 105.

²¹⁴ Das *Annuario Pontificio* (Italienisch für *Päpstliches Jahrbuch*) ist das jährliche Verzeichnis des Heiligen Stuhls der katholischen Kirche. Es listet alle bisherigen Päpste und alle Beamten der Abteilungen des Heiligen Stuhls auf. Es enthält auch vollständige Listen mit Kontaktinformationen der Kardinäle und katholischen Bischöfe auf der ganzen Welt, der Diözesen (mit Statistiken über jede), der Abteilungen der Römischen Kurie, der diplomatischen Vertretungen des Heiligen Stuhls im Ausland, der beim Heiligen Stuhl akkreditierten Botschaften, des Hauptquartiers der religiösen Institute (jeweils mit Statistiken zu jedem), bestimmter akademischer Einrichtungen und andere ähnliche Informationen.

²¹⁵ Egon Pelikan: L'Attivita clandestina del clero sloveno durante il fascismo. Udine, KAPPA VU (Collana Storia argomento), 2011.

²¹⁶ WA, Fasc. Nr. 9. Brief von Just Pertot an Josip Wilfan vom 25. Oktober 1931.

²¹⁷ WA, fasc. Nr. 19. Auszug aus dem Kassenbuch des Vereins Edinost in Triest vom 30. Mai 1925.

²¹⁸ Ende der 30er Jahre bezog ein qualifizierter Arbeiter in Triest und Umgebung etwa 20 Lire täglich. (Siehe: Giorgio Jaksetich, Salari, stipendi, alimentazione nell'economia di guerra a Trieste, Qualestoria, Triest 1978, Nr. 1, S. 13.)

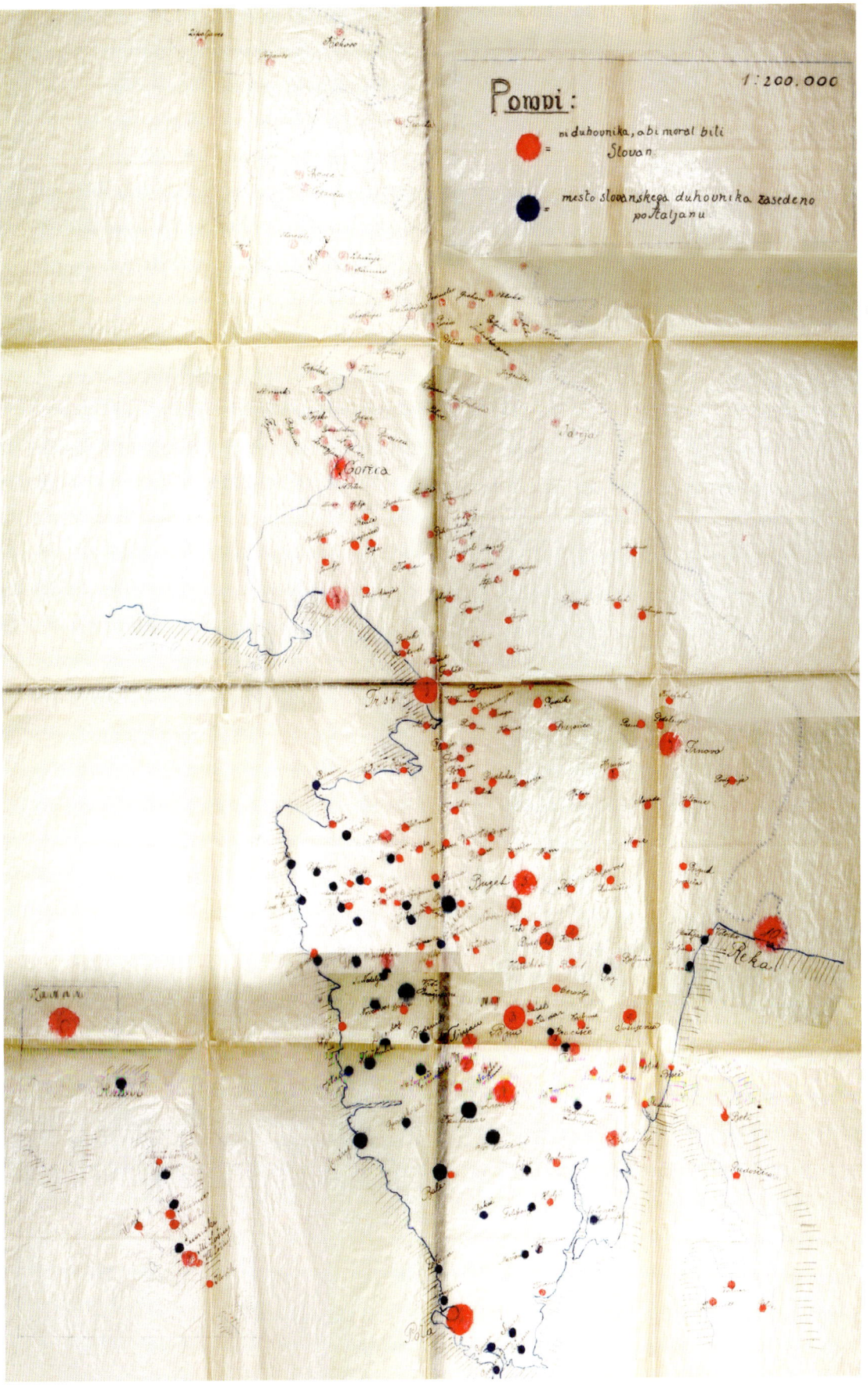

Landkarte der Geheimen Christlich-Sozialen Organisation, die von dieser im Jahre 1933 an das Außenministerium des Königreichs Jugoslawien geschickt wurde. Darauf sind die Auswechslungen slowenischer und kroatischer Priester mit italienischen markiert, jener, die von 1918 bis 1933 für die Arbeit unter der slowenischen und kroatischen Bevölkerung eingesetzt wurden (blau). Ebenso sind die Pfarren markiert, die überhaupt ohne einen slowenischen beziehungsweise kroatischen Priester waren (rot).

der Gesamtsumme, die das Königreich Jugoslawien in den Dreißigerjahren für die geheime irredentistische Tätigkeit aufwendete, ist anzuführen, dass 1928, bevor das Regime die Tätigkeit der Konkurrenzvereine formell einstellte und verbot, der liberal-politische Verein Edinost in allen Arbeitssektionen über folgende Beträge (angegeben sind gerundete Beträge in Lire) verfügte:

1.	Politische Organisation	55.000
2.	Schulwesen	348.000
3.	Aufklärung	153.000
4.	Wissenschaftliche und wirtschaftliche Organisationen	68.000
5.	Soziale Einrichtungen	65.000
6.	Verschiedenes	18.000
7.	Außerordentliche Posten (Druck, Wahlen)	54.000
Gesamtsumme		761.000[219]

Die Summe, die die Liberalen 1928 in der Triester politischen Partei Edinost für ihre Tätigkeit erhielten, gleicht fast der Summe, die die Geheime Christlich-Soziale Organisation für ihr (geheimes) Budget 1936 erhielt.[220] Daraus kann man schließen, dass die jugoslawischen Regierungen politische Organisationen der Minderheit jenseits der Staatsgrenzen ungeachtet ihrer politischen Orientierung und unabhängig von den politischen Veränderungen bei der Zusammensetzung der jeweiligen Regierung im Königreich Jugoslawien unterstützten. In zehn Jahren ging das jugoslawische Budget für die slowenische und kroatische Minderheit außerhalb der Staatsgrenzen nicht zurück, nur die gesamte Tätigkeit wurde illegal.

Es ist jedoch hinzuzufügen, dass die für die Tätigkeit der Geheimen Christlich-Sozialen Organisation bestimmten Mittel auch aus verschiedenen anderen Quellen kamen – aus katholischen slowenischen Wirtschaftsgenossenschaften, Darlehenskassen und anderen profitorientierten Tätigkeiten, von denen es aber in den Dreißigerjahren in Julisch Venetien freilich immer weniger gab. Eigene Mittel kamen auch aus den noch bestehenden Wirtschaftseinrichtungen innerhalb der Minderheit, wie z. B. der Triester Spar- und Darlehenskasse, einzelnen Darlehenskassen auf dem Land und auch von einzelnen wohlhabenden Familien.[221] Noch 1937, nach dem völligen Zusammenbruch des slowenischen und kroatischen Genossenschaftswesens infolge der gezielten Politik des faschistischen Regimes, waren einige lokale Finanzinstitute im ländlichen Bereich noch immer im völligen oder teilweisen Eigentum von Slowenen und Kroaten. Dazu haben wir z. B. für das Jahr 1937 im Besednjak-Archiv einen genauen Bericht, der über das jugoslawische Konsulat in Triest an die Regierung in Belgrad geschickt wurde.[222] Dort rechtfertigte Besednjak das Budget der Organisation bei der Regierung, wobei er in der Regel vom führenden slowenischen Politiker im Königreich Jugoslawien, dem mehrmaligen Minister und für kurze Zeit auch Ministerpräsidenten des Königreichs Jugoslawien, Dr. Anton Korošec, unterstützt wurde.

Aus der Dokumentation ist auch der Zweck der regelmäßigen wöchentlichen Berichte ersichtlich, die Besednjak für die Rechtfertigung des Budgets in Belgrad brauchte, nicht nur um die jugoslawische Regierung zu informieren, sondern auch um Propagandablätter herauszugeben und Zeitungen mit Berichten zu versorgen, mit denen er die Öffentlichkeit über die Lage in Julisch Venetien informierte:

„Der Zweck dieser Dokumentation ist es, die Zentrale (die Regierung in Belgrad, Anm. E. P.) mit Zahlen und erwiesenen Fakten zu überzeugen, dass sich die Offensive Italiens gegen unser Volk ständig und systematisch entfaltet hat. Es ist natürlich, dass man auf den gesteigerten italienischen Druck antwortet, indem man unsere Abwehrpositionen verstärkt. Der Standpunkt der Minderheit gegenüber den ‚verantwortli-

---

[219] Wilfan-Archiv, Fasc. Nr. 19. Budget der Triester Edinost.

[220] Auf den Umstand, dass das Königreich Jugoslawien politische Organisationen finanzierte, wies schon Dr. Milica Kacin Wohinz hin und nannte dabei auch eine ziemlich reelle Einschätzung des Betrags (insgesamt etwa 3.000.000 Lire jährlich für die Liberale und die Christlich-Soziale Organisation). (Vgl. Milica Kacin Wohinz, M. K. Wohinz, Prvi antifašizem v Evropi [Der erste Antifaschismus in Europa], Koper 1990, S. 146.)

[221] Ebenda, S. 274.

[222] BA, Dok. Nr. 522. *„Das Generalkonsulat hat die Ehre, folgendes Referat über den heutigen Stand des jugoslawischen Genossenschaftswesens in Julisch Venetien abliefern zu dürfen"* (vom 22. Dezember 1937). Es handelt sich um eine Namensliste einzelner Geldinstitute, die teilweise oder komplett noch in slowenischen oder kroatischen Händen waren.

*chen Faktoren' (Regierungsorganen im Königreich Jugoslawien, Anm. E. P.) muss wie folgt sein: Über die Tätigkeit unserer Organisation soll die Zentrale (Belgrad, Anm. E. P.) die völlige beziehungsweise eine solche Kontrolle haben, wie sie es für erforderlich erachtet, doch von irgendwelcher Reduzierung des Budgets darf keine Rede sein."*²²³

Das alljährliche Budget der Organisation wurde in der Regel vom Priester Božo Milanović in Triest ausgearbeitet und auf verschiedenen Wegen an Engelbert Besednjak weitergeleitet, und zwar in Teilen, damit das Ganze nicht in die Hände von unbefugten Regimetreuen geriet. Besednjak berechnete die Tabellen und stellte dann die Finanzposten zusammen. Schließlich kam per Post noch der Brief von Milanović, wo am rechten Rand sämtliche Berechnungen für einzelne Finanzposten aufgeschrieben waren, die der fertigen Bilanz beigelegt werden mussten. In der Anleitung zur Ausarbeitung des Budgets ist somit eine Reihe von Details zu finden, die als Begründungen der einzelnen Posten eingetragen wurden: *„Sagt in Zahlen, wie der heutige Stand ist und stellt Anträge für das kommende Jahr und nennt dabei, wenn nötig, die Orte, wo es am nötigsten ist, etwas zu bauen, einen Ofen zu kaufen oder Ähnliches."*²²⁴

Über die endgültige Genehmigung des alljährlichen Budgets entschied letztlich offenbar der Ministerpräsident des Königreichs Jugoslawien selbst (z. B. 1937 Milan Stojadinović). In den Anweisungen von Besednjak an Božo Milanović, der die endgültige Fassung des alljährlichen Budgets erstellte, kann darüber für das Jahr 1937 gelesen werden:

*„Der Präsident (Ministerpräsident des Königreichs Jugoslawien, Anm. E. P.) ist momentan, wie ihr wisst, im Ausland und wir haben noch einige Wochen Zeit, um uns gründlich vorzubereiten. Gott sei Dank, dass es so ist, denn dein Budgetentwurf ist nicht genügend begründet. Es fehlt ihm die genaue Dokumentation. Es soll dir bewusst sein, dass wir uns in außerordentlichen Zeiten befinden. ‚Die verantwortlichen Faktoren' müssen wegen der angespannten Lage in Europa große Summen vor allem für Waffen aufwenden und deshalb wurde in den übrigen Sektoren der Staatsverwaltung der strengste Sparkurs eingeführt. /…/ Wir kommen wieder in die Zeit zurück, in der ich Posten um Posten rechtfertigen und begründen musste."*²²⁵

Die Finanzierung war also breit und konkret angelegt. Und das Geld war für diejenigen bestimmt, die bereit waren, Risiken auf sich zu nehmen und dem Regime Widerstand zu leisten. Noch im Februar 1941 trug Besednjak diesbezüglich Anton Rutar in einem Brief auf:

*„Ich schicke Dir 100 Zettel (1 Zettel = tausend Lire, Anm. E. P.), wie besprochen. Ich bitte Dich, mir mit der nächsten Post eine Empfangsbestätigung zu schicken. Dies ist für meine persönliche Deckung. Vidič (Rado Bednařik, Anm. E. P.) hat mir geschrieben, dass er mit den jetzigen Bezügen nicht auskommen kann. Die Familie ist groß, die Teuerung steigt. In derselben Lage sind auch andere. Ich meine, dass diese Frage zu deren Zufriedenheit gelöst werden sollte. Gib ihnen mehr! /…/ Faulpelzen und Spaltpilzen muss man nichts geben. Oder geben wir zumindest denjenigen mehr, die arbeiten, sich abrackern und die nationale Disziplin einhalten."*²²⁶

DIE GEHEIME CHRISTLICH-SOZIALE ORGANISATION UND TONE KRALJ

Die systematische Finanzierung der Tätigkeit der Priester im Küstenland und somit des slowenischen Irredentismus durch das Königreich Jugoslawien wirft ein neues Licht auf die kirchliche Malerei von Tone Kralj: Von der Ebene der individuellen politisch-künstlerischen Widerstandsgeste gliedert sie ihn in die rebellische antifaschistische politische Aktion des slowenischen ethnischen Kollektivs ein und manifestiert die kulturelle Identität des Kollektivs, das sich in der bedrohlichen Situation intensiv als Teil der nationalen Gemeinschaft bewusst wird. Dokumente darüber, dass die Tätigkeit von Tone Kralj, des Schöpfers der Malereien, als Bestandteil des Finanzschemas innerhalb des Budgets der

---

²²³ BA, Dok. Nr. 13. Brief von Engelbert Besednjak an die Organisation vom 7. November 1933.
²²⁴ Ebenda.

²²⁵ Ebenda.
²²⁶ BA, Dok. Nr. 18. Brief von Engelbert Besednjak an den Priester Anton Rutar vom 5. Februar 1941.

Christlich-Sozialen Organisation gelistet wäre, wurden bislang nicht gefunden. Doch ist es, wenn man den beschriebenen antifaschistischen und slowenischen Volkswiderstands-Kontext bedenkt, praktisch unmöglich, dass es zu einer so großen Anzahl zeitgleicher, explizit „sprechender" ideologisch-markierender Malereien von monumentalen Kirchenobjekten in dem Gebiet, das nach dem Grenzvertrag von Rapallo an Italien gefallen war, spontan, unorganisiert, zufällig oder ungeplant hätte kommen können. Wurden Tone Kraljs Aufträge gezielt und unmittelbar von der Christlich-Sozialen Organisation zugeteilt oder nur mittelbar, über ihre führenden Mitglieder, die Priester in den einzelnen Pfarren?

Tatsache ist, dass die überwiegende Mehrheit der konkreten Auftraggeber von Kraljs Kirchenmalereien für die einzelnen Kirchen gleichzeitig dem Obersten Rat der Geheimen Christlichen Organisation angehörte (Virgil Šček, Albin Kjuder, Josip Abram, Viktor Berce und andere); und Tatsache ist auch, dass Tone Kralj, nach der oben angegebenen Korrespondenz zu urteilen, sowohl mit der Mehrheit der Führungsmitglieder als auch mit dem Führer der Geheimen Christlich-Sozialen Organisation Dr. Engelbert Besednjak persönlich befreundet war. An Besednjak schrieb Kralj 1932 in Bezug auf seine Rolle als Kirchenmaler in Julisch Venetien einen Brief, in dem er andeutet, dass sich der Maler der geheimen politischen Zusammenarbeit Besednjaks mit dem Königreich Jugoslawien bewusst war. Er äußerte zugleich seine Besorgnis wegen der ethnischen Spannungen an der Rapallo-Grenze zwischen Italien und Jugoslawien, wo er Kirchen bemalte, und suggeriert vorsichtig, dass seine künstlerische Geste mit dem slowenischen Kollektiv und dem antifaschistischen Widerstand korrespondiert:

„11. Juli 1932

Hochgeschätzter!
Ich hoffe, dass Sie der Brief schon in Wien erreicht. Ich wende mich an Sie mit der Bitte, in folgenden Sachen für mich zu vermitteln: Sie haben sicherlich Verbindungen in der Jugowina (Königreich Jugoslawien, Anm. E. P.), um zu erreichen, dass ich als Kriegsmaler eingeteilt werden könnte, da ich heute, falls Unruhen an der Grenze ausbrechen sollten, in eine echte Bredouille bei Postojna geraten werde. Ich bin kein Feigling, aber ich kann (schon als Künstler) die Gräueltaten nicht hinnehmen, weil wir in diesem Falle Gefahr laufen, eigenes Blut auf der anderen Seite der Grenze zu töten. Für den Fall erkenne ich zwar die Notwendigkeit eines solchen Prozesses an und ich würde gerne zum Gelingen der Sache beitragen, doch das nur indirekt und als Maler, sonst könnte es mir als Pazifisten passieren, dass ich als Rebell justifiziert werde oder dass ich im Graben als passiver Soldat falle und niemandem nütze. Doktor Koroš. (Anton Korošec, Anm. E. P.) hat mir versprochen, bei den mil. (militärischen, Anm. E. P.) Behörden in dem Sinne für mich ein Wort einzulegen, doch er wurde (vor Jahren) bei der Umformung der Regierung nicht ernannt und hatte wohl keine Gelegenheit mehr dazu.

Foto von Engelbert Besednjak, aufgenommen vom Maler Veno Pilon in Paris 1933.

Das andere ist, dass ich gerne einmal Kor. (Anton Korošec, Anm. E. P.) in Belgrad porträtieren möchte (vielleicht mache ich es als Plastik oder in Öl). (…) Freilich unter einem Pseudonym, um nicht meine Bewegungsfreiheit dort drüben (in Julisch Venetien, Anm. E. P.) zu gefährden. Ich werde einige Skizzen anfertigen und wir könnten einmal bei Gelegenheit die Auflage, die Art des Vertriebs usw. besprechen. Bezüglich jenes Gemäldes kamen mir einige Bedenken, als ich vorige Woche auf der anderen Seite war.

Mit besten Grüßen,
Tone Kralj. "[227]

[227] Besednjak-Archiv, Brief von Tone Kralj vom 11. Juli 1932 an Engelbert Besednjak nach Wien.

Den faschistischen Machthabern wäre der Maler sicherlich verdächtig erschienen, wenn er in Belgrad, der Hauptstadt des Königreichs Jugoslawien, für einen der damals führenden jugoslawischen Politiker gearbeitet hätte. Der im Brief von Kralj erwähnte Anton Korošec war nämlich der einflussreichste slowenische Politiker im Königreich Jugoslawien und gehörte im Staat zu jenen wenigen politischen Persönlichkeiten, die in unmittelbarer Nähe des Königs Alexander Karadjordjević das Schicksal des Staates gestalteten.

Der Brief von Tone Kralj spricht also für enge und vertrauliche Kontakte mit dem Führer der Geheimen Christlich-Sozialen Organisation E. Besednjak. Davon, dass sich der Politiker und der Maler in politisch-ideologischen Ansichten nahestanden, zeugen indirekt auch

Dr. Anton Korošec, der führende slowenische Politiker im Königreich Jugoslawien in der Zwischenkriegszeit – mächtiger politischer Beschützer der Geheimen Christlich-Sozialen Organisation.

Tone Kralj im Jahre 1933.

ihre späteren Entscheidungen, in welchem Raum und für welche Gemeinschaft sie tätig sein würden: Nach dem Zweiten Weltkrieg und der erneuten Verschiebung der Staatsgrenze zwischen (der damals bestehenden Republik) Italien und (dem damals sozialistischen) Jugoslawien kehrten beide gleichzeitig (im Jahr 1954) in die slowenische Gemeinschaft jenseits der Grenze, nach Italien, zurück, Engelbert Besednjak wieder als Journalist und Tone Kralj als Schöpfer von Kirchenmalereien am ethnischen Rand des slowenischen Siedlungsgebiets. Beide setzten eigentlich bis zum Tode die Tätigkeiten fort, die sie für die ethnische Gemeinschaft in der Zwischenkriegszeit und während des Zweiten Weltkriegs wahrgenommen hatten. Taras Kermauner bemerkte dazu:

> *„Tone Kralj stammte zwar nicht vom Karst oder aus dem Küstenland, doch er widmete sein vielleicht größtes, sein Lebensopus, dem Küstenland: mit der Bemalung der Kirchen vom äußersten Norden des slowenischen Grenzlandes bis zum äußersten Süden. Er entschied sich für eine monumentale Aufgabe, besser gesagt eine künstlerische Mission, wie sie in der slowenischen Kunst kaum ihresgleichen findet.*
>
> *Es ging um eine Verbindung der Beziehung zum Göttlichen mit der Beziehung zum Nationalen. Kraljs Kirchen, man kann sie so nennen, am slowenisch-italienischen Limes sind ein Beweis slowenischer Vitalität, Begabung, Schwung, Stärke und sind zugleich verwurzelt in der Beziehung zur Transzendenz. Kraljs diesbezügliches Werk wird heute nicht einmal bei weitem entsprechend (wert)geschätzt. Ich bin überzeugt, dass Kraljs Zeit erst kommt."*[228]

Tatsächlich begannen die ersten Bewertungen von Kraljs antifaschistisch engagierten und (auch) die slowenische kulturelle Identität des Grenzraumes repräsentierenden Kirchenmalereien erst ab der zweiten Hälfte der 80er Jahre zu entstehen.

Nach dem Tode von Besednjak 1968 fertigte Tone Kralj für seinen Freund ein Grabmosaik auf dem Friedhof in Miren bei Nova Gorica an.

Ideologische Markierungen des Raumes in Julisch Venetien

Die Regionen Julisch Venetien und Südtirol wurden nach dem Ersten Weltkrieg mit der Auslöschung der vorhergehenden und dem Ziehen einer neuen ideologischen Markierung im Raum aufgrund politischer Maßnahmen des italienischen Staates konfrontiert. Diese national-ideologische Markierung des Raumes in Julisch Venetien begann das italienische Königreich nach der Veränderung der früheren politischen Grenzen (zwischen Österreich-Ungarn und Italien) durch den Abschluss des Rapallo-Vertrags von 1920 umzusetzen. Nach der Machtergreifung im Jahre 1922 setzte das faschistische Regime die Italianisierung des angeschlossenen Raumes fort.

In der Zeit des Faschismus ist die ideologische Markierung des Raumes in Julisch Venetien vor allem mit dem Ausdruck des „Italienertums" *(italianità)* verbunden. Dieser Begriff, den sich der italienische Faschismus aneignete und wiederverwendete bzw. seiner Ideologie anpasste, ist schon in der Zeit des *Risorgimento* im 19. Jahrhundert entstanden und setzt eine ideelle, politische und ideologische Einheit beziehungsweise kulturell gekennzeichnete Vereinheitlichung des italienischen Raumes durch das vermeintliche „italienische Wesen" voraus.[229]

Die *italianità* (auch *romanità*), diese angeblich „echte italienische Identität", soll die national-kulturellen Identitätsmerkmale der Kunst, der Naturlandschaft, des Städtebaus, der sakralen und profanen Architektur bis zu einzelnen Pflanzenarten umfasst haben, die von der „Italianität" des Raumes zeugen sollten. Im urbanen Raume waren das anfangs vor allem Architekturelemente, die im Rahmen des Wiederaufbaus der im Ersten Weltkrieg zerstörten und verwüsteten Landschaft an der Grenze im Sinne der bezeichnenden „Stilaneignung" entstanden: Die Turmspitzen der renovierten Kirchen änderten sich nicht bloß zufällig aus der früheren „barocken Zwiebelform" in den pyramidalen venetianisch-aquileischen Kirchturmtyp. Besonders bezeichnend ist die „Stilaneig-

---

[228] Aus dem Brief des slowenischen Philosophen und Literaturhistorikers Taras Kermauner an die Tochter von Tone Kralj, Tatjana Kralj. Archiv von Tone Kralj im Eigentum der Tochter Tatjana Kralj (ohne Datum, im Jahr 2000).

[229] Mehr dazu: Gualtiero Boaglio: Italianità. Eine Begriffsgeschichte, Praesens, Wien, 2008; oder: Reinhold R. Grimm, Peter Koch, Thomas Stehl, Winfried Wehle: Italianità. Ein literarisches, sprachliches und kulturelles Identitätsmuster, Gunter Narr Verlag, Tübingen, 2003.

Tone Kralj im Jahre 1929.

nung" der antiken römisch-imperialen Architektur, die in der faschistischen Erneuerung des Kulturgedächtnisses des italienisch-faschistischen Kollektivs das Bewusstsein von der faschistischen Nachfolge der antiken imperialen Macht betonen sollte: Letzteres ist auch für die faschistischen Architektureingriffe in den ländlichen Raum charakteristisch. In kleineren Orten und Dörfern zeugen davon insbesondere die nach dem Krieg neu gebauten öffentlichen Gebäude, wie etwa die Gebäude der faschistischen Organisationen des *dopolavoro*[230], Schulgebäude, Kirchen, Postämter, Gemeindehäuser, „Häuser der faschistischen Partei" (*case del fascio*), Bahnhöfe usw. Noch heute erkennt man sie in zahlreichen slowenischen Dörfern der ehemaligen Region Julisch Venetien als Denkmäler des damaligen Versuchs der Ummarkierung des urbanen und ländlichen Raumes mit der Ideologie des Faschismus bzw. der faschistischen Idee der *italianità*. Objekte von ganz besonderer Bedeutung im Kontext der Markierung des Raumes waren jedoch die Denkmäler des Ersten Weltkriegs – Beinhäuser, Denkmäler für die italienische Armee und ihre Generäle, Gedenktafeln usw.[231] Das faschistische Regime errichtete im angeschlossenen Gebiet, wo im Ersten Weltkrieg zwischen Italien und Österreich-Ungarn blutige Schlachten an der Isonzofront gefochten wurden, zahlreiche Denkmäler und Gedenkstätten für die italienischen Soldaten, die in den Kämpfen um diese Gebiete ums Leben gekommen waren: Diese Gedenkorte sollten das Kollektivgedächtnis ansprechen, in welchem das italienische *risorgimento* schon im 19. Jahrhundert die Vorstellung von verlorenen ethnischen Gebieten im Nordosten und über die Notwendigkeit ihrer Wiedereroberung für das vereinigte Italien eingeführt hatte. Diese Idee und ihre Markierung durch Denkmäler[232] bewirkten in den angeschlossenen Gebieten einen Zusammenprall der kulturellen Identitäten und ihrer Raumsymbole: Die angeblich „echte italienische Identität" wird mit Kulturräumen konfrontiert, die offensichtlich von anderen historischen Kontexten gestaltet wurden.

Mit der Strategie der politisch-ideologischen Markierungen des Raumes mit der „Italianität" passte das faschistische Regime die ethnische Grenze systematisch an die neue staatlich-politische Grenze an. Dem widersetzte sich offensichtlich mit ihrer eigenen, mit dem Faschismus kontrastierenden politisch-ideologischen Markierung des angeschlossenen Raumes die slowenische

---

[230] Von den italienischen Faschisten gegründete Freizeit- und Erholungsorganisation für Arbeiter, als Gegenpol zu den entsprechenden Organisationen der sozialistischen Gewerkschaften.

[231] Siehe dazu: Borut Klabjan, Fašistični Trst: tržaška kulturna krajina v času med svetovnima vojnama [Das faschistische Triest: Triester Kulturlandschaft in der Zeit zwischen den Weltkriegen], Studia Historica Slovenica, Jahrgang 14, Nr. 2/3, Maribor 2014, S. 593–607.

[232] Vanesa Matajc, Kraji spomina na soško fronto v I. svetovni vojni: nacionalna in čeznacionalna retorika obmejnega prostora v literarnih in polliterarnih besedilih [Orte der Erinnerung an die Isonzofront im Ersten Weltkrieg: nationale und transnationale Rhetorik des Grenzraums in literarischen und halbliterarischen Texten], in: *Ars et Humanitas,* letnik 21, Nr. 1, Ljubljana 2018, S. 224–243.

Christlich-Soziale Organisation und die slowenischen Priester. Neben anderen erwähnten Antiregime-Aktivitäten der Geheimen Christlich-Sozialen Organisation kam damals eines ihrer Mitglieder offenbar auf eine ganz besonders originelle Idee: mit visuellen Zeichen die „verlorene" ethnische Grenze im Raum des national-politischen Konflikts buchstäblich einzuzeichnen. Wie gesagt, man könnte es nämlich schwerlich als bloßen Zufall interpretieren, dass die Führer der Geheimen Christlich-Sozialen Organisation alle Kirchenmalereien bei eben demselben, sozusagen „diensthabenden Maler" der Geheimen Organisation, Tone Kralj, bestellten.

Die religiöse Tätigkeit in Verflechtung mit der nationalen kollektiven Identität und der Raum der slowenischen Kirche im Küstenland als Raum des antifaschistischen Widerstandes

Im Regionalarchiv in Nova Gorica wird eine umfangreiche Dokumentation aufbewahrt, der die antifaschistischen und irredentistischen Ziele der Tätigkeit der slowenischen und kroatischen katholischen Priester in Julisch Venetien in der Zeit des Faschismus zu entnehmen sind. Aus der Dokumentation ist ersichtlich, wie die religiöse Tätigkeit mit dem antifaschistischen Widerstand zusammenhängt, um so die kollektive nationale Identität der slowenischen ethnischen Gemeinschaft im faschistischen Raum Julisch Venetiens aufrechtzuerhalten und zu stärken: Durch die schon erwähnten Maßnahmen des faschistischen Regimes, mit denen die „slawische", d. h. slowenische und kroatische laikale Intelligenz, die Möglichkeit verlor, öffentliche Ämter zu bekleiden, und die slowenischen und kroatischen öffentlichen (gesellschaftlichen, ökonomischen, kulturellen) Institutionen, unter anderem Schulen, aufgelöst und verboten wurden, verblieben als Integrationspunkt der antifaschistischen und irredentistischen Betätigung nur religiöse und mit der Religion verbundene Tätigkeiten. Gut ein Drittel der slowenischen Priester aus Julisch Venetien hatte in den Dreißigerjahren wegen ihrer antifaschistischen Tätigkeit Polizeiakten beim Innenministerium in Rom (heute im Bestand Caselario Politico Centrale).

Religiöse und mit der Religion verbundene Tätigkeiten waren mit der alltäglichen Kultur der ethnischen Gemeinschaften verflochten, oftmals in Räumlichkeiten katholischer Kirchen, und regten in den Kollektivgedächtnissen dieser Gemeinschaften die Vorstellung (Imagination) von der nationalen kollektiven Identität, begründet auf der kulturellen Identität, an.

Eine der zentralen Manifestationen der kulturellen Identität stellte das in der Sprache der Gemeinschaft geschriebene Buch dar, der Sprache, die das faschistische Regime im öffentlichen Gebrauch verboten hatte, womit auch das Buch verboten wurde. Für die Verfügbarkeit von Büchern in den verbotenen Sprachen im faschistischen Raum sorgte mit einer geheimen Finanzierung der Anschaffung und mit der Distribution in der Region über ihr kirchliches Netzwerk die Geheime Christlich-Soziale Organisation.

Im Begleitkommentar, den 1936 bei der Begründung der Budgetposten für die Geheime Christlich-Soziale Organisation der Priester Božo Milanović, Führer der kroatischen Priestergruppe, nach Belgrad schickte, ist zu lesen:

*„Wir haben beschlossen, einige Bücher, **die unseren politischen Zielen dienen sollen**, in Jugoslawien zu drucken und dann heimlich nach Julisch Venetien zu bringen und hier im Land zu verbreiten. So druckten wir das Buch Die Geschichten des serbischen Volkes und die Zeitschrift Naša zvezda (Unser Stern). /…/ in Zukunft beabsichtigen wir, mehr Bücher auf diese Weise zu drucken und dann heimlich in Julisch Venetien zu verbreiten, da wir auf diese Weise unser Volk am besten aufklären und es für Jugoslawien und für eine künftige Vereinigung mit ihm begeistern …"*[233]

Der Priester B. Milanović hätte den Zweck und die Ziele der Tätigkeit der Geheimen Christlich-Sozialen Organisation schwerlich präziser beschreiben können: Die antifaschistische Tätigkeit ist untrennbar mit dem slowenischen und kroatischen Irredentismus verflochten.

Nach der Verhängung des Sprachverbots wurde eine nicht weniger bedeutende antifaschistische Widerstandsfunktion, und in dem Fall unmittelbare religiöse Tätigkeit, vom Organisten übernommen, der oft auch

---

[233] BA, Dok. Nr. 3 (Manuskript, S. 20). Schema der Geheimen Christlich-Sozialen Organisation. Nach der Kaligraphie zu urteilen, wurde der Bericht zweifellos von Božo Milanović erstellt. Bericht vom 5. Dezember 1936.

Der Komponist Vinko Vodopivec, Pfarrer in Kromberk bei Görz in den Dreißigerjahren.

Chorleiter war. So war die Rolle des kirchlichen Gesangs wichtiger als wir uns das heute vorstellen können, nämlich ausgesprochen subversiv: Der Organist und/oder Chorleiter leitete den Chorgesang, bei dem Lieder in der verbotenen Sprache gesungen wurden, und schöpfte dabei aus dem kulturellen Gedächtnis der Gemeinschaft. Der Führer der Christlich-Sozialen Organisation E. Besednjak schrieb bei der Ausarbeitung des Budgets über diese religiös-kulturelle antifaschistische Aktion an Božo Milanović:

„In Belgrad wird man mich fragen, in welchen Pfarren wir schon nationalbewusste Organisten bereitgestellt haben und an welchen Orten noch die Gefahr besteht, dass das Volk ohne Organisten bleibt, beziehungsweise dass sich in die Kirche ein italienischer Organist eindrängt. /.../ Schicke mir deshalb bitte eine Liste der Pfarren, in denen bereits unsere ‚nationalen Organisten' tätig sind, und eine Liste der Kirchen, wo der Nachwuchs noch auszubilden ist. Schicke mir darüber hinaus eine Namensliste jener 19 junger Männer, die Lojze Bratuž in diesem Jahr ausgebildet hat."[234]

So akribisch wurde die Arbeit der Organisation geführt und dokumentiert. Allein im Jahre 1936 sorgte die Organisation z. B. auch für die Anschaffung von zwölf Harmonien[235], damit künftige *„nationale Organisten"* üben können.[236]

Eine besondere Rolle bei der Erstellung von Liederbüchern in der verbotenen slowenischen Sprache spielte in Julisch Venetien der Priester und zugleich Komponist Vinko Vodopivec. Der Präfekt von Görz, Carlo Tiengo, beschrieb ihn in einem Bericht an das Innenministerium, in dem er für ihn mindestens eine Verwarnung beziehungsweise *„ammonizione"* forderte:[237]

---

[234] Besednjak-Archiv, Dok. Nr. 9.

[235] Tasteninstrument aus der Gruppe der sog. Aerophone, bei dem durch Luftschwingungen Töne erzeugt werden.

[236] Näher: Egon Pelikan, Tajno delovanje primorske duhovščine pod fašizmom: primorski krščanski socialci med Vatikanom, fašistično Italijo in slovensko katoliško desnico (zgodovinsko ozadje romana Kaplan Martin Čedermac) [Die geheime Tätigkeit der Priester des Küstenlandes unter dem Faschismus: die Christlich Sozialen des Küstenlandes zwischen dem Vatikan, dem faschistischen Italien und der slowenischen katholischen Rechten. Historischer Hintergrund des Romans Kaplan Martin Čedermac], Nova revija, Ljubljana 2002, S. 116.

[237] Die faschistische Gesetzgebung ermöglichte nämlich die Verfolgung und Verhaftung politischer Gegner auch ohne Beweise bzw. aufgrund eines bloßen Verdachts. So sah das *Gesetz über die öffentliche Sicherheit*, das 1926 verabschiedet wurde, eine präventive

Der Priester und Komponist Vinko Vodopivec, „gefährlicher Antifaschist". Polizeiakte von der Liste der staatsgefährdenden Personen beim Innenministerium in Rom.

„*Der erwähnte Priester ist ein feuriger Anhänger des slawischen Irredentismus. Er hat im Ort, wo er lebt (Moncorona – Kronberk), einen außerordentlich starken Einfluss auf die fremdstämmige Bevölkerung, weil er sehr gebildet ist. Er ist ein Komponist von Kirchenmusik und auch von slowenischen weltlichen Liedern.*"[238]

In Bezug auf die Sektion der Geheimen Christlichen Organisation „für Musik und Gesang", die eine eigene Arbeitsabteilung war, ist neben der antifaschistischen religiösen Tätigkeit das tragische Schicksal des Chorleiters Lojze Bratuž besonders bezeichnend, der diese Sektion führte und im Auftrag der Organisation jedes Jahr etwa 20 junge Organisten, sog. „nationale Organisten", ausbildete, wie sie (siehe oben) in der Dokumentation der Geheimen Organisation definiert sind. Diese sollten in den slowenischen Dörfern die alten ersetzen bzw. wurden darauf vorbereitet, denn sonst hätte die faschistische Obrigkeit in Zusammenarbeit mit der Politik des Vatikans nach dem Tode eines slowenischen Organisten diesen durch einen italienischen ersetzt und mit diesem wäre auch der Gesang in italienischer Sprache in die Kirche gekommen.

Die subversive antifaschistische Funktion des Komponisten und Organisten Lojze Bratuž war sehr exponiert, denn seine Tätigkeit war schwer zu verbergen.

Bestrafung bzw. polizeiliche Maßnahmen gegen Einzelne, die gegen den Faschismus waren und denen keine konkrete Schuld nachgewiesen werden konnte, vor. Und zwar: 1. *diffida* = Warnung (mit dem Zweck ausgesprochen, dass der Einzelne mit einem bestimmten Verhalten oder einer Tätigkeit aufhört); 2. *ammonizione* = Verwarnung (die der *diffida* folgte und bedeutete, dass der Bestrafte seinen Wohnort ohne Wissen der Polizei nicht verlassen durfte, er durfte sich nicht in öffentlichen Räumen aufhalten (z. B. im Gasthaus), vom Sonnenuntergang bis zum Sonnenaufgang galt für ihn die Polizeistunde, wo er zuhause sein musste); 3. *confianzione* = Zwangsumsiedlung auf eine Insel oder einen anderen einsamen Ort unter polizeilicher Aufsicht.

Der Komponist Lojze Bratuž.

[238] Siehe: ACDS, CPC, Mappe Nr. 5463, Vodopivec Vicenzo. Bericht des Präfekten Tiengo an das Innenministerium vom 7. November 1931.

Bratuž starb qualvoll durch Vergiftung, nachdem er von einer Gruppe von Faschisten überfallen und gezwungen worden war, altes Maschinenöl zu trinken.

Lojze Bratuž war ein persönlicher Freund des Malers Tone Kralj.

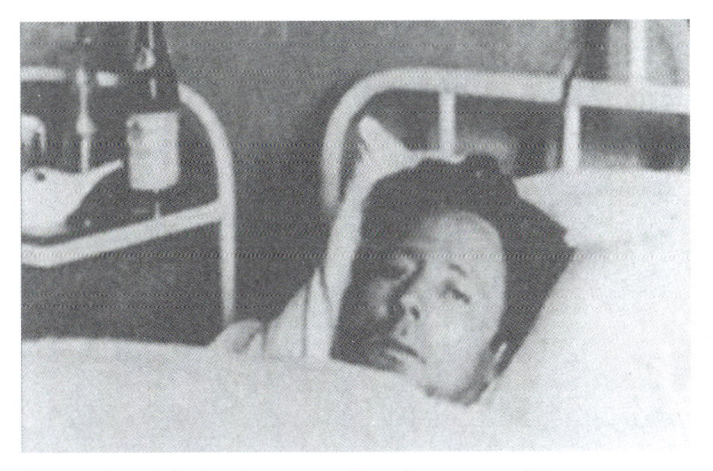

Der sterbende Lojze Bratuž im Krankenhaus in Görz, im Februar 1937.

Eine „mildere Strafe" für Gegner des Faschismus, die Nötigung, Rizinusöl zu trinken, war eine weit verbreitete Praxis faschistischer Gewalt in Julisch Venetien. Wie wir sehen werden, wies Kralj in einer seiner Kirchenmalereien auf diese Repressalie hin.[239]

Die Sprache der slowenischen Gemeinschaft wurde letztlich völlig verboten, zuerst in der Schule und in der Öffentlichkeit, allmählich wurde sie aber auch aus der Kirche entfernt (in Kirchen in Venetien galt ab 1933 das Verbot jeden Gebrauchs der slowenischen Sprache, auch bei Kircheninschriften).[240] Unter völliger Kontrolle der faschistischen Obrigkeit stand jede künstlerische Form des sprachlichen Ausdrucks, der Literatur und der Musik mit slowenischen Texten an allen öffentlichen Plätzen – außer (bis dahin) in der Kirche.

Auch deshalb stellte sich ziemlich bald heraus, dass für subversive, antifaschistische und irredentistische Tätigkeit die bildende Kunst, und zwar im massenweise besuchten öffentlichen Raum der Kirche, viel besser geeignet war als die Literatur, das gesprochene Wort und sogar als der Kirchengesang, da sie ohne Sprache auf das Kulturgedächtnis der gefährdeten Gemeinschaften abzielte.

Erst 1970 erzählte Tone Kralj erstmals öffentlich in einem Interview für die zentrale slowenische Tageszeitung *Delo*, dass ihn zum Malen in den Kirchen im Küstenland

„die Geheimen Antifaschistischen Organisationen eingeladen haben. Das verbotene slowenische Wort sollte durch das Bild ersetzt werden, das vom Stil und Inhalt her unser – slowenisch – sein sollte. So entstand eine ganze Reihe innen umgestalteter Kirchen. Ab dem Jahre 1921 kamen mehr als vierzig zusammen, so wurde ich sozusagen einer von ihnen und arbeitete auch danach für sie. Alle diese Kirchen wurden ohne Genehmigung und sogar ohne Wissen der Obrigkeit umgestaltet, mit äußerst geringen Mitteln, vor allem mit meinem persönlichen Opfer".[241]

Erst damals gab er zum ersten Mal öffentlich zu, dass hinter dem gesamten Unterfangen ein System stand.

Kraljs Aussage war der Ausgangspunkt für unsere Forschungsarbeit über seine politisch engagierten Kirchenmalereien.

Kirchenmalereien: ideologische Gegen-Markierung des Raumes von den Julischen Alpen bis zum Adriatischen Meer

Noch im Jahre 1970 wollte, konnte oder durfte Tone Kralj also vielleicht nicht genauer angeben, welche diese *„Geheimen Antifaschistischen Organisationen"* waren, die

---

[239] Auch heute ist das Wort im Kollektivgedächtnis des Küstenlandes präsent. Beim Wort „Rizinus" erinnern sich ältere Generationen der Slowenen und assoziieren es in einem ganz bestimmten historischen Kontext.

[240] Näher: Egon Pelikan, Tajno delovanje primorske duhovščine pod fašizmom: primorski krščanski socialci med Vatikanom, fašistično Italijo in slovensko katoliško desnico (zgodovinsko ozadje romana Kaplan Martin Čedermac) [Die geheime Tätigkeit der Priester des Küstenlandes unter dem Faschismus: die Christlich-Sozialen des Küstenlandes zwischen dem Vatikan, dem faschistischen Italien und der slowenischen katholischen Rechten. Historischer Hintergrund des Romans Kaplan Martin Čedermac], Nova revija, Ljubljana 2002, S. 116.

[241] Katalog ob jubilejni razstavi v Kostanjevici na Krki ob 70 letnici Toneta Kralja [Katalog der Jubiläumsausstellung in Kostanjevica na Krki anlässlich des 70. Geburtstags von Tone Kralj], ČGP Delo, Ljubljana 1970, S. 6.

Tone Kralj auf dem Malergerüst.

ihn eingeladen hatten, die Kirchen des Küstenlandes systematisch zu bemalen. Deshalb, weil im Staat, dessen Bürger Kralj war, das Monopol über die Geschichte von einer einzigen, sozialistischen politischen Avantgarde beansprucht wurde, die dabei die politisch-ideologische historische Konkurrenz der (katholischen) slowenischen Priester des Küstenlandes ablehnte.

Doch ungeachtet des jahrzehntelangen Verschweigens der christlich-sozialen antifaschistischen geschichtlichen Aktion im Gebiet, das nach dem Krieg mehrheitlich wieder an – das nach dem Krieg also sozialistische, antireligiös ausgerichtete – Jugoslawien gefallen war, beginnt die Geschichte von Kraljs antifaschistischer politisch engagierter Kunst in Julisch Venetien tatsächlich dort, wo in der Zeit des Faschismus alle anderen Tätigkeiten mit antifaschistischem und/ oder mit nationalem Vorzeichen beendet oder systematisch verfolgt wurden: in dem Raum, der als einziger zumindest teilweise außerhalb der Kompetenzen des faschistischen Regimes geblieben war, und in dem eine antifaschistische und nationale ideologische Kontra-Markierung des Raumes innerhalb des Staatsgebiets des Königreichs Italien – freilich unter gehöriger semiotischer Vorsicht – überhaupt noch möglich war. Das war das Innere der Kirchen. Nach dem illegalen Vertrieb von Büchern über das katholische Netzwerk und dem dem Regime trotzenden Kirchengesang setzten sich Kirchenmalereien durch. Nach der geheimen Tätigkeit der katholischen Politiker, Priester, Drucker, der Geheimarbeit von Dichtern und Sängern, Komponisten und Organisten wurde die subversive Tätigkeit von einem Maler übernommen. Der Maler Tone Kralj geriet also in die Rolle desjenigen, der den dem Regime unterworfenen Raum „markiert". Er war einer derjenigen, die vor der Repression des Regimes nicht zurückwichen. Sogar für einen Kirchenmaler ist unter diesen Umständen die Zeit gekommen, wo er politisch-künstlerisch engagiert an der Umgestaltung der Gesellschaft mitwirkt.

In der Studie habe ich versucht, den Hintergrund der Entstehung von Kraljs Aktion zu skizzieren, einer Geschichte, die bis heute den Raum des ehemaligen Julisch Venetiens prägt und mit der originellen visuellen Sprache ein ganz besonderes historisches Phänomen bezeugt, die politisch engagierte, antifaschistische kirchliche Kunst.

Die Kirchengebäude sind also der öffentliche Ort, wo letztlich der eingangs erwähnte „horizontale Kampf um den Raum" zwischen der *Italianità* und dem „Slowenentum" veranstaltet wird, indem entgegengesetzte ideologische Markierungen durch einen Zeitgenossen als Kontramarkierungen des Raumes auftreten.

Die ideologische Kontra-Markierung des Raumes in der sakralen bildenden Kunst konnte sich der Regimekontrolle am besten entziehen, weil sie in Kirchen lokalisiert war, und zwar häufig in kleinen, von großen Städten und verkehrsreichen Straßen weit entfernten Dörfern. Und auch innerhalb dieser kleinen Dorfkirchen sind die Stellen der ideologisch-markierenden Details in den Malereien sehr gut durchdacht: architektonisch oder visuell-repräsentativ verborgen. Wir entdecken sie in manchmal geheimeren „Nischen" des Raumes: auf der Chorempore, hinter der Orgel, in den Ecken; antifaschistisch-referenzielle Porträts können an Figuren erscheinen, deren Kopf nach unten gerichtet und somit erst in umgekehrter Perspektive erkennbar ist, oder die referenziellen Porträts können in einer Masse anderer Gesichter und ideologisch-spezifischer Kostümzeichen erkannt werden: Sie sind in eine biblische Erzählung kodiert und auf verschiedenste originelle, fantasievolle und einfallsreiche Weisen „versteckt".

In anderen Fällen sind sie aber eigentlich nicht wirklich gut versteckt. Manchmal hat Tone Kralj die irredentistischen und gegen das Regime gerichteten Elemente seiner Malereien geschickt verborgen, und manchmal ist er so radikal aufgetreten, als ob ihn die Möglichkeit der Repression des Regimes überhaupt nicht interessierte. Zu Beginn seiner antifaschistischen Malaktion im Küstenland verwendete Tone Kralj in seinen Malereien zwar durchaus eine lange Reihe verschiedenster faschistischer Symbole als negative Symbolzeichen in solchen biblischen Szenen, die den Vorstellungen von der materiellen Kultur historischer Zeiten entsprachen, in denen die biblischen Geschichten geschahen. Ebenso verwendete er als Zeichen mit positiver Konnotation und in einem betont biblischen Kontext die „slawischen" Heiligen Kyrill und Method, sowie eine der alten Schriften einiger slawischer Gemeinschaften, d. h. die glagolitische Schrift.[242] Oftmals übermittelte er z. B. subtil seine Ideenbotschaft auch mit der bloßen Verwendung der slowenischen Nationalfarben (weiß–blau–rot vs. grün–weiß–rot) womit er eine unmittelbare Verbindung zwischen „Farbe" und „Ideologie" herstellte.[243] Mit der Verschärfung der Auseinandersetzung, die zu einer allgemeinen konkreten militärischen Auseinandersetzung wurde, kommentierte Kraljs bildnerische Sprache die Situation mit zunehmender Schärfe, sogar mit brutaler Direktheit. Zum Beispiel, indem der abgebildete Erzengel Michael, gekleidet in die slowenischen Nationalfarben, buchstäblich auf den Kopf der Schlange Mussolini tritt (Malerei im Dorf Soča) oder diesen mit einem scharfen Speer wie einen Eber bei einer mittelalterlichen Jagd durchbohrt (Malerei im Dorf Piuma/Pevma). Nach der Verschärfung der faschistischen Repression und der politisch-ideologischen Auseinandersetzung in Julisch Venetien und letztlich während des Krieges konnte Tone Kralj an die Bibelszenen auch aktuell und historisch realistisch herantreten, als ob er unmittelbare Drohungen und konkrete Gewaltaktionen über konkrete slowenische Gemeinschaften dokumentierte: In diesen Malereien können z. B. niedergebrannte slowenische Dörfer erkannt werden, sogar die konkrete Landschaft, in der Erkennungszeichen präsent sind: faschistische (oder später nationalsozialistische) Uniformen, charakteristische Farben, Waffen, Helme, Trikoloren, Liktorenbündel oder später Hakenkreuze usw.

Im Auftrag und auf Rechnung seiner Auftraggeber, Mitglieder der Geheimen Christlich-Sozialen Organisa-

---

[242] Die glagolitische Schrift oder Glagoliza war die erste, dem Lautsystem der altkirchenslawischen Sprache angepasste slawische Schrift. Sie bekam ihren Namen von dem Wort „glagol", d. h. „Sprache". Die Heiligen Kyrill und Method verwendeten sie ab Mitte des 9. Jahrhunderts. Mit der neuen Schrift war ein politischer Widerstand verbunden. Der slawische Gottesdienst, niedergeschrieben in der Glagoliza, wurde schon das erste Mal 855 verboten, später folgte eine lange Reihe von Verboten und erneuten Genehmigungen. Die Glagoliza wurde von der nach Kyrill benannten kyrillischen Schrift (im Osten) bzw. der lateinischen Schrift (im Westen) verdrängt. In einigen Teilen des heutigen Kroatien und Slowenien haben sich Texte in der Glagoliza (in verschiedenen Ausführungen und Varianten) in der Liturgie bis ins 19. oder sogar ins 20. Jahrhundert erhalten. Im Kulturgedächtnis stellte sie zwischen den beiden Weltkriegen beziehungsweise in der Zeit des Schaffens des Malers Tone Kralj einen symbolischen „Beweis" der jahrhundertealten Präsenz von Slawen („Slowenen") in diesem Raum dar.

[243] Siehe dazu: Maurizio Ridolfi: *La politica dei colori (Emozioni e passioni della storia d'Italia dal Risorgimento al ventennio fascista)*, Mondadori, Milano 2014.

tion und des Priesterkollegiums vom hl. Paulus, hat Tone Kralj fast fünfzig Kirchen des Küstenlandes bemalt. Von solchen mit teilweiser Bemalung oder einzelnen Werken von ihm, Gemälden, Statuen oder Mosaiken, gibt es im Küstenland noch viel mehr. Die Charakteristik dieser Malereien begründet sich auf zwei untrennbar miteinander verbundenen semantischen Denkmustern.

Das erste semantische Paradigma ist also das allgemein universalistisch anti-faschistische: In zahlreichen Kirchen des Küstenlandes, die in der Zwischenkriegszeit und während des Zweiten Weltkriegs von Tone Kralj bemalt wurden, kann man Gesichter – karikierte groteske Masken – von konkret erkennbaren Einzelpersonen erblicken, führenden Vertretern des faschistischen und nationalsozialistischen Regimes, Benito Mussolini und Adolf Hitler, oder z. B. einer Ikone des faschistischen Regimes, wie es der faschistische Politiker und Dichter Gabriele D'Annunzio war, den man in der Bemalung leichter verbergen konnte als Mussolini. Tone Kralj malt D'Annunzio oft neben Mussolini oder verschmilzt sie im Porträt sogar zu einer Gestalt: In all diesen Fällen sind solche referenziellen Gesichter wegen der bildnerischen Verschmelzungen zweier Personen zu einer Gestalt nicht immer leicht zu erkennen. Weitere Schwierigkeiten beim Dekodieren der historischen Person schafft Kraljs Gegenstrategie der Kodierung: Auf einem Bild kann dieselbe historische Person in zwei Figuren abgebildet sein. Deshalb muss man manchmal bei der Betrachtung und Identifizierung der Figur auf einzelne charakteristische Merkmale zurückgreifen, die der Maler für die Kodierung der historischen Person verwendet.

Kralj fand leicht erkennbare Merkmale faschistischer Führer, die er für die Abbildungen der biblischen Bösewichte verwendete, in charakteristischen hochstaplerischen Posen der Vertreter des Regimes, wie sie sich dem Publikum in Fotos aus der Tagespresse oder in Wochenschauaufnahmen des Regimes (sog. Cinegiornale) präsentierten, die auf Geheiß der faschistischen Obrigkeit in den Kinosälen vor Beginn der Filmvorführung obligatorisch gezeigt wurden. Jedenfalls treten diese namhaften Persönlichkeiten – Parteigrößen – des faschistischen Regimes konsequenterweise in den Rollen biblischer Bösewichter auf. Das Gleiche gilt überhaupt für abgebildete Anhänger des Regimes. Sie können als Faschisten auch nur nach den konventionellen Symbolzeichen der Regimezugehörigkeit zu erkennen sein, wie z. B. die charakteristische Farbe der Uniform, ein charakteristisches Kleidungsstück oder nur die Farbkombination ihrer Kleider, Kostüme, die die *tricolore* – die italienische dreifarbige Flagge – nachahmt (die Einordnung der italienischen Nationalfarben in den Kontext biblischer Bösewichter bezieht sich auf die faschistische Aneignung der Italianità mitsamt den italienischen Nationalsymbolen). Der Pöbel, der insbesondere in Massenszenen in einer negativen Rolle auftritt, erscheint in den Malereien mit der zum Faschistengruß (*saluto romano*) ausgestreckten rechten Hand, und unter den Gegenständen in der Szenerie sind mehrfach faschistisch-römische Zeichen zu finden, z. B. das Liktorenbündel. Eine gewisse Schwierigkeit beim Dekodieren bereiten mehr versteckte oder vorsichtige Darstellungen Kraljs, eine Art „auf den Kopf gestellter Mimikry" – ein Detail ist nicht nur in seinem Umfeld versteckt, sondern auch als Detail im Detail (das Hakenkreuz erscheint z. B. auf einem biblischen Bösewicht, ist aber in die falsche Richtung gedreht) usw.

Das zweite Paradigma erzeugt einen semantischen Kontrast zum ersten und betont die negativen Symbole des Faschismus. Das Paradigma dieser verborgenen Kontra-Markierung des Raumes ist die Nationalität, das Slowenentum. Die beschriebenen Zeichen kommen in bestimmten Motiven zum Ausdruck, die dem Kulturgedächtnis der slowenischen Gemeinschaft, dem gemeinsamen Kulturgedächtnis der jugoslawischen oder überhaupt der slawischen Gemeinschaften entspringen. In Mittel-, Ost- und Südosteuropa wurde die Bildung des kulturellen Gedächtnisses ermutigt durch den Prozess der nationalen Emanzipation, der Ende des 18. Jahrhunderts begann, als sich J. G. Herders Philosophie, in der er sich mit der kulturellen und historischen Individualität der Völker beschäftigte, immer mehr verbreitete. Diese Motive beinhalten die slowenischen „Nationalfarben" (die Farben der Flagge), die „slawischen Heiligen" Konstantin (später Kyrill genannt) und Methodios/Method, die Jungfrau Maria (sie ist konsequenterweise immer in ein Gewand in den slowenischen Nationalfarben gekleidet) als Beschützerin der Slowenen und Sloweninnen und des Slowenentums und so weiter. Nationale slowenische und transnational-slawische Symbolzeichen verschmelzen auch in diesem Paradigma mit religiösen Motiven.

Thematisch gesehen basiert Kraljs visuelle Beschreibung der äußerst gefährdeten Gemeinschaft unter dem Faschismus auf Geschichten aus der Bibel, insbesondere denjenigen über das Leiden Jesu oder das Leiden der ersten Christen. Diese setzte der Maler Tone Kralj in ihrem Symbolpotential ein, wie es in Verbindung mit europäischen nationalistischen Bewegungen im frühen 19. Jahrhundert schon vom polnischen Dichter Adam Mickiewicz getan wurde,[244] der die polnische Gemeinschaft unter dem russischen Zarenregime mit dem Christus unter den Völkern verglich. Tone Kralj bildete mit Szenen des Leidens Jesu, versehen mit Symbolen des Faschismus und des Slowenentums, ähnlich suggestiv die Verfolgung der Slowenen und Sloweninnen unter dem Faschismus ab.

Die positiven Gestalten in Kraljs Bibelszenen, Jesus, Maria, die Märtyrer, die slawischen Heiligen, die ersten Christen und Christinnen usw. sind so in der Regel in die slowenischen Nationalfarben gekleidet.

In Kraljs Malereien in den Kirchen des Küstenlandes, in denen Zeichen mit positiven und Zeichen mit negativen Konnotationen ideologisch „miteinander ringen", kann man also immer wieder versteckte Symbole und die Ähnlichkeit der einzelnen Figur mit historischen Personen entdecken. Man wird nie alle entdecken und dekodieren können, weil es einfach zu viele kleine Porträts in Kraljs *Kreuzwegen* gibt. Im Hintergrund der jeweiligen Bibelszene sind unzählige Gesichter auszumachen. In der dargestellten Menschenmenge findet man aber in der Regel auch Gesichter einfacher Einheimischer, die den Maler in der Kirche besuchten, ihm Essen brachten, mit ihm ein wenig plauderten, und die Gesichter ihrer Kinder: Der Maler machte sie zu Zeitgenossen der dargestellten Bibelgeschichte. Mehrfach erzählten mir Einheimische, deren Kirchen Tone Kralj bemalt hatte, dass sie abgebildete Gesichter von Personen aus den Dörfern erkennen.

Alles, was historisch erkenntlich ist, alles Mikro-Lokale und Machthaberisch-Regimehafte, sämtliche politisch-ideologischen, kulturellen und sogar räumlichen Zeichen, mit denen die Bibelszenen versehen sind, erfüllen die Darstellungen der Bibelszenen mit einer originellen, Kralj eigenen Ironie, Provokation, mit einer grotesken Beschreibung des Regimes und mit absolut unzweideutigen Botschaften.

Kurz und gut, Tone Kralj war auch ein Witzbold, oft sogar ein äußerst frecher Witzbold, der uns in seiner ironischen Malermanier an die intellektuellen Profile der großen europäischen Meister von Spott und Parodie, wie etwa Bosch, Bruegel, Goya und andere erinnert. Und seine Bösewichter erinnern in ihrer grotesken Darstellung an den „*historischen Pöbel*", etwa aus den Werken von Gerrit van Honthorst. Die Werke dieser Meister hat Kralj gut gekannt, denn in derselben Zeit, als er in den Kirchen des Küstenlandes malte, stellte er in den angesehensten europäischen Galerien aus.

Kraljs Ironie und Groteske, mit denen er symbolisch und allegorisch die biblische Überlieferung mit der damaligen historischen Realität aktualisiert, erzeugen im ansonsten traditionell konservativen Kirchenmilieu plötzlich, notgedrungen, erstaunlicherweise eine ganz besondere, regimekritische Subkultur: eine subversive Kultur in der Auseinandersetzung mit der offiziellen, vom Regime gebotenen, national-exklusivistischen Kultur. Mit der Andeutung der übergeschichtlichen Gültigkeit der biblischen bzw. christlichen Überlieferung stehen die dargestellten Motive in Kontrast zu den historischen und dadurch vergänglichen Zeichen des faschistischen Regimes. Die negativen Gestalten, die Henker Jesu mit grotesken Physiognomien, sind in Kraljs Malereien mit ekelhaften Grimassen, dynamisch, hysterisch, aggressiv und primitiv abgebildet. Im Unterschied zu ihnen stehen die positiven Gestalten in Kraljs Bibelszenen, Jesus, Maria, die Märtyrer, die slawischen Heiligen, die ersten Christen/Christinnen usw., als Träger der ewigen Werte des Malers – des Glaubens und der Volkszugehörigkeit –, und sie treten statisch, monumental, aufrecht und bedächtig, also zeitlos, auf.

Da die dauerhafte, übergeschichtliche Bibelthematik in Kraljs Malereien motivisch mit symbolischen Zeichen des Slowenentums verflochten ist, sind Kraljs Kirchenmalereien völlig konform mit dem vorhin erwähnten Standpunkt der mit dem Faschismus konfrontierten Priester des Küstenlandes: „Regime gehen unter, die Völker bleiben".

Vom Standpunkt der nationalen Ideologie und der Verschmelzung des Katholizismus und des Nationalismus ist aber sein Werk ein fundamentales Gegenstück

---

[244] Mickiewicz, Adam: Księgi narodu polskiego i pielgrzymstwa polskiego. Paris: A. Pinard, 1832, S. 23.

zum damals im zentralen, mutterländischen slowenischen Kulturraum (in Krain, im Königreich Jugoslawien) etablierten Grundsatz des wichtigsten Philosophen und Ideologen des politischen Katholizismus, Dr. Aleš Ušeničnik: *„Der Wert des Glaubens steht über der Volkszugehörigkeit – verdrehe nicht die Ordnung der Werte."*[245] Der dogmatische Ansatz führte zur Kollaboration und zum Bürgerkrieg.

Dr. Janez Janžekovič, einer der feinfühligsten Denker im slowenischen katholischen Lager jener Zeit, schrieb kurz vor dem Nazi-Überfall auf das Königreich Jugoslawien 1941 in der Zeitschrift Čas in einem Artikel mit dem vielsagenden Titel *Ob odločilni uri* (In der entscheidenden Stunde) prophetisch über die Verschärfung des Dilemmas, das einige Monate später Wirklichkeit werden sollte:[246]

> *„Vielleicht fragen Sie uns, was wir Slowenen tun würden, wenn uns die Geschichte vor die folgende Wahl stellte: entweder bleibt im Staat, wo ihr eure nationale Freiheit erhalten, aber euren Glauben verlieren werdet, oder kommt unter fremde Herrschaft, wo ihr Katholiken bleiben könnt, jedoch eure Nationalität verlieren werdet.*
>
> *Für diesen Fall gehen wir auf eine klare Frage eine klare christliche Antwort: Wir katholischen Slowenen würden im Nationalstaat bleiben und darin, wenn nötig, Märtyrertum für den eigenen Glauben erleiden. Alles andere ist feige, charakterlos und deshalb unchristlich. Einzig auf diese Weise würden wir unsere Nationalität und unseren Glauben erhalten, mit der nationalen Abtrünnigkeit würden wir beides verlieren. Warum? Der Volksverrat ist in den Augen eines Christen eine Todsünde, sofern er nicht von Unwissenheit oder Schwachsinn ausgesprochen wird. Vom Volk abzufallen, um ein Katholik zu bleiben, hieße also zu sündigen, um selig zu werden. Unsinn! Ansonsten aber, wie kann denn ein Volk katholisch bleiben, wenn es aufhört, ein Volk zu sein? Unsere eigene Geschichte ist uns dabei eine mitteilsame Lehrerin."*[247]

Einen solchen Standpunkt kann man auch aus den Malereien von Tone Kralj herauslesen. Die negativen Gestalten der biblischen Geschichten sind mit derselben Expression dargestellt, mit der auf den Wandmalereien die Gesichter der leidenden Christen – alias der Slowenen in Julisch Venetien – gestaltet sind. Dabei sind die negativen Gestalten, d. h. die Gesichter der Gegner des Slowenentums bzw. der Faschisten, karikiert oder bis hin zur sarkastischen Entartung verunstaltet.

Der Optimismus des antifaschistischen Widerstandes

Bei allem Gesagten ist jedoch der Umstand bemerkenswert, dass in Kraljs Opus der Kirchenmalereien im Küstenland von Anfang an auch ein unverhohlener Optimismus und eine Vorhersage des Sieges über den Faschismus zu finden ist. In der Lage, in der sich die (slowenische) Minderheit in Julisch Venetien befand, war der Optimismus, der auch in der Korrespondenz zwischen den führenden Mitgliedern der geheimen Priesterorganisation zu finden ist, ein besonderes Phänomen. Schon aus dem Bericht aus dem Jahre 1935, der sich auf die Versammlung christlich-sozialer Vertrauter auf dem Luschariberg bezieht, kann man sich ein Bild von der Zahl der Mitarbeiter, von der Stärke der Christlich-Sozialen Organisation und vom erwähnten Optimismus machen:

---

[245] Von der „Reihenfolge der ideologischen Normen" schrieb Aleš Ušeničnik im Jahre 1936: *„Es ist klar, dass nicht alle Werte gleich wichtig sind. Es ist auch klar, dass sie nicht alle von derselben Ordnung sind, sondern dass unter ihnen Werte höherer Ordnung und niedrigerer Ordnung sind, dass es eine Ordnung, eine Hierarchie der Werte gibt. Verdrehe nicht die Ordnung der Werte!"* (Knjižnica Katoliške akcije za mladino, Knjiga načel [Bücherreihe der Katholischen Aktion für die Jugend, Buch der Grundsätze], Ljubljana 1936, S. 33.) Ähnlich dachte man 1937 in der radikalen rechts-katholischen Organisation „Mladci": *„Es gibt zwei Grundwerte, die heute am liebsten verdreht werden. Das sind der Glaube und die Nationalität. Beide sind grundlegend lebenswichtig, beide auf einer sehr hohen Ebene auf der Werteskala. Doch je höher der Wert, desto stärker bindet ihn die gottgewollte Ordnung, die einen Wert dem anderen unterordnet, und allesamt auf das Ziel richtet, das das größte unter den Werten ist. Der Wert des Glaubens ist über dem Wert der Nation; das ist ein Wert, den uns schon der natürliche Verstand offenbart."* (Mi mladi borci [Wir junge Kämpfer] 1937, S. 37.) Diese Standpunkte haben dann in der Zeit der italienischen Besatzung des slowenischen Territoriums während des Zweiten Weltkriegs zur Kollaboration geführt. In der Befreiungsfront haben nämlich die slowenischen Kommunisten die Schlüsselrolle gespielt.

[246] Janez Janžekovič, Ob odločilni uri, Čas 1941, Nr. 1, S. 1.

[247] Ebenda, S. 7 und S. 8.

Tone Kralj, Selbstbildnis, 1945.
Öl/Leinwand

Im Hintergrund des Gemäldes ist die Verbrüderung eines Vertreters der slowenischen Heimwehr mit dem deutschen Besatzer zu sehen.

„Im Juli fand ein Treffen der Vertrauenspersonen aus der Gegend von Vipava auf dem Kucelj statt. Da es hervorragend gelang, machten wir weiter. Wir organisierten im Juli und August Treffen von Vertrauenspersonen in allen Pfarren der Kreise Miren, Karst, Grenzland, Brda, mittleres Vipava-Tal, Rihemberk, oberes Vipava-Tal, Kanaltal, sv. Lucija. /.../ Für den Sonntag, 25. August, luden wir die Vertrauenspersonen zu einem Treffen auf dem Luschariberg ein. Es kamen 170 Leute, doch für das Treffen wählten wir nur 59 Vertrauenspersonen aus. /.../ In der Versammlung berichtete Dr. K (Dr. Janko Kralj, Anm. E. P.) über die politische Lage und erteilte danach den Vertrauenspersonen Weisungen für die Arbeit."[248]

[248] BA, Dok. Nr. 602. Bericht vom Treffen der Vertrauten der Geheimen Christlich-Sozialen Organisation auf dem Luschariberg, am 25. August 1935.

Offenbar übernahm Tone Kralj diesen Optimismus, die hartnäckige Überzeugung, dass die gefährdete ethnische Gemeinschaft bestehen bleibe und der Faschismus besiegt werde – oder er trug ihn immer schon in sich.

Sämtliche versteckte Botschaften und verborgene Symbole in den einzelnen Malereien zur Gänze zu erklären, ist unmöglich. Tone Kralj war, auch nach den Zeugenaussagen zu urteilen, ein sehr schweigsamer Mensch und dadurch für sich selbst die beste Konspiration. Von zahlreichen ideologisch vielsagenden Details der jeweiligen Kirchenmalereien hatte nur der lokale Pfarrer Kenntnis, der die Arbeiten bestellte, von einzelnen vielleicht die Einheimischen, von der Ganzheit aller Details dagegen nur der Maler selbst. Jedenfalls sind die charakteristisch ideologisch markierten Malereien in einer solchen Anzahl von Kirchen an einer nationalen Grenze im europäischen Maßstab etwas Außerordentliches, insbesondere als Ausdruck des subversiven Antifaschismus, der dabei auch noch voller Humor und Ironie, Groteske und zornigem Spott ist.

Und wenn einer der besten Kenner der Ideologie des Faschismus in Italien, Emilio Gentile, die Ideologie des Faschismus als politische Religion und als moderne Erscheinung der Sakralisierung der Politik erkennt,[249] haben wir auf der anderen Seite bei den Kirchenmalereien Tone Kraljs ein Beispiel systematischer Einbringung des Politischen ins Religiöse. Wie darüber Silvester Gaberšček schrieb, ist in Form der Kirchenmalereien im Küstenland ein „einzigartiger slowenischer Limes" errichtet und gezogen worden, wie eine unsichtbare Linie, die wir erst heute enthüllt haben.[250]

Wenn wir ein wenig mit der Überlegung über Kraljs Implementation der nationalen und der katholischen Idee spielen, können wir vielleicht sogar sagen, dass sie jener bekanntesten Marx'schen Feuerbach-These zumindest einigermaßen nahekommt, dass die Funktion der Philosophie gesellschaftliche Aktion sei. Bei Kralj hat die kirchliche Kunst die Funktion der subversiven gesellschaftlichen Aktion, zumindest in der Rolle eines didaktischen Hilfsmittels für geheime antifaschistische Aktivitäten.

Kralj hat bei der Abbildung der Botschaft des Antifaschismus und/oder des nationalen Widerstandes das Zielpublikum im Auge und seine didaktische Mission der Vermittlung des Bibelstoffes erinnert an die mittelalterliche *biblia pauperum* (Armenbibel),[251] die im Medium der bildenden Kunst das Publikum über die christliche Überlieferung aufklärt. Narrativ erinnert seine Malerei an die aussagekräftige Erzählung des modernen Comics und im Kontext des sozial-politischen Widerstands an politisch engagierte Kunst und an eines ihrer heute charakteristischsten subkulturellen Ausdrucksmittel – an die modernen engagierten Graffiti.

Auf der Ideenebene von Kraljs politisch-sozial engagierter Kunst findet also eine Auseinandersetzung statt, eine konfliktreiche Konfrontation zweier Ideologien: Katholizismus versus Faschismus und slowenische nationale Idee versus (faschistische) italienische. Dabei werden alle vier ideellen Komponenten untrennbar verflochten, und zwar als Verschmelzung des Katholizismus mit dem Slowenentum auf der einen und des Faschismus mit der italienischen nationalen Symbolik auf der anderen Seite.

Kraljs expressionistische Malerei kann deshalb auch in die Nähe der engagierten Kunstbewegungen der historischen Avantgarden gestellt werden, obwohl der Expressionismus als ihre weniger radikale Variante gilt. Kraljs Kirchenmalereien gehören jedenfalls zum Feld der engagierten, propagandistischen, ideologisch-kritischen, subversiven Kunst, die sich aber im Falle der Kunst Kraljs im traditionell konservativen Milieu der Kirche präsentiert. Auch darin liegt das historische Phänomen der Kunst Kraljs; und im systematischen Vorgehen, mit dem er zusammen mit seinen Auftraggebern und Gesinnungsgenossen die Kirchenmalereien auf der gesamten Linie der italienisch-slowenischen ethnischen Grenze – von den Julischen Alpen bis zum Adriatischen Meer, von der Wallfahrtskirche auf dem Luschariberg im Norden bis zur Stadt Triest im Süden – in Angriff genommen, und diesen (damals faschistischen) Raum mit einer Kontra-Markierung, mit einer antifaschistischen Markierung des gesamten Grenzraumes, versehen hat.

---

[249] Emilio Gentile, Fašizem, Zgodovina in interpretacije [Faschismus, Geschichte und Interpretationen], Modrijan, Ljubljana 2010, S. 12.

[250] Silvester Gaberšček, Poslikava Toneta Kralja v župnijski cerkvi sv. Martina v Šmartnem [Gemälde von Tone Kralj in der Pfarrkirche sv. Martina v Šmartnem] in: *Msgr. Jožko Benedetič v pastoralnem zanosu* (Vipolže: Župnija Vipolže 2014), S. 41.

[251] Diese *biblia pauperum* (Armenbibel) besteht aus einer Reihe von Holzschnitten, die Szenen aus dem Alten und dem Neuen Testament abbilden, mit kurzen erklärenden Textpassagen im Metalldruck. Zentralen Szenen aus dem Leben Christi werden zwei entsprechende Szenen aus dem Alten Testament gegenübergestellt, die von vier Propheten begleitet werden, wodurch die Erfüllung des Alten Testaments im Neuen dargestellt wird. Mit seinen einprägsamen Bildern könnte das Werk als Hilfe für die Unterweisung von Laien oder Mitgliedern des niederen Klerus gedient haben, die finanziell nicht in der Lage waren, eine vollständige Bibel zu kaufen. Die einfacheren Versionen wurden jedoch wahrscheinlich vom Klerus als Lehrmittel für diejenigen verwendet, die nicht lesen konnten, damals der Großteil der Bevölkerung – wie gesagt, wurde mit dem Verbot jedes Gebrauchs der slowenischen Sprache (öffentlich und privat) seitens des faschistischen Regimes Ende der 20er Jahre auch die Mehrheit der Slowenen in Julisch Venetien zum Analphabetentum „verdammt".

V. AUSGEWÄHLTE BEISPIELE VON BEMALUNGEN

1. Rapallo, 1943

Kraljs Markierungen des Raumes in den Malereien der Kirchen des Küstenlandes werden im Folgenden durch eine kommentierte Auswahl jener Bilder und Details vorgestellt, die die Absicht, die Aussagekraft, den ideellen und historischen Kontext, in dem die Malereien entstanden sind, am deutlichsten illustrieren. Die kodierte Bedeutung einiger von ihm verwendeter Zeichen (Motive, Farben) erwähnte er viel später, im Jahre 1972, auch selbst. Aus den erhaltenen Dokumenten geht hervor, dass sich auch seine Auftraggeber, lokale Pfarrer und Mitglieder der Geheimen Christlich-Sozialen Organisation, dieser kodierten Bedeutungen bewusst waren. Weniger klare oder unerklärte Bedeutungen der Details der Bildmotive können jedoch auch in Analogie und im erwähnten ideellen und historischen Kontext herausgelesen werden. Die Auswahl bezieht sich inhaltlich vor allem auf den Zeitraum zwischen den beiden Weltkriegen, als sich das Paradigma der Kirchenmalereien herausbildete, das Kralj bis Mitte der 70er Jahre des 20. Jahrhunderts fortführte. Zunächst herrscht in seinem Opus die Erinnerung an den Ersten Weltkrieg vor (z. B. in der Kirche in Volče), danach steigert sie sich Ende der Zwanzigerjahre und in den Dreißigerjahren in Richtung einer immer offensichtlicheren nationalen und antifaschistischen Ikonografie (z. B. Piuma/Pevma bei Görz), die sich in der Zeit des Zweiten Weltkriegs fortsetzt, wo er in die Ikonografie der Bilder bereits völlig realistische Kriegsszenen (z. B. Lokev auf dem Karst) sowie radikal-kritisch karikierende und ideologische Zeichen des Faschismus und des Nationalsozialismus einbringt. Spätere Kirchenmalereien von Kralj weichen nicht von diesem Paradigma ab.

Weil der Zweck dieses Buches die Vorstellung von Kraljs Raummarkierungen im historischen Kontext ist, sind dem auch die Kommentare der Auswahl angepasst: Die Erläuterungen bestehen aus einer kurzen Beschreibung einzelner Szenen und Details und schließen keine Erklärung der Synergie verschiedener (Architektur-, Malerei-, Licht- usw.) Effekte mit ein, wie es sonst üblich ist, wenn man die Bemalung des Kircheninneren als Ganzes betrachtet. Diese Dimensionen von Kraljs Opus

Vor dem Haus von Kralj 1937. Seine Freunde Hinko Smrekar (stehend) und der Maler Drago Vidmar.

bleiben eine weitere Herausforderung für andere Forscher.

Wir beginnen die Vorstellung der Werke von Tone Kralj mit einem seiner bekanntesten Bilder, das zwar nicht zu den Kirchenmalereien gehört, doch eindeutig auch das vorhin erwähnte Muster seiner Kirchenbemalung zum Ausdruck bringt. Wir stellen es an den Beginn, weil man es als Kraljs politisches Programm und Credo lesen kann. Thematisch gesehen vermittelt das Bild eine klare Idee davon, wie er die slowenische nationale Geschichte und das Geschehen im Küstenland nach dem Ersten Weltkrieg unter dem Faschismus und in der Zeit des Zweiten Weltkriegs sieht. Das Gemälde grenzt an die Karikatur und erinnert vielleicht etwas an die politischen Karikaturen des in diesem Genre außerordentlich begabten Hinko Smrekar,[1] eines guten Freundes von Kralj, der 1942 von den italienischen Besatzern in der Gramozna jama (Kiesgrube) bei Ljubljana als Geisel erschossen wurde.

Im Bild erkennen wir die Schlüsselmotive von Kraljs nationaler und politischer Sicht der slowenischen nationalen Frage.

---

[1] Hinko Smrekar (1883–1942) war ein Humorist, Satiriker, Pazifist und der beste politische Karikaturist in der slowenischen Geschichte. Er wurde 1942 von den italienischen Besatzungstruppen ohne Prozess als Geisel erschossen, weil er ein Sympathisant der Widerstandsbewegung Osvobodilna fronta (Befreiungsfront) war.

Rapallo – Kraljs politisches Programm

Thema des Bildes ist der nach dem Ersten Weltkrieg am 12. November 1920 in Rapallo geschlossene Friedensvertrag. Mit diesem Vertrag fiel das Küstenland an Italien. Die Frau, eingehüllt in die slowenischen Nationalfarben (Slowenien), wird von den Pfeilern eines Zauns (Rapallo-Grenze) durchbohrt und zweigeteilt, im unteren Teil des Bildes wird sie von toskanischen Wölfen (*lupi di Toscana*), d. h. dem Faschismus, attackiert. Diese sind nach dem Vorbild eines Denkmals für italienische Soldaten im Ersten Weltkrieg gemalt.

Das Denkmal mit dem Motiv der drei Wölfe stand in jener Zeit als Symbol des Faschismus in Julisch Venetien auf dem Sabotin über Görz. Die drei Wölfe waren im Ersten Weltkrieg das Zeichen des 78. Regiments,

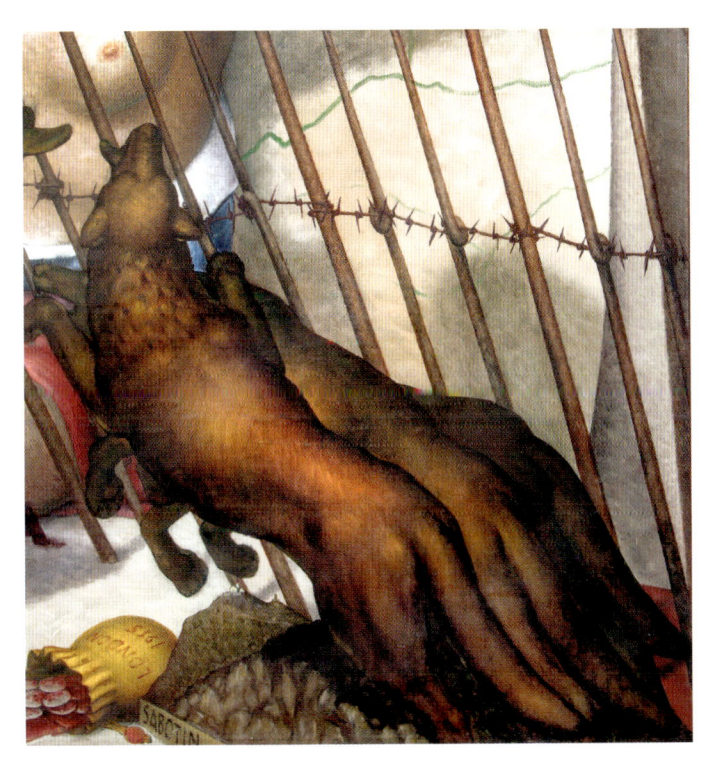

Lupi di Toscana (Detail)

„Lupi di Toscana" auf dem Berg Sabotin. Bei Kralj schauen die Wölfe in die entgegengesetzte Richtung.

einer Eliteeinheit der Infanterie aus der Toskana. Dieser Verband trug im August 1916 in der sechsten Isonzo-Offensive wesentlich zur italienischen Eroberung des Sabotin und somit zum Fall von Görz bei, was eigentlich der einzige größere Erfolg der italienischen Armee an der Isonzofront war (1915–1917). Das Denkmal ist nach dem Zweiten Weltkrieg verschwunden. Vermutlich wurde es in den Fluss Soča (Isonzo) geworfen. Ein ähnliches Denkmal für dasselbe Regiment steht noch heute in Sistiana/Sesljan bei Triest.

Das Bild veranschaulicht, wie der slowenische ethnische Raum (dargestellt als Vereintes Slowenien)[2] von einem Zaun durchbohrt wird, der das Küstenland vom Körper (des Volkes) trennt. An ihm nagen ekelhafte kleinwüchsige faschistische Kreaturen – die Entnationalisierung.

Die stummen Masken oben im Bild repräsentieren erstarrte ignorante Gesichter der politischen Teilnehmer des Handels mit dem slowenischen Territorium im Jahr 1915 (Londoner Vertrag) und derjenigen, die den Vertrag zur Vernichtung des Slowenentums in der Zwischenkriegszeit und während des Zweiten Weltkriegs nutzten. Die Gesichter und Kopfbedeckungen gehen von einer Erzählung mit karikierender Bedeutung oder Symbolik in die andere über, was man bei Kraljs Malereien noch öfter antreffen wird.[3]

In der linken Ecke kann man Mussolinis verzerrtes Gesicht sehen, das jedoch von der aufgehenden Sonne, dem Symbol des japanischen Kaiserreichs umgeben ist. Japan, das auf Seiten der Entente gekämpft hatte, war auch einer der Mitschöpfer der neuen Ordnung nach dem Ersten Weltkrieg.

Das Bild entstand 1943, während Kralj in Slivje Wandbemalungen in der St. Martins-Kirche anfertigte. Die Frage der Legitimität der Rapallo-Grenze, die Kraljs Gemälde *Rapallo* thematisiert, ist in jener Zeit kein Zufall. Denn gerade im Herbst 1943 wurde durch das nahende Kriegsende und mit der Kapitulation von Italien im Zweiten Weltkrieg eine Revision der Rapallo-Grenze und eine erneute Grenzziehung im Küstenland wieder aktuell.

---

[2] Zedinjena Slovenija (Vereintes Slowenien) war die Hauptforderung der politischen Programme der Slowenen aus dem Jahr 1848, als sie statt der Zerstückelung für die historischen Länder Krain, Steiermark, Küstenland und Kärnten eine gemeinsame Verwaltungseinheit im Rahmen des Österreichischen Kaiserreichs verlangten. Die Forderungen der Slowenen aus dem Jahr 1848 umfassten überdies die Gleichberechtigung der slowenischen Sprache in der öffentlichen Verwaltung und im Schulwesen. Das Programm des „Vereinten Sloweniens" blieb das gemeinsame slowenische politische Programm bis zum Zerfall von Österreich-Ungarn. Nach dem 1. Weltkrieg wurde es teilweise von der Idee der Vereinigung mit den anderen Südslawen zum gemeinsamen Staat Jugoslawien ersetzt, doch letztendlich verblieb dabei ein beträchtlicher Teil des slowenischen ethnischen Gebiets außerhalb des Königreichs der Serben, Kroaten und Slowenen.

[3] Tone Kralj, Pojasnila k razstavi in katalog, Ljubljana, Oktober 1945 (Ausstellungskatalog im Eigentum seiner Tochter Tatjana Kralj).

Das blutige Geld – der Londoner Vertrag 1915 (Detail)

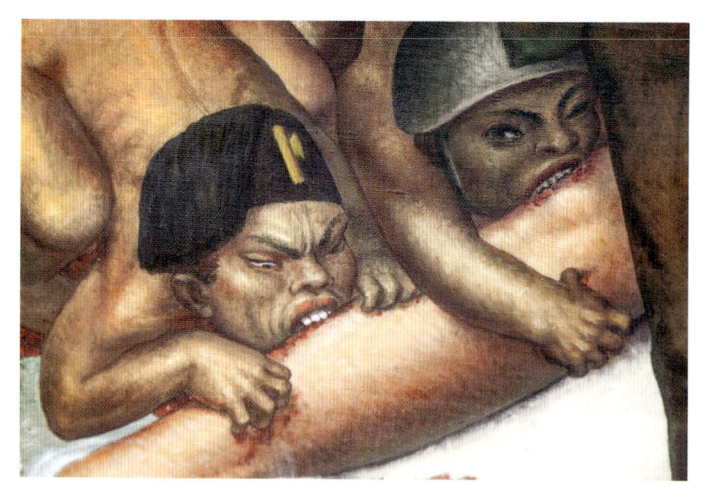

Die faschistischen Kreaturen (Detail)

Das blutige Geld im Bild oben symbolisiert den Londoner Vertrag von April 1915, in dem der Eintritt des Königreichs Italien in den Ersten Weltkrieg auf der Seite der Entente durch slowenisches Gebiet erkauft worden war. Italien wurden in diesem Geheimvertrag Gebiete versprochen, die Österreich-Ungarn gehörten, darunter auch das Küstenland.

Kärnten – deutscher (nationalsozialistischer) Adler (Detail)

Era fascista (Detail)

Zwischen den Pfoten der römischen Wölfin, einem Symbol des Faschismus (links unten im Bild), steht ein antikes Fragment (Kapitell) einer römischen Säule mit der Inschrift „era fascista" (Ära der faschistischen Zeitrechnung), das die systematische Verfolgung der Slowenen in Julisch Venetien symbolisiert, die sich mit dem Aufkommen des Faschismus im Oktober 1922 steigerte.

Zwei ekelhafte faschistische Kreaturen verbeißen sich an der Slowenia (Julisch Venetien) jenseits der Rapallo-Grenze. Die charakteristischen Kopfbedeckungen (faschistischer Fes mit Quaste und italienischer Soldatenhelm) stellen die faschistische Repression dar: der schwarze Fes jene zwischen den Weltkriegen (Entnationalisierung, Ethnozid) und der Soldatenhelm die Kriegsgewalt während des Zweiten Weltkriegs (das Niederbrennen slowenischer Dörfer, die Deportation in Konzentrationslager und die Erschießung von Zivilisten).

Im linkeren oberen Eck des Bildes beißt sich auch der deutsche (nationalsozialistische) Reichsadler im slowenischen ethnischen Raum (Kärnten) fest. Mit dem Thematisieren der Entnationalisierung des slowenischen ethnischen Raumes in Kärnten greift Kralj die allgemeine Frage des Programms des „Vereinten Sloweniens" auf, denn dadurch bezieht er in die Allegorie das Schicksal aller Teile des slowenischen ethnischen Raumes ein.

Auf der Karte sind jene Kirchen mit Bemalungen eingetragen, die das Lebenswerk von Tone Kralj darstellen. Wahrscheinlich ist eine derart systematische und umfangreiche Markierung des ethnischen Raumes mit Kirchenmalereien einzigartig in der europäischen Geschichte. Inhaltlich lehnt sich diese ideologische Raummarkierung an ideelle Ausgangspunkte an, die man als gemeinsamen Nenner der Malereien unter den Begriffen Irredentismus, Südslawentum, Katholizismus, Programm des Vereinten Sloweniens, Küstenland, Antifaschismus subsumieren kann.

Keine einzige von „Kraljs" Kirchen im Küstenland ist ohne slowenische Nationalsymbolik oder mehr oder weniger verdeckte Motive des Antifaschismus bemalt.

Tone Kralj: Kirchenbemalungen im Küstenland 1921–1975.

Julisch Venetien – Rapallo-Grenze, 12. November 1920 (Karte gezeichnet von Nina Hercog).

2. Prem, 1921
(Pfarrkirche hl. Helene)

In der Pfarrkirche in Prem schuf Kralj *zwei Cheruben* im Presbyterium um den Hauptaltar, in der Hauptapsis: *Michael* und *Raffael*, in den zwei Seitenkapellen im Kirchenschiff: die *Verkündigung* und *die Heiligen Kyrill und Method*, an der Wand über der Chorempore: *die hl. Cäcilia* und *König David*.

Tone Kraljs Werk in Prem ist chronologisch das erste in seinem Opus von Kirchenbemalungen im damaligen westlichen slowenischen ethnischen Randgebiet. An diesem beachtlichen Gesamtwerk arbeitete er ein halbes Jahrhundert. Kralj wurde zum Malen in der Pfarrkirche der hl. Helene in Prem 1921 von seinem Unterkrainer Landsmann Pfarrer Ignacij Žganjar eingeladen, um die vor ihm von einem italienischen Maler begonnenen Bemalungen fertigzustellen.[4] Dieser hatte sich nämlich geweigert, Kyrill und Method zu malen, deshalb wurde er vom Pfarrer entlassen und die Arbeit wurde Tone Kralj anvertraut.[5] Der erste Aufenthalt im Küstenland war schicksalhaft, denn er prägte Kraljs Schaffen bis an sein Lebensende.

Einen besonderen Platz in der Bemalung in Prem nehmen die Heiligenbrüder Kyrill und Method ein. Die monumentalen Figuren symbolisieren die nationale (slowenische/slawische) Identität und die jahrhundertelange Anwesenheit der slowenischen Bevölkerung in

---

[4] Igor Kranjc, Tone Kralj, Retrospektiva, Katalog k razstavi [Retrospektive, Ausstellungskatalog], Moderna galerija, Ljubljana 1998, S. 107.

[5] Tone Kralj mündlich gegenüber dem Kunsthistoriker Prof. Milček Komelj.

Die heiligen Kyrill und Method

Hl. Kyrill mit dem Buch (Detail)

diesem Raum. Auf den verlorenen Traum vom gelobten Land – Jugoslawien, einem Staat, den die Christlich-Sozialen und der Klerus in Julisch Venetien während der Zwischenkriegszeit idealisierten, obwohl das Ideal nicht der Realität entsprach – weist zweifellos die Schrift im Buch hin, das vom hl. Kyrill hochgehalten wird.

In einer etwas verborgenen und durcheinandergeworfenen Schrift erkennt man eine Kombination altslawischer und serbisch-kyrillischer Buchstaben. Geschrieben steht das Vaterunser, das mit der Schrift die erwähnte idealisierte Sehnsucht nach dem Anschluss des Küstenlandes an das gerade erst gegründete Königreich der Serben, Kroaten und Slowenen, entstanden am 1. Dezember 1918 mit der Vereinigung des Staates der Slowenen, Kroaten und Serben sowie des Königreichs Serbien zu einem gemeinsamen Staatsgebilde, symbolisiert.

Das Detail ist radikal irredentistisch, denn es spielt einerseits auf die alten Slawen/Slowenen in diesem Raum (altslawische Buchstaben) und andererseits auf die Forderung nach einer Vereinigung des Küstenlandes mit dem Königreich der Serben, Kroaten und Slowenen sowie auf die Zugehörigkeit zum Südslawentum (kyrillische Schrift) an.[6]

Die monumentalen Gestalten der slawischen Heiligen symbolisieren bei Kralj auch später öfter die Verflechtung des Nationalen und des Katholischen. Sie stellen eine ideologische Linie dar, die von den Brüdern Kyrill und Method zum „nationalen Bischof" Anton Martin Slomšek und dann weiter zu Janez Evangelist Krek führte. Das Paradigma war nicht neu. Schon Josip Vošnjak schrieb z. B. in seinen Erinnerungen, Bischof Slomšek sei eigentlich Kyrill und Method in einer Person.[7] Die heiligen Brüder mit der charakteristischen Aufmachung und den Attributen kann man in Kirchen zahlreicher Orte in allen slowenischen Regionen, insbesondere in den Grenzgebieten, besichtigen.[8]

---

[6] Als 1921 die Verfassung des Königreichs der Serben, Kroaten und Slowenen (1929 in Königreich Jugoslawien umbenannt) verabschiedet wurde, wurden als seine Amtssprachen die serbo-kroatische und die slowenische Sprache und als Schriften die lateinische und kyrillische Schrift festgelegt. Die Form der meisten Buchstaben der kyrillischen Schrift entstammt zwar der griechischen Schrift, doch einige Buchstaben behielten ihr glagolitisches Erscheinungsbild (etwa die postalveolaren Frikative, die die griechische Schrift nicht kennt). Ihr Name *Kyrilliza* weist auf den Beitrag des hl. Kyrill beim Entstehen der glagolitischen Schrift und somit indirekt der kyrillischen Schrift hin. Diese Schrift wird von sieben slawischen Sprachen (Bulgarisch, Mazedonisch, Serbisch, Russisch, Weißrussisch, Ukrainisch und Ruthenisch) verwendet. Damit deutet Kralj die Zugehörigkeit dieses Raumes zum Königreich der Serben, Kroaten und Slowenen an.

[7] Milček Komelj, Sveta brata Ciril in Metod: njuno izročilo v slovenski likovni ustvarjalnosti [Die heiligen Brüder Kyrill und Method: ihre Überlieferung in der slowenischen bildenden Kunst], Celjska Mohorjeva družba, Celje–Ljubljana 2015, S. 11.

[8] Ebenda, S. 23.

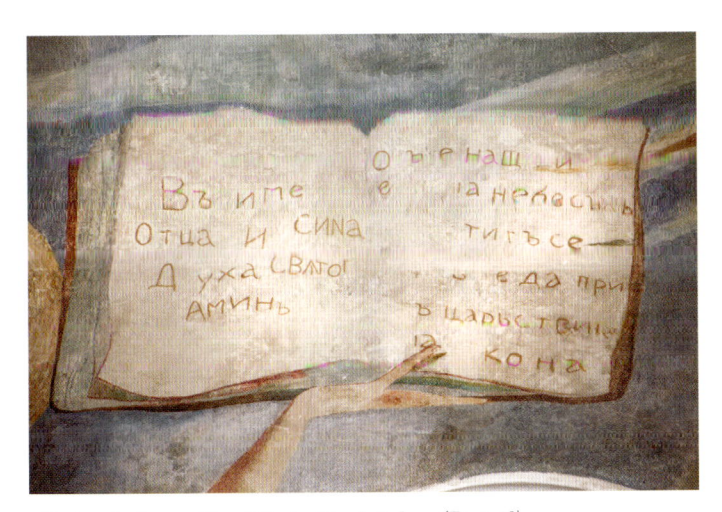

Altslawische und kyrillische Buchstaben (Detail)

3. Volče bei Tolmin, 1927
(Pfarrkirche hl. Leonhard)

Kralj bemalte das Presbyterium: *die heiligen Petrus und Paulus* und *die heiligen Kyrill und Method*. Die beiden Seitenaltäre im Schiff: *Mutter Gottes* und *Herz Jesu* sowie in der Einbuchtung des Taufbeckens: *die Taufe Jesu*.

Nach einer sechsjährigen Pause kehrte Kralj endgültig ins Küstenland zurück. Die Bemalung in Volče wurde vom dortigen Pfarrer Alojzij Kodermac, einem der wichtigeren Führungsmitglieder der christlich-sozialen Gruppe und des Priesterkollegiums des hl. Paulus in Julisch Venetien, bestellt. Kralj setzte die Motivik der Verbindung des Katholizismus und des verfolgten Slowenentums in Julisch Venetien fort. Er stellte Petrus und Paulus mit den „slawischen" Heiligen Kyrill und Method auf dieselbe Stufe. Dadurch hielt er am Zusammenhang zwischen Slowenentum/Jugoslawentum/Slawentum und Katholizismus bzw. der slowenischen nationalen und der katholischen Identität fest.

Andererseits finden wir in Kraljs Malereien auch jene Motivik und jenen Stil, die an die deutsche „Neue Sachlichkeit" in der Weimarer Republik erinnern. Kriegsversehrte, Elend, Leid und Verwüstung als Folgen des Ersten Weltkriegs sind Themen, die den Maler auch aufgrund seiner persönlichen Erfahrungen an der Piave-Front geprägt hatten. Dabei spannt die historische Erzählung der Malereien mit der Vedute von Volče einen chronologischen und landschaftlichen Bogen, der vom Grenzfluss Isonzo (Soča), über den Ersten Weltkrieg (Verwüstung, Flucht) bis zur Angliederung des Küstenlandes an Italien (Rapallo) und letztlich bis zur Diktatur des faschistischen Regimes reicht.[9]

Die Brüder Kyrill und Method blicken in Augenhöhe Petrus und Paulus an, womit Kralj den Universalismus des Katholizismus und den Partikularismus des Slowenentums/Slawentums auf eine Ebene stellt.

Im Buch, das Kyrill und Method in den Händen halten, steht das altkirchenslawische Vaterunser, das Kralj diesmal in lateinischer Schrift schrieb. Milček Komelj stellt dazu fest:

---
[9] Igor Kranjc, Tone Kralj, Retrospektiva, Katalog k razstavi [Retrospektive, Ausstellungskatalog], Moderna galerija, Ljubljana 1998, S. 108.

Die heiligen Petrus und Paulus

„Wir Slowenen blieben in religiöser und kultureller Hinsicht völlig außerhalb des Bereichs der Orthodoxie und ihrer Ikonen und entsagen der östlichen Überlieferung auch am liebsten, so wie ihr, wie der Maler Ljubo Babić argumentiert, sogar die Ostkroaten entsagen, obwohl für sie der Mittelpunkt des Nationalstolzes und Trotzes gerade die altertümliche Glagoliza des Kyrill ist. Bei Kraljs Bildern der heiligen Kyrill und Method im Küstenland in der italienischen Besatzungszeit redeten wir existenziell bedrohten Slowenen uns mutig ein, dass wir eine

Kyrill und Method

Altkirchenslawisches Vaterunser diesmal in lateinischer Schrift (Detail)

eigenständige Nation sind, geschützt durch ein mächtiges slawisches Hinterland."[10]

Der Fluss Jordan, in dem Johannes der Täufer Jesus taufte, ist im Bild der Fluss Soča/Isonzo, der „heilige Fluss", wo im Ersten Weltkrieg das slowenische Volk getauft wurde, als es Tod und Verwüstung an der Isonzofront ertrug.

---

[10] Milček Komelj, Sveta brata Ciril in Metod: njuno izročilo v slovenski likovni ustvarjalnosti [Die heiligen Brüder Kyrill und Method: ihre Überlieferung in der slowenischen bildenden Kunst], Celjska Mohorjeva družba, Celje–Ljubljana 2015, S. 119.

Soča – der „heilige Fluss"

Über dem zerstörten Volče und dem Volk am Isonzo wacht Maria mit Kind in den slowenischen Nationalfarben.

Die kodierten Botschaften der Malereien in Volče spielen auf die historische Anwesenheit des slowenischen Volkes in der Region an (das altslawische Vaterunser im Buch, das von Kyrill und Method gehalten wird) und Maria mit Kind in den slowenischen Nationalfarben repräsentiert erneut die historische Verschmelzung des Nationalen und des Katholischen im slowenischen Volk, das hier lebt und mit der „neuen Wirklichkeit" konfrontiert ist – sowohl im künstlerischen Ansatz von Kralj (Neue Sachlichkeit) als auch durch die durch den Ersten Weltkrieg und die Kämpfe an der Isonzofront zerstörte Landschaft.

Die Rolle der Maria geht in Kraljs Bildern mit ihrer zentralen Bedeutung im Kulturgedächtnis der Slowenen einher. Über 400 Kirchen im slowenischen Raum sind Maria geweiht.

Die Geschichte der Marienverehrung beginnt bei den Vorfahren der Slowenen mit der Christianisierung. Von wesentlicher Bedeutung waren dabei später im slowenisch-ethnischen Gebiet die Klöster, da viele unter ihnen Maria gewidmet waren (z. B. Stična, Kostanjevica na Krki, Viktring in Kärnten). Die Klöster förderten die Marienverehrung im slowenischen Raum, wobei die Zisterzienser und die Kartäuser die Schlüsselrolle spielten.

Die Thematik der „Marienvölker" kam in ganz Europa noch intensiver im 19. Jahrhundert auf. Die Renaissance der marianischen Tradition im slowenischen Raum zur Jahrhundertwende stellt in dem Sinne ein Musterbeispiel dar.

Im Kulturgedächtnis der Slowenen galt das insbesondere im Küstenland in der Zwischenkriegszeit, als Wallfahrten zur Maria vom Heiligen Berg, auf die Sveta gora (Monte Santo) oberhalb von Görz, in einen religiösen, aber auch national-politischen Kontext gestellt wurden. Im Raum Görz und im gesamten Küstenland war die Maria vom Heiligen Berg das Äquivalent zur Maria von Brezje (in Oberkrain), die in dem Sinne den gesamtslowenischen Mittelpunkt der marianischen Tradition darstellte (und noch heute darstellt).[11] Eine ähnliche Rolle spielte Maria auf dem Luschariberg, die in dieser charakteristischen Tradition auch von Tone Kralj mit einem Mantel abgebildet wurde, unter dem die unter italienischer Herrschaft stehenden Slowenen Zuflucht suchen. An diese slowenische marianische Tradition, die alle drei erwähnten Wallfahrtskirchen zum Ausdruck bringen (Sveta gora, Brezje, Luschariberg), knüpfte Tone Kralj an und verband genauso wie im Falle der heiligen Kyrill und Method auch im Falle Maria das Slowenentum und den Katholizismus: Maria führt die Slowenen zu Gott, zur Erlösung – zur nationalen Befreiung, könnte man seine Botschaft lesen. Wir werden in seinen Kirchenmalereien nämlich immer wieder das Bild Marias antreffen, die in die slowenischen Farben gekleidet ist und in der Rolle der Beschützerin des Volkes oder der Vollzieherin von Gottes und des Volkes Willen erscheint, indem sie etwa die Schlange (Symbol des Bösen alias des Faschismus) zertritt oder das Volk in Schutz nimmt.

---

[11] Mehr dazu: Lev Menaše, Marija v slovenski umetnosti [Maria in der slowenischen Kunst], Mohorjeva družba, Celje 1994.

4. Avber auf dem Karst, 1927/1928
(Pfarrkirche hl. Nikolaus)

Kralj malte im Presbyterium: *der hl. Lukas malt Maria mit Jesuskind auf dem Arm, der hl. Lukas, der Arzt, die heiligen Kyrill und Method, der hl. Nikolaus* und *Johannes der Täufer*. Im Kirchenschiff: *die heilige Familie, der hl. Jakob, die Verkündigung, der auferstandene Christus erscheint Maria, Antonius der Einsiedler, Begegnung der Maria mit dem Sohn*. Über der Chorempore: *der hl. Petrus vor Christus*.

Virgil Šček, einer der feinfühligsten politischen Analytiker in Julisch Venetien, Priester und slowenischer Abgeordneter im römischen Parlament in den Jahren 1921–1924, verbüßte damals eine Art „Kirchenstrafe" als Pfarrer in Avber auf dem Karst.[12] Der führende politische Organisator der Christlich-Sozialen und Mitglied des engsten Führungskreises der Christlich-Sozialen Organisation in Julisch Venetien, unter anderem auch Schriftführer des Priesterkollegiums des hl. Paulus, war begeistert von Kraljs Malereien in Volče, vor allem von der historischen Dimension der Erzählung über den Isonzo, die Motivik des Ersten Weltkriegs sowie die Verbindung des Slawentums und Slowenentums mit der katholischen Botschaft und lud den Maler zu sich nach Avber auf den Karst ein. Es wundert nicht, dass sich Virgil Šček in Kraljs subtiler subversiver und mehrschichtiger Aussagekraft auch persönlich schnell erkannte. Von der lokalen Pfarre bis zum römischen Parlament war er für unzähli-

---

[12] Bis heute ist nicht wirklich geklärt, wieso sich der Erzbischof von Görz Frančišek Borgia Sedej für die Bestrafung eines so lebhaften Geistes wie Virgil Šček entschieden hat, der letztlich im Bistum Triest als Pfarrverwalter in Avber auf dem Karst endete. Sicherlich war für diesen kosmopolitischen Priester, Politiker und Journalisten, einem Menschen, der Auftritte im römischen Parlament und organisatorische politische Arbeit gewohnt war, die Pfarre in einem abgelegenen Dörflein auf dem Karst etwas, was man fast schon mit der „Konfination" des Regimes vergleichen könnte.

In Avber ist im Presbyterium der hl. Lukas abgebildet.

ge Geschichten und Erlebnisse voller intelligenter Ironie bekannt, in denen sein Sinn für Humor, Intelligenz, Sarkasmus usw. zum Ausdruck kamen.[13] Kurz und gut, den Maler und den Priester vereinte etwas sehr Verwandtes, Brüderliches. Šček beschreibt in *Paberki* die ersten Eindrücke von seiner Arbeit in Avber und hält fest:

„Die Malereien hat Tone Kralj gemacht. Er hat bei mir geschlafen und gegessen. Bescheiden in der Kleidung, noch mehr beim Reden. Ruhiger Charakter. Die ganze Zeit, wo er nicht malte, hatte er Papier und Bleistift in der Hand. Er hat unentwegt gezeichnet und Pläne gemacht."[14]

Als die Malereien fertig waren, kam in Avber der damals führende slowenische Kunstkritiker France Stele vorbei und schrieb 1929 in der in Ljubljana erscheinenden literarischen Zeitschrift „Dom in svet":

„Avber ist das Werk ungewöhnlicher künstlerischer Konzentration und künstlerischer Kraft. Nach meinem langem Weg über Salzburg, Köln, Innsbruck, Brixen und Venedig, wo ich alte und auch die modernsten Dokumente der Kirchenkunst besichtigte und bewunderte, kam ich an einem wunderschönen Herbsttag nach Avber und ich kann ohne Übertreibung sagen, dass die durch Tone Kralj hergerichtete und bemalte bescheidene ländliche Kirche in Avber der stärkste künstlerische Eindruck der gesamten Reise war."[15]

---

[13] Die Geschichten und Anekdoten aus dem Leben von Virgil Šček lesen sich noch heute wie Don Camillo von Giovanni Guareschi. Er zeichnete nämlich sein ganzes Leben lang die Ereignisse daheim und weltweit auf und sammelte so 18 Hefte voller Manuskripte an: *Paberki* [Nachlese], *Lokavske starine* [Alte Geschichten aus Lokev] und *Rodbinske starine* [Alte Familiengeschichten]. Nun befinden sie sich im Bistumsarchiv in Koper, im Pfarrarchiv in Lokev bei Divača auf dem Karst und im Regionalarchiv in Koper.

[14] Marko Vuk, Slike Toneta Kralja v Avberju [Die Bilder von Tone Kralj in Avber]; in: Egon Pelikan, Življenje in delo primorskega krščanskega socialca Virgila Ščeka [Leben und Werk des Christlich-Sozialen Virgil Šček im Küstenland], Knjižnica Annales, Koper 2001, S. 106.

[15] France Stele, Umetniško leto 1928 [Das Kunstjahr 1928], Dom in svet, Ljubljana 1929, S. 59. Marko Vuk, Slike Toneta Kralja v Avberju; in: Egon Pelikan, Življenje in delo primorskega krščanskega socialca Virgila Ščeka, Knjižnica Annales, Koper 2001, S. 108.

In den Regalen der Apotheke ist auch das Medikament für die unter dem Faschismus leidenden Slowenen in Julisch Venetien zu finden:

Das Apothekenregal (Detail)

Das „Medikament" für die Slowenen in Julisch Venetien (Detail)[16]

---

[16] Tone Kralj spielt auf die damalige Praxis der faschistischen Squadre an, die in den Städten und Dörfern des Küstenlandes in sog. „Expeditionen" ihr Unwesen gegen politische Gegner trieben. Ein Phänomen, das allerdings im gesamten Staat zu beobachten war, wo faschistische Squadre mit diversen politischen Gegnern abrechneten. Die Squadre waren motorisiert und mit Schusswaffen, Stricken, Stöcken sowie Benzin- und Rizinusölkanistern ausgerüstet. Auf das Niederbrennen slowenischer Kulturvereine, Schulen oder slowenischer Zeitungsredaktionen folgten tätliche Angriffe auf Einzelpersonen. Die verprügelten Opfer wurden dann in der Regel gezwungen, Maschinenöl, Benzin oder Rizinus zu trinken.

Kyrill tritt als slawischer Heiliger wieder mit einem offenen Buch und bezeichnenden Details auf:

Im Buch des hl. Kyrill erkennt man einen Text in der altkirchenslawischen glagolitischen Schrift (eckige kroatische Glagoliza). In dem Fall sind die slawischen Heiligen, die die tausendjährige Anwesenheit und Kultur des Volkes, das auf dem Karst lebt, symbolisieren, mit dem Kampf gegen die Barbarei (symbolisiert durch das Rizinusfläschchen) verbunden.

Altkirchenslawische glagolitische Schrift, (Detail)

Hl. Kyrill

Hl. Method

Detail des Bildes hinter dem Altar: die Ertrinkenden - das Kind in der Mitte des Bildes hat auffällige Ähnlichkeiten mit den Gesichtszügen von Benito Mussolini.

Mussolini

Laut Zeugenaussagen von Einheimischen soll er in der Kirche auch Mussolini gezeichnet haben, der sich im Sturm an Ertrinkenden festklammert.

Taras Kermauner schrieb über die Malerei in Avber siebzig Jahre später:

„Kralj traute sich mit Wissen des Pfarrers von Avber, des nach Avber vertriebenen Virgil Šček, unter den sündigen Seelen, die im Sturm ertrinken, den allmächtigen Duce des damaligen italienischen Staates zu malen. Mussolinis Bildnis ist leicht erkennbar, es ist bloß hinter dem Altar versteckt, doch für jedermann, der hinter den Altar spaziert, sichtbar. Es handelt sich um außerordentlichen Mut, ein Wagnis für die beiden herausragenden Menschen und die Einwohner von Avber selbst, die von der Sache wussten."[17]

---

[17] Aus dem Brief von Taras Kermauner an die Tochter von Tone Kralj Tatjana Kralj. Archiv von Tone Kralj im Eigentum seiner Tochter Tatjana Kralj.

5. Tomaj auf dem Karst, 1928
(Pfarrkirche der heiligen Petrus und Paulus)

In Tomaj malte Kralj im Presbyterium: *der hl. Petrus verlässt das Gefängnis* und *die Predigt des hl. Paulus*. Im Kirchenschiff: *Heilige Familie*, *Letztes Abendmahl*, *der ungläubige Thomas* und *Slowenische Familie*. Im Triumphbogen: *Himmelfahrt* und *Aufnahme in den Himmel*.

Der nächste Auftraggeber war wieder einer der nächsten Freunde und Mitarbeiter von Virgil Šček, der Pfarrer von Tomaj, Albin Kjuder. Auch Kjuder, der Kralj nach Tomaj einlud, war im engeren Führungskreis der Geheimen Christlich-Sozialen Organisation. Er war für seine Allgemeinbildung, seine große Pfarrbibliothek, aus der er einen breiten Kreis der Karstbewohner mit slowenischer Literatur versorgte, und für eine Reihe nationaler Aktivitäten bekannt, die er in Tomaj entwickelte. Auch er war von Kraljs Bildern, die den Katholizismus und das Slowenentum zum Antifaschismus verbanden, begeistert.

Petrus verlässt das Gefängnis.

Tone Kralj bildete in Tomaj die Slowenische Familie ab, die er in den sakralen Raum neben der Heiligen Familie einbezieht. Ein ähnliches Element unmittelbaren Eindringens des Weltlichen ins Sakrale sind auch die vergitterten Gefängnisfenster, die den „Kerker" der Slowenen unter dem Faschismus symbolisieren.[18]

In der Apostelgeschichte (12,1–19) heißt es dazu:

Um jene Zeit ließ der König Herodes einige aus der Gemeinde verhaften und misshandeln. Jakobus, den Bruder des Johannes, ließ er mit dem Schwert hinrichten. Als er sah, dass es den Juden gefiel, ließ er auch Petrus festnehmen. Das geschah in den Tagen der Ungesäuerten Brote. Er nahm ihn also fest und warf ihn ins Gefängnis. Die Bewachung übertrug er vier Abteilungen von je vier Soldaten. Er beabsichtigte, ihn nach dem Paschafest dem Volk vorführen zu lassen. Petrus wurde also im Gefängnis bewacht. Die Gemeinde aber betete inständig für ihn zu Gott. In der Nacht, ehe Herodes ihn vorführen lassen wollte, schlief Petrus, mit zwei Ketten gefesselt, zwischen zwei Soldaten; vor der Tür aber bewachten Posten den Kerker. Und siehe, ein Engel des Herrn trat hinzu und ein Licht strahlte in dem Raum. Er stieß Petrus in die Seite, weckte ihn und sagte: „Schnell, steh auf!" Da fielen die Ketten von seinen Händen. Der Engel aber sagte zu ihm: „Gürte dich und zieh deine Sandalen an!" Er tat es. Und der Engel sagte zu ihm: „Wirf deinen Mantel um und folge mir!" Und Petrus ging hinaus und folgte ihm, ohne zu wissen, dass es Wirklichkeit war, was durch den Engel geschah; es kam ihm vor, als habe er eine Vision. Sie gingen an der ersten und an der zweiten Wache vorbei und kamen an das eiserne Tor, das in die Stadt führt; es öffnete sich ihnen von selbst. Sie traten hinaus und gingen eine Gasse weit; und sogleich verließ ihn der Engel. Da kam Petrus zu sich und sagte: „Nun weiß ich wahrhaftig, dass der Herr seinen Engel gesandt und mich der Hand des Herodes entrissen hat und alldem, was das Volk der Juden erwartet hat". Als er sich darüber klar geworden war, ging er zum Haus der Maria, der Mutter des Johannes, mit dem Beinamen Markus, wo nicht wenige versammelt waren und beteten. Als er am Außentor klopfte, kam eine Magd namens Rhode, um zu hören, wer es sei. Sie erkannte die Stimme des Petrus, doch vor Freude machte sie das Tor nicht auf, sondern lief hinein und berichtete: Petrus steht vor dem Tor. Da sagten sie zu ihr: Du bist nicht bei Sinnen. Doch sie bestand darauf, es sei so. Da sagten sie: Es ist sein Engel. Petrus aber klopfte noch immer. Als sie öffneten und ihn sahen, waren sie fassungslos. Er gab ihnen mit der Hand ein Zeichen zu schweigen und erzählte ihnen, wie der Herr ihn aus dem Gefängnis herausgeführt hatte. Er sagte: Berichtet das dem Jakobus und den Brüdern! Dann verließ er sie und ging an einen anderen Ort.

Als es Tag wurde, herrschte bei den Soldaten keine geringe Aufregung darüber, was wohl mit Petrus geschehen sei. Herodes aber ließ ihn suchen, und da man ihn nicht fand, verhörte er die Wachen und befahl, sie abzuführen. Dann zog Herodes von Judäa nach Cäsarea hinab und blieb dort.

Die Allegorie des Kerkers der Slowenen in Julisch Venetien (Detail)

Die Allegorie des Kerkers und die slowenischen Nationalfarben, die von den Figuren des hl. Petrus, des Engels und vom Blau des Himmels gemeinsam erzeugt werden, übermitteln Optimismus und Glauben an die Befreiung.

In Ljubljana schrieb der Kritiker Karel Dobida in der Zeitschrift *Mladika* über Kraljs Malereien in Tomaj:

---

[18] Vgl. Igor Kranjc, Tone Kralj, Retrospektiva, Katalog k razstavi [Retrospektive, Ausstellungskatalog], Moderna galerija, Ljubljana 1998, S. 109.

„Die emotionale Seite dieser Bilder ist so natürlich, eigenartig und wahrhaftig, dass in den Bildern das zum Ausdruck kommt, was man als slowenisches Wesen bezeichnen könnte. Vielleicht ist es gerade Tone Kralj beschieden, unseren echten slowenischen Stil in der Malerei zu schaffen, wer weiß? Eines ist schon heute gewiss: Auf dem Gebiet der Religion und in der Kirchenmalerei gibt es unter den Slowenen keinen, der es an Originalität, Kraft und emotionaler Breite mit ihm aufnehmen könnte".[19]

Die Dreißigerjahre sind die Zeit der Suche nach den nationalen Eigenschaften und deshalb waren Begriffe wie des Volkes Seele, das nationale Wesen, der nationale Charakter und freilich die nationale Kunst sehr aktuell. France Stele hat noch in den Sechzigern geschrieben, der Inhalt des kunstgeografischen Begriffs Slowenien sei

„immer jenes geographische Gebiet gewesen, wo das slowenische ethnische Element insoweit vorherrscht, dass es der sogenannten Heimat einen besonderen Charakter verleiht, den wir selbst als slowenisch empfinden und den Fremde instinktiv als unterschiedlich von ihrem eigenen und von den anderen angrenzenden anerkennen".[20]

---

[19] Zit. nach: Tosja Makuc Kozina, Oris umetnosti Toneta Kralja na slikarskem, grafičnem in ilustrativnem področju [Die Kunst von Tone Kralj im Bereich der Malerei, Grafik und Illustration], Goriški letnik (Zbornik Goriškega muzeja 1985/1987, Nova Gorica), Nr. 12/14, S. 264.

[20] Zit. laut: Milček Komelj, Sveta brata Ciril in Metod: njuno izročilo v slovenski likovni ustvarjalnosti [Die heiligen Brüder Kyrill und Method: ihre Überlieferung in der slowenischen bildenden Kunst], Celjska Mohorjeva družba, Celje–Ljubljana 2015, S. 49.

6. Mengore, 1929/1930
(Filialkirche Maria Namen)

Kralj bemalte die Kirche gemeinsam mit seiner Frau Mara. Seine Arbeit umfasst den *Kreuzweg* sowie Pläne für die Bemalung des Schiffs und des Presbyteriums. Die Erneuerung der Kirche fand nach dem Ersten Weltkrieg unter der Leitung des Pfarrers Alojzij Kodermac statt, der, wie bereits erwähnt, ebenso unter den führenden Mitgliedern der Geheimen Christlich-Sozialen Organisation zu finden ist.

Daraufhin erhob sich die ganze Versammlung und man führte Jesus zu Pilatus. Dort brachten sie ihre Anklage gegen ihn vor; sie sagten: „Wir haben festgestellt, dass dieser Mensch unser Volk verführt, es davon abhält, dem Kaiser Steuer zu zahlen, und behauptet, er sei der Christus und König".

Pilatus fragte ihn: „Bist du der König der Juden?" Er antwortete ihm: „Du sagst es." Da sagte Pilatus zu den Hohepriestern und zur Volksmenge: „Ich finde keine Schuld an diesem Menschen." Sie aber blieben hartnäckig und sagten: „Er wiegelt das Volk auf; er verbreitet seine Lehre im ganzen jüdischen Land, angefangen von Galiläa bis hierher." (Lk 23,1–5).

Christus (das slowenische Volk) vor Pilatus (Mussolini), der sich die Hände wäscht. Diese Gleichsetzung mit der Bibelgeschichte kann an einem Detail des Soldaten, der neben Pilatus steht und die faschistischen Symbole hält, herausgelesen werden.

Mara und Tone Kralj in Mengore 1929

Maria mit Jesuskind in Mengore – gemalt von Mara Kralj.

Christus vor Pilatus

Soldat mit dem Symbol des Faschismus – Bündel und Beil.   *Partito Nazionale Fascista.*

*Die heiligen Hermagor und Fortunat
sowie Kyrill und Method*

Maria, die Königin des Friedens, wacht über dem während der Kriegshandlungen im Ersten Weltkrieg zerstörten Luschariberg.

7. Luschariberg / Monte Santo di Lussari / Svete Višarje, 1930
(Filialkirche der Mutter Gottes)

Kralj malte im Presbyterium: *Verkündigung, Flucht nach Ägypten, Zwölfjähriger Jesus im Tempel, Maria unter dem Kreuz, Himmelfahrt.* Im Kirchenschiff: *Auffindung der Statue, Friedenskönigin.* Im Triumphbogen: *Schutzmantelmadonna.* Unter der Kanzel: *Symbole der Evangelisten.*

Wie einer der besten Kenner von Kraljs Kirchenmalereien im Kustenland, Dr. Igor Kranjc, feststellt, kam Kralj in der Bemalung auf dem Luschariberg[21] dem Geschmack des Volkes am nächsten.[22]

---

[21] Der Luschariberg (slowenisch Svete Višarje, italienisch Monte Santo di Lussari, deutsch auch Monte Luschari) ist ein 1766 Meter hoher Berg in den westlichen Julischen Alpen. Er befindet sich südlich vom Dorf Saifnitz/Žabnice/Camporosso im Kanaltal, 2,5 Stunden Fußmarsch entfernt. Der Berg ist für die Slowenen noch heute einer der beliebtesten Wallfahrtsorte.

[22] Neben Dr. Igor Kranjc erforschten vor allem Tosja Makuc, Verena Koršič Zorn, Dr. Milček Komelj und Marko Vuk das Werk von Tone Kralj im Küstenland.

Kraljs Bild zeigt die für die Slowenen wichtigsten Heiligen des Christentums. Neben den Heiligen Kyrill und Method sind noch der hl. Hermagoras und der hl. Fortunatus, Heilige und Märtyrer von Aquileia, abgebildet, Hermagoras soll der erste Bischof von Aquileia und Fortunat sein Diakon gewesen sein. Die christliche Tradition gibt an, Hermagoras sei vom heiligen Markus (Evangelist) zum Bischof auserwählt worden, als er in Aquileia sein Evangelium ins Lateinische übersetzte, was jedoch nicht den Tatsachen entspricht, da der hl. Markus viel früher als Hermagoras lebte. Ähnliches gilt für die Behauptung, er sei vom heiligen Petrus zum Bischof geweiht worden. Die Heiligen Hermagoras und Fortunat verkündeten das Evangelium, doch wurden sie unter Kaiser Nero verhaftet, gefoltert und hingerichtet.

Im Gebiet mit heute slowenischsprachiger Bevölkerung breitete sich das Christentum aus zwei Zentren, Aquileia und Salzburg, aus. Der hl. Hermagoras ist Namensgeber mehrerer Berge, Hügel und Kirchen in Slowenien. Nach ihm wurde auch der 1851 gegründete St.

Schutzmantelmadonna
Das slowenische Volk pilgert zur Schutzmantelmadonna.

Hermagoras-Verein in Klagenfurt (Mohorjeva družba v Celovcu) benannt. Aus diesem entstanden nach dem Ersten Weltkrieg auch ein Verlag in Görz/Gorica und in Celje (Cilli). Der Hermagoras-Verein spielte als Volksverlag, der gute, slowenische und katholische Bücher herausbrachte, eine Schlüsselrolle im Nationalisierungsprozess der Slowenen. Initiiert wurde der Verlag von Bischof Anton Martin Slomšek, gegründet unter Federführung des Priesters Andrej Einspieler und des Professors Anton Janežič. Allein im Jahre 1891 wurden für 51.825 Vereinsmitglieder 312.000 Bücher gedruckt, bis 1918 wurden Millionen an slowenischen Büchern unter das Volk gebracht. Sicherlich eine beneidenswerte Zahl für einen Verlag, der sich an ein Volk mit rund einer Million Sprecherinnen und Sprecher richtete. Deshalb erscheint er im Kulturgedächtnis oft als „Alphabetisierer der Slowenen".

Kralj verwendete bei der Abbildung von Kyrill und Method bekannte ikonographische Konstanten: Kyrill in einer Mönchskutte mit offenem Buch, Method im Bischofsgewand mit griechischem Kreuz auf dem Pallium und dem Doppelkreuz eines Patriarchen in der Hand. Oft hält er eine Tafel mit dem Motiv des Jüngsten Gerichts in den Händen.[23] Die heiligen Brüder sind individuell abgebildet und auf dem Luschariberg malte Kralj den hl. Method mit einem weißen Bart, an seiner rechten Hand sind eiserne Fesseln zu sehen, die eine offensichtlich symbolische Erklärung bieten: Der slawische Priester wurde bei seiner Ankunft in Pannonien als Ketzer angefeindet und wegen des slawischen Got-

---

[23] Milček Komelj, Sveta brata Ciril in Metod: njuno izročilo v slovenski likovni ustvarjalnosti [Die heiligen Brüder Kyrill und Method: ihre Überlieferung in der slowenischen bildenden Kunst], Celjska Mohorjeva družba, Celje–Ljubljana 2015, S. 31.

tesdienstes bei der Bischofsversammlung in Regensburg 870 verurteilt. Im Jahre 873 erwirkte der Papst seine Freilassung. Bereits 867 hatte Papst Hadrian II. den slawischen Gottesdienst bestätigt, der dann zwar für kürzere Zeit wieder verboten wurde, um dann von Papst Johannes VIII. im Jahre 880 erneut bestätigt zu werden.[24] Kraljs Botschaft besteht in der historischen Analogie mit nationalem Vorzeichen – einst wurde der „slawische" Heilige von den deutschen Bischöfen gefesselt, nun werden slowenische Priester in Julisch Venetien von italienischen Bischöfen verfolgt. Kyrill und Method bekamen somit eine völlig neue ideologische Rolle in einer völlig neuen Situation, doch aus derselben national-historischen Perspektive.

Schon in der mittelalterlichen Kunst spielte Maria eine große Rolle und ihre Verehrung kam oftmals in heute schwer verständlichen ikonographischen Ideen zum Ausdruck. Die Vorstellung von Maria als Beschützerin des leidenden Volkes ist sowohl in der West- als auch in der Ostkirche bekannt, wobei sie unterschiedlich ausgedrückt wurde. Wie in den Dreißigerjahren der slowenische Kunsthistoriker France Stele schrieb, kristallisierte sich diese in Westeuropa zur Gestalt der stehenden Madonna heraus, deren Mantel sich auf alle Seiten ausbreitet (manchmal wird er von ihr selbst, manchmal von Engeln oder heiligen Fürsprechern gehalten). Dieses Motiv ist ab dem 14. Jahrhundert im gesamten westlichen Europa in verschiedenen Variationen zu finden. Das größte Kunstwerk dieser Art in Slowenien ist die Schutzmantelmadonna im großen Altar der Wallfahrtskirche in Ptujska gora (Maria Neustift) in der slowenischen Steiermark. Die Statue stammt aus dem Jahr 1420. Das Gemälde in der Kirche beim hl. Primus oberhalb von Kamnik stellt im 15. Jahrhundert ein ähnliches Motiv dar (das Bild zeigt eine Aussicht über eine weite Landschaft, wo im Hintergrund alle Plagen erscheinen, unter denen die damalige Menschheit zu leiden hatte: die Türken bringen Menschen um, rauben sie aus und verbrennen Häuser und Kirchen, Hunger und Krankheiten raffen Vieh und Menschen dahin, Heuschrecken und Hagel zerstören die Ernte …). Christen suchen unter dem Mantel der Madonna Zuflucht.[25]

Tone Kralj knüpfte an die erwähnte Überlieferung an und malte Slowenen, die ebenso unter dem Mantel der Maria Zuflucht suchen, wo sie abwarten wollen, bis die Gefahren vorbei sind. Genauso wie in den Anweisungen an die katholischen Vertrauten der Geheimen Christlich-Sozialen Organisation von 1935 beim Treffen auf dem kleinen Plateau auf dem Luschariberg, einige Jahre nachdem Kralj seine Malereien fertiggestellt hatte:

„Verbreitet das slowenische Bewusstsein unter der Jugend. Verbreitet Optimismus, lebendigen Glauben an unseren Sieg. Unser Volk lebt schon seit tausend Jahren, auch dieser Sturm wird an uns vorbeigehen – wenn wir weitermachen und ausharren. /…/ Unser Leitsatz sei: Die Kirche soll ein Heiligtum Christi sein und kein welscher Stall! Unterstützt überall die slowenischen Priester. Verbreitet die Meinung, dass alle slowenischen Kinder den slowenischen Religionsunterricht besuchen müssen. Sagt überall den Priestern, dass ihr slowenische Priester, slowenische Predigten, Religionsunterricht, Gesang fordert! So werdet ihr sie moralisch stärken. Sagt auch bei Firmungen dem Erzbischof, dass ihr das fordert."[26]

Bemerkenswert ist auch der Kreuzweg, der ursprünglich für die Kreuzwegstationen auf dem Pilgerweg von Saifnitz/Camporosso auf den Luschariberg gemalt worden ist.

---

[24] Silvester Čuk, Svetnik za vsak dan [Ein Heiliger für jeden Tag], Ognjišče, Koper, 1991, S. 13.

[25] Katholische Tageszeitung Slovenec, Jahrgang 52, Nr. 205, S. 6., Ljubljana, 7. September 1924.

[26] BA, Dok. Nr. 602. Bericht über das Vertrautentreffen auf dem Luschariberg am 25. August 1935.

Pilatus wäscht seine Hände.

Pilatus hat die Gesichtszüge und die charakteristische Körperhaltung von Mussolini (mit nach vorne gestrecktem Kinn). In der Ecke links unten, unter dem Pöbel, sind auch die zum faschistischen Gruß (*saluto romano*) ausgestreckten rechten Arme zu erkennen.

Im Hintergrund das Symbol des Faschismus (Detail)

Kreuzwegstation: Der Gekreuzigte

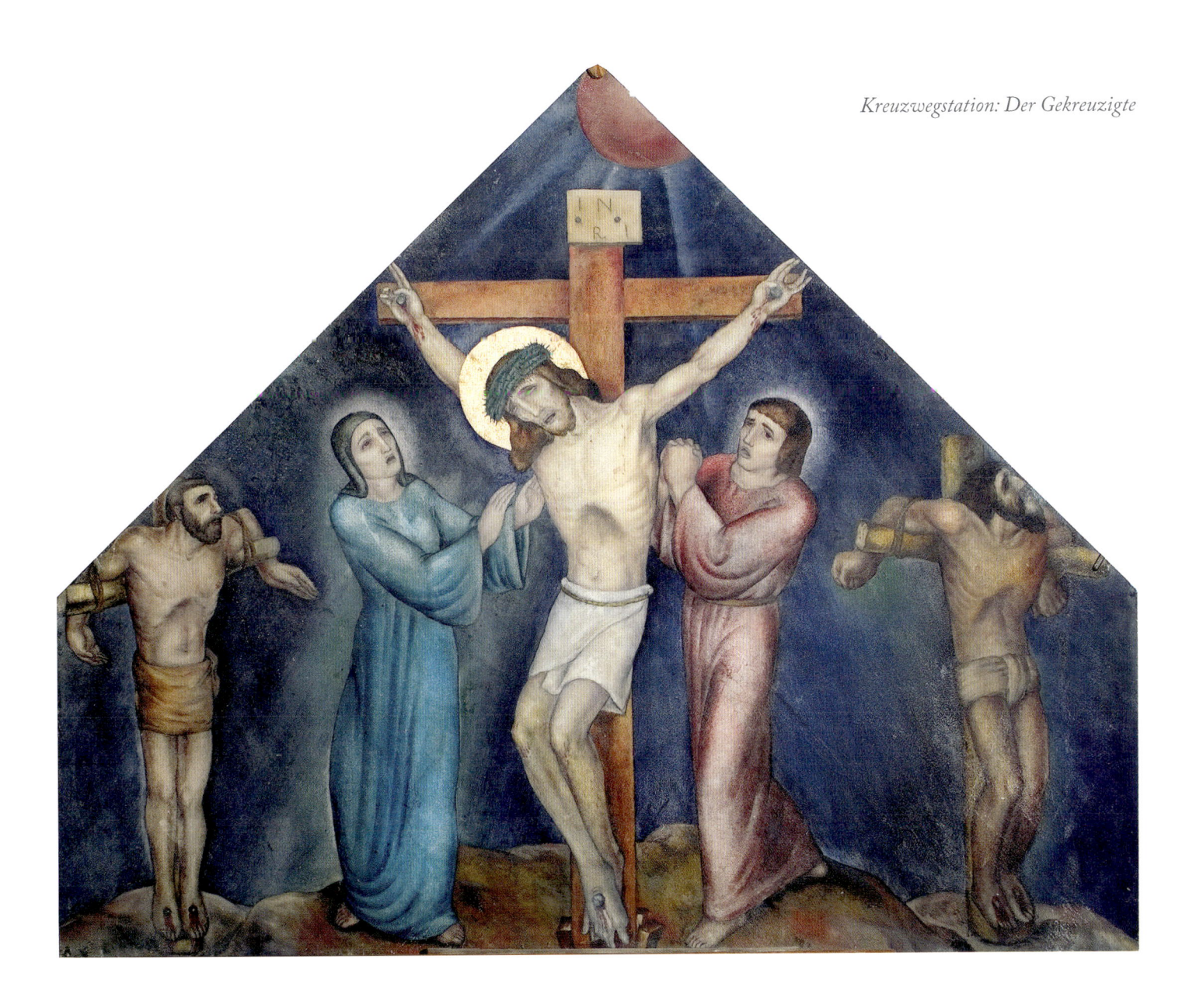

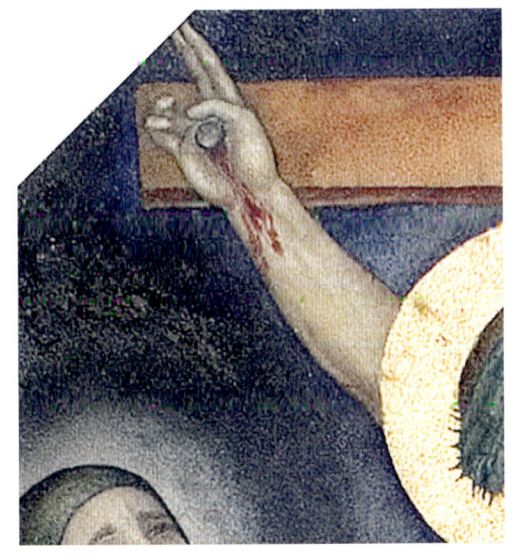

Die Nationalfarben (Detail)

Der Gekreuzigte (das slowenische Volk) ist wieder (gemeinsam mit den Figuren auf der linken und der rechten Seite) symbolisch in den slowenischen Farben abgebildet.

Mit den blauen Nägeln, der weißen Hand und dem Blut hat Kralj auch im Detail des Gekreuzigten die slowenischen Nationalfarben verwendet.

Die Abnahme vom Kreuz

Die Nationalfarben (Detail)

Die Abnahme Jesu vom Kreuz wiederholt die Kombination der slowenischen Farben.

Genauso im unteren Teil des Bildes, wo das weiße Tuch, die blauen Nägel und das Blut erneut die slowenischen Nationalfarben widerspiegeln.

Pilatus wäscht seine Hände.

8. Cattinara / Katinara, 1931
(Pfarrkirche Heilige Dreifaltigkeit)

Kralj bemalte das Presbyterium und das Kirchenschiff: *Verurteilung Jesu, Übernahme des Kreuzes durch Jesus, Jesus fällt zum ersten Mal unter dem Kreuz, Begegnung mit der Mutter, Simon hilft das Kreuz tragen, Schweißtuch der Veronika, Christus fällt zum zweiten Mal unter dem Kreuz, Jesus tröstet die Frauen von Jerusalem, Jesus fällt zum dritten Mal unter dem Kreuz, Jesus wird seiner Kleider beraubt, Jesus wird an das Kreuz genagelt, Jesus stirbt am Kreuz, Jesus wird Maria in den Schoß gelegt, Jesus wird ins Grab gelegt.* An der Decke des Schiffs: *Die Evangelisten Matthäus, Lukas, Johannes und Markus.*

Kralj erlebte das Schicksal der Slowenen unter dem Faschismus in der Gesellschaft christlich-sozialer Freunde, Laien und Priester mit. Im Jahre 1930 füllten Slowenen in Julisch Venetien die Titelseiten europäischer Zeitungen, denn im Herbst fand in Triest der erste Triestiner Prozess gegen slowenische Antifaschisten statt, der mit der Erschießung von vier Verurteilten bei Basovizza/Bazovica endete.[27] Die slowenische Minderheit in Ita-

---

[27] Die Bevölkerung Julisch Venetiens machte in der Zwischenkriegszeit zwei Prozent der Gesamtbevölkerung des Königreichs Italien aus. Die Hälfte davon war slowenischer und kroatischer Volkszugehörigkeit. Der Anteil der Slowenen und Kroaten, die bis zum Fall des Faschismus vor dem Sondergericht zum Schutz des Staa-

Römischer Gruß (saluto romano) *(Detail)*

lien war erschüttert und die Ereignisse haben wohl auch den Maler, der eng in das Geschehen in Julisch Venetien eingebunden war, nicht gleichgültig gelassen. Auf dem Cattinara/Katinara malte er eine Allegorie der faschistischen Justiz. Im mächtigen Kreuzweg gibt es eine Szene, wo Jesus vor Pilatus steht, der sich die Hände wäscht, und im Hintergrund stehen zwei römisch-faschistische Gestalten, Soldaten, die Liktorenbündel in den Händen halten – das Symbol des Faschismus, d. h. Bündel und Beil.

Ein wichtiger Ersatz für die mangelnde ideologische Konsistenz des Faschismus war nämlich gerade die Verwendung der Geschichte. Der Faschismus verfügte im Vergleich z. B. zur sozialdarwinistischen nationalsozialistischen Rassenideologie, die trotz ihrer völligen Absurdität viel konsequenter war, über kein wirklich klar definiertes ideologisches Schema. Die Ideologie des Fa-

---

tes (*Tribunale speciale*) verurteilt wurden, belief sich auf 15,6 Prozent aller Verurteilten. Unter den zu Haftstrafen Verurteilten waren es noch mehr, 22,9 Prozent. Von den 47 vom Sondergericht zum Schutz des Staates verhängten Todesurteilen waren 36 (bzw. 76,6 Prozent) Slowenen und Kroaten (Milica Kacin Wohinz, Orientamento nazionale, politico e culturale degli Sloveni e dei Croati nella Venezia Giulia tra le due guerre, Qualestoria, Trst 1988, Nr. 1, S. 67).

---

schismus berief sich also auf ihre „unmittelbaren" Vorfahren, die in Form eines „römischen Geistes gelegentlich die Bühne der Weltgeschichte betraten": sie fand sie im Römischen Reich (freilich in der Zeit von Cäsar, nicht der Republik), in der Rolle der Republik Venedig an der Adria, im *Risorgimento*, der Wiedervereinigung Italiens und letztendlich auf dem Höhepunkt der vermeintlichen Vereinigung der Nation – im Ersten Weltkrieg.[28]

Diese Perioden, in denen sich in der Geschichte Italiens angeblich der „römische Geist" (*romanità*) zeigte – dieser habe sich gelegentlich „aus der Asche der Geschichte erhoben" –, sollen sich letztlich zum Faschismus sublimiert haben. Die historische Achse soll somit „den sich immer wieder erhebenden römischen Geist" zur vollen Verwirklichung geführt haben, als im Oktober 1922, bei der Machtübernahme im Staat, das Jahr Eins des faschistischen Zeitalters anbrach (*anno I. dell'era fascista*).

Kralj knüpfte in seinem subversiven Antifaschismus an ebenjene historischen Symbole an, die die Macht des antiken Roms repräsentierten, und verwendete sie auch selbst in der Rolle der Symbole des faschistischen Regimes, doch versehen mit einem eindeutig negativen Vorzeichen. Es handelte sich also um ein perfides Spiel der Darstellung der Bösartigkeit des Regimes gegenüber den Slowenen in Julisch Venetien unter Verwendung derselben Symbole, die der faschistische Staat im eigenen ideologischen Kontext mit positivem Vorzeichen als konstitutive ideologische Symbole des faschistischen Staates und der Gesellschaft nutzte.

Am linken Rand oben sind die faschistischen Symbole zu sehen, unter dem Volk hat der Maler wieder den faschistischen Gruß mit dem zum römischen Gruß (*saluto romano*) ausgestreckten rechten Arm versteckt.

---

[28] Anna Maria Vinci, Per quale italianità?; in: La difesa dell'italianità, Diego D'Amelio/Andrea Di Michele/Giorgio Mezzalira, Il Mulino, Bologna 2015, S. 334.

9. Pevma / Piuma, 1934
(Pfarrkirche hl. Silvester)

In Pevma bemalte Kralj das Presbyterium: *Verfolgung der ersten Christen, hl. Silvester, Konzil von Nicäa*. Im Schiff: *Erzengel Raphael und Tobias, Karl Borromäus, die Predigt des hl. Antonius von Padua zu den Fischen, Anbetung der hl. drei Könige*.

Im Jahre 1934 lud Josip Abram, Pfarrer im Dorf Piuma/Pevma bei Görz, den Maler Tone Kralj zu sich ein. Abram beauftragte Kralj mit der Bemalung der wiedererrichteten Kirche des hl. Silvester, die im Ersten Weltkrieg zerstört worden war.

Josip Abram

Nero (Mussolini) (Detail)

Die Verfolgung der ersten Christen

Erzengel Michael

118

Erzengel Michael

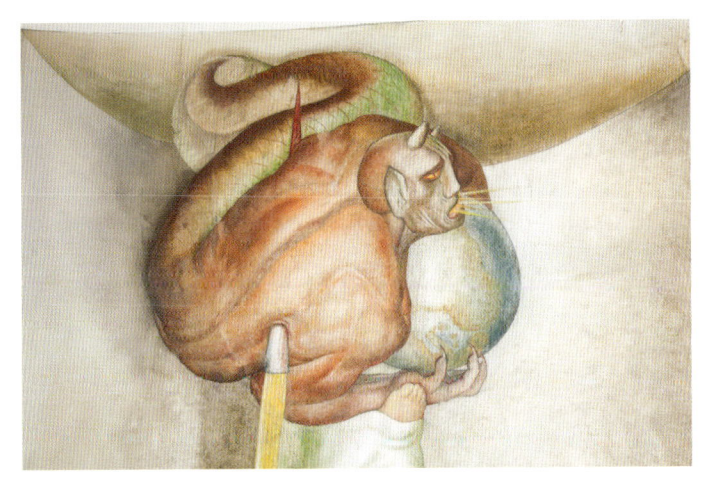

Umgedrehtes Detail: der Teufel mit den Gesichtszügen von Mussolini

Kralj bildete die Folter der ersten Christen als Gruppe von Personen mit Kindern ab, die von den Machthabern in die Arena geschickt werden, um von Raubtieren in Stücke gerissen zu werden. Die Slowenen konnten das leicht mit ihrer Lage unter dem Faschismus verbinden.

Der gesamte Schauplatz wird von den Märtyrern eingenommen, und die Machthaber sind in die obere Ecke gezwängt, wo man unter ihnen Nero erkennt[29] – einst der Kaiser, heute der Duce – einst die ersten Christen, heute die Slowenen. Das Bild ist eine Paraphrase auf die Metapher die „Erben Roms", wie sie tatsächlich vom faschistischen Regime propagiert wurde.[30]

Auf der linken Seite des Presbyteriums malte Kralj in den slowenischen Farben den Erzengel Michael, der einen scharfen, kreuzförmigen Speer in den muskulösen Rücken des Teufels sticht. Der Kopf des Teufels ist ein stilisiertes Abbild von Benito Mussolini, der einen

---

[29] Tone Kralj spielt auf die Christenverfolgung in Rom unter Kaiser Nero im Jahre 64 an. (Tim Dowley, Zgodovina krščanstva [Geschichte des Christentums], Državna založba Slovenije, Ljubljana 1992, S. 82.)

[30] Marjan Brecelj, Likovno delo Toneta Kralja v Pevmi [Bildnerische Arbeit Tone Kraljs in Pevma]; in: Marko Waltritsch, Slovenska osnovna šola Josipa Abrama v Pevmi [Slowenische Grundschule von Josip Abram in Pevma], Grafica Goriziana, Gorica 1984, S. 132.

Die Taufe

Konzil von Nicäa

Globus als Sinnbild für die faschistische Revolution und ihres Imperiums in den Krallen hält.

Die Gestalt des Satans (bzw. Duce) steht auf dem Kopf und man erkennt sie, wenn man das Bild umdreht.

Die beiden Bilder, die an den gegenüberliegenden Wänden angebracht sind, verbindet eine klare Aussage: die Opfer waren nicht vergeblich (weder in den antiken Zeiten des kaiserlichen Roms noch in der Zeit des faschistischen Roms). Sie rufen zum Optimismus auf und kündigen den Sieg des Guten (des Volkes) über das Böse (das Regime) an.

Auf der verschwommenen Landkarte können schemenhaft die Adria, das Mittelmeer und das Küstenland

In der Mitte Josip Abram beim Konzil von Nicäa (Detail)

Erzengel Raphael und Tobias

Der Hund von Josip Abram (Detail)

erkannt werden. Eine der Krallen des Satans steckt genau im Gebiet des Küstenlandes.

Kaiser Konstantin bei der Taufe. Links stürzt ein heidnischer Tempel (der Faschismus) ein, daneben wird eine neue Kirche gebaut. Die Gerechtigkeit und das Christentum werden siegen – nicht nur weltweit, sondern auch innerhalb der katholischen Kirche selbst. Nach dem Konkordat mit Italien arbeitete die Kirche Hand in Hand mit dem Regime in der Entnationalisierungspolitik gegenüber den Slowenen in Julisch Venetien. Ein Jahr vor der Entstehung der Malereien wurde z. B. der Gebrauch der slowenischen Sprache in der Kirche in Venetien (Slavia Veneta) verboten, woraufhin der

Vatikan nicht reagierte – im Gegenteil, er arbeitet beim Verbot mit dem Regime zusammen.[31]

Von Zeit zu Zeit kombinierte Kralj verschiedene Elemente und Motive aus dem Alten und Neuen Testament zu einem eklektischen Ganzen und ergänzte noch Symbole zeitgenössischer Ideologien – bis hin zu konkreten Merkmalen des politischen Geschehens. All dem fügte er oft noch Elemente verspielter Ironie hinzu, wie etwa die Abbildung des Pfarrers Josip Abram beim Konzil von Nicäa und auch seines Hundes, der sich während der Arbeit von Kralj unter dem Malergerüst herumtrieb.

In den Kirchenmalereien finden sich somit reale Personen und Alltagsszenen. Im Bild ist, wie gesagt, sogar der Hund von Josip Abram zu sehen, der nach Erzählungen von Zeitgenossen auch während der Messe in die Kirche durfte.[32]

„Und ich will Feindschaft setzen zwischen dir und der Frau und zwischen deinem Samen und ihrem Samen; er wird dir den Kopf zertreten, und du wirst ihn in die Ferse stechen."
(Gen 3,15.)

---

[31] Dazu näher Egon Pelikan, Cerkev in obmejni fašizem v luči vatikanskih arhivov [Die Kirche und der Grenzland-Faschismus im Lichte der vatikanischen Archive], Acta Histriae, Nr. 4, Koper 2012, S. 563–576.

[32] Die Angabe übermittelte der Pfarrer in Piuma/Pevma, Marjan Markežič, der sich auf Aussagen zahlreicher Einheimischer beruft.

Und letztlich wird Jesus mithilfe von Maria (bzw. ihrem Volk – sie trägt ein Gewand in den slowenischen Nationalfarben) der Schlange (dem Faschismus) den Kopf zertreten.

10. Most na Soči, 1939/1940
(Pfarrkirche hl. Luzia)

In Most na Soči bemalte Kralj das Presbyterium: *Gelübde der hl. Luzia, Visionen der hl. Luzia, die hl. Luzia verteilt ihr Vermögen, die hl. Luzia lehnt den reichen Brautwerber ab, die hl. Luzia vor Christus, die hl. Luzia vor dem Richter, die hl. Luzia im Freudenhaus, die hl. Luzia auf dem Scheiterhaufen, sterbende hl. Luzia.*

Im Kirchenschiff stellte Kralj den *Kreuzweg* auf, den er auf Holzfaserplatten in Venedig gemalt hatte, wohin er sich vor dem Druck der Behörden hatte zurückziehen müssen: *Jesus vor Pilatus, Jesus nimmt das Kreuz auf sich, Jesus fällt zum ersten Mal unter dem Kreuz, Begegnung mit der Mutter, Simon hilft Jesus das Kreuz tragen, Veronika reicht Jesus das Schweißtuch, Jesus fällt zum zweiten Mal unter dem Kreuz, Jesus tröstet die Frauen von Jerusalem, Jesus fällt zum dritten Mal unter dem Kreuz, Jesus wird seiner Kleider beraubt, Jesus wird an das Kreuz genagelt, Kreuzigung, Jesus wird Maria in den Schoß gelegt, Jesus wird ins Grab gelegt*. An beiden Seiten des Schiffs: *die zwölf Apostel*.

Kralj „zwängte" die Heiligen auf recht einzigartige Weise in die Nischen, indem er sie sitzend abbildete, was eine ziemlich seltene Darstellung in den Kirchen ist.

Im offenen Buch, das die Heiligen in den Händen halten, ist wieder die glagolitische Schrift zu erkennen. Die Schrift ist ein Symbol des slowenischen Volkes, das „seit jeher" in Julisch Venetien lebt.

Die heiligen Kyrill und Method (Detail)

Die Abbildung zeigt, wie Kralj mit biblischen Motiven spielte. Während der Malarbeiten in Most na Soči (damals Sv. Lucija) wohnte er bei der Familie Vuga, die dort ein Gasthaus hatte.

Damals wurde bei den Vugas der Sohn Marko geboren und Kralj malte die Mutter als stillende Madonna.[33]

Er begann 1939 mit den Arbeiten in der Kirche in Most na Soči, doch das Malen wurde durch Einmischung der Obrigkeit gestoppt. Viele Jahre später, im

---
[33] Das Bild befindet sich heute im Museum in Tolmin. Im Bild Olga Vuga (Urbančič), die Mutter des Schriftstellers und Akademiemitglieds Saša Vuga.

Die heiligen Kyrill und Method sowie der hl. Petrus und sein Helfer, der hl. Barnabas, mit Schriftrolle und Feder.

Maria mit Jesuskind

Jahre 1972, beschrieb er die Ereignisse nach seiner Erinnerung:

> „Aus Pevma ging ich 1940 zur hl. Luzia nach Most. Auch dort kam es zum Konflikt; ich war den Welschen immer ein Dorn im Auge. Die Arbeit wurde nicht bei den zuständigen Behörden vorgelegt, weil diese sie nicht genehmigt hätten. Ich arbeitete mehrere Wochen, ich wollte möglichst viel malen, weil ich den Leuten viel zu sagen hatte. An einem Samstag bekomme ich eine Ladung zur Questura in Görz. ‚Sie sind doch dieser Vogel!' sagt der Questore. ‚Was machen Sie denn da?' – ‚Ich male. Ich bin ein Maler.' – ‚Und warum

Maria mit Jesuskind (Detail)

*arbeiten Sie hier?' – ‚Weil ich es hier schön finde. Ein Maler geht um die Welt und kann überall arbeiten. Wir sind doch im seligen Italien, das die Kunst unterstützt!' – ‚Wer hat es ihnen erlaubt?' – ‚Ich habe es mit dem Eigentümer besprochen und mit der Arbeit angefangen.' – ‚Wissen Sie denn, dass Sie das nicht dürfen?' – ‚Ich weiß.' – ‚Und warum arbeiten Sie dann?' – ‚Weil ich meine, dass ich muss.' – ‚Jetzt sind sie aber unverschämt! Von heute an verbiete ich Ihnen, den Pinsel an die Wand zu setzen!' – ‚Sie sind schon zu spät – es ist schon fertig.' /.../ Ich habe mich dann an der Fakultät für Architektur in Venedig eingeschrieben, mir dort ein Zimmer besorgt und dann die Bilder für die hl. Luzia gemalt. Zwölf Leinwände, die man dann an den Wänden befestigt hat."*³⁴

1940 stellte er die Bilder fertig. Darüber schrieb er France Stele:

*„Ich teile Ihnen auch mit (zwecks Statistik), dass ich heuer (im Juli) die Gestaltung der Kirche bei Sv. Lucija in der Nähe von Tolmin, die quasi als meine Galerie hergerichtet werden soll, mit meiner Kompletteinrichtung (außer der Konstruktion des Gebäudes selbst), fertigstellen werde."*³⁵

---

³⁴ Pogovor s slikarjem Tonetom Kraljem [Gespräch mit dem Maler Tone Kralj], Ognjišče, Koper 1972, S. 18.

³⁵ Brief von Tone Kralj an France Stele vom 19. Januar 1940. Nachlass von Dr. France Stele. Bibliotheksarchiv des France-Stele-Instituts in Ljubljana.

11. ŠENTVIŠKA GORA, 1941
(Pfarrkirche St. Veit)

Kralj malte im Presbyterium: *die Befreiung des Petrus aus dem Gefängnis, die Bekehrung des Paulus.* Im Kirchenschiff: *Daniel wird in die Löwengrube geworfen, der hl. Veit auf der Folterbank, der zwölfjährige Jesus im Tempel, Austreibung der bösen Geister, der hl. Veit wird in siedendes Öl geworfen, Auspeitschung des hl. Veit.*

Auch diese Kirche wurde von Tone Kralj 1941 bemalt. In der Rolle des Peinigers Christi tritt Mussolini als Aufseher der Auspeitschung des hl. Veit (des slowenischen Volkes) auf.³⁶ Dieser wird von zwei Folterknechten, die die zwei totalitären Ideologien symbolisieren, einem Schwarzhemd (italienischer Faschismus) und einem Braunhemd (Nationalsozialismus), ausgepeitscht. Der Aufseher Mussolini nimmt die für ihn bezeichnende Haltung ein, die Hände in den Hüften und das Kinn weit nach vorne geschoben. Später erinnerte sich Tone Kralj an dieses Werk:

*„Ich bin von Sveta Lucija (Most na Soči) in das Dorf Šentviška Gora gegangen. Hier habe ich den hl. Veit als Symbol des kleinen slowenischen Volkes abgebildet: ein Kind, auf das Raubtiere gehetzt wurden. Im Gewölbe ist eine slowenische Mutter, die mit ihrem Kind flieht und in der Ecke ein Besessener – Hitlers Porträt. Der hl. Veit treibt ihm den Teufel aus. Das Kind wird im Kerker von zwei Henkern im schwarzen faschistischen und im braunen nationalsozialistischen Hemd verprügelt und noch weitere solche Motive."*³⁷

Über dem Chor, an einer schwer einsehbaren Stelle, findet man auch Christen, die von den Henkern den Raubtieren zum Fraß vorgeworfen wurden. Das Motiv kennen wir schon aus Piuma/Pevma. Unter der begeisterten Menge, die ihren Spaß ob der grausamen Szene hat, sind auch zwei „Originale" in schwarzen Hemden mit Kragen aus dem 20. Jahrhundert zu finden (Faschisten). Ihre abstoßend klauenähnlichen Hände bezeugen den Teufel oder das Böse in ihnen.

---

³⁶ Der hl. Veit war ein frühchristlicher Heiliger, der 303 während der Christenverfolgung unter Kaiser Diokletian als Märtyrer gestorben sein soll.

³⁷ Pogovor s slikarjem Tonetom Kraljem [Gespräch mit dem Maler Tone Kralj], Ognjišče, Koper 1972, S. 18.

Der hl. Veit wird den Raubtieren zum Fraß vorgeworfen.

In der Menge zwei Schwarzhemden (Detail)

Augusto Turati

Bei den zwei Schwarzhemden in der Menge handelt es sich um Faschisten und einer der beiden erinnert erstaunlich stark an das Gesicht des ehemaligen Sekretärs der faschistischen Partei (PNF) Augusto Turati (Sekretär der Partei 1926–1930).

Unter den Armen befindet sich eine Mutter, gekleidet in den slowenischen Nationalfarben, mit Kind. Rechts oben ist eine Wölfin – das Symbol Roms, das der Faschismus übernahm – zu sehen.

Mutter in den slowenischen Farben mit Kind (Detail)

Zum hl. Veit pilgern Kranke und Beeinträchtigte.

Der hl. Veit treibt die bösen Geister aus.

Man erkennt das vom Wahn verzerrte Gesicht des Führers, wenn man das Bild umdreht. Links und rechts nationalsozialistische Symbole – zwei Reichsadler.

Das vom Wahn verzerrte Gesicht des Führers (Detail)

Auspeitschung des hl. Veit

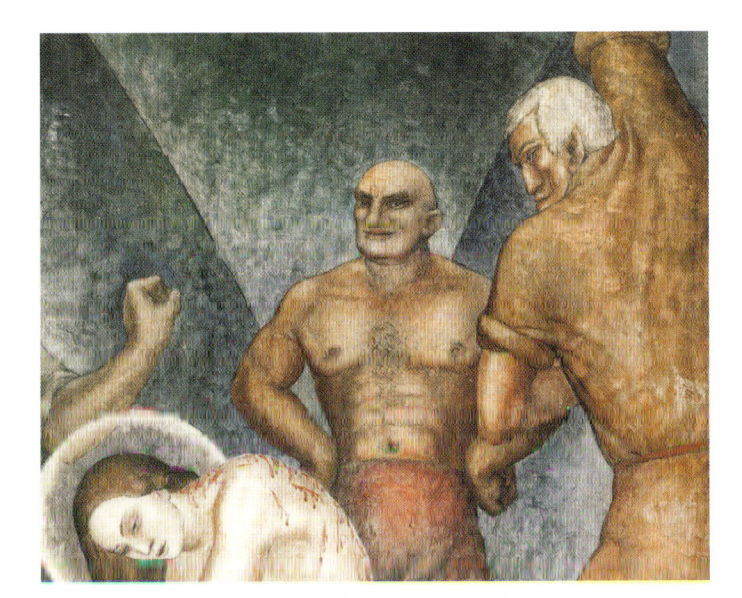

Mussolini in seiner charakteristischen Pose (Detail)

Benito Mussolini

Der hl. Veit (als Symbol für das slowenische Volk) wird durch ein Schwarzhemd (Faschist) links und ein blondes Braunhemd (Nationalsozialist) ausgepeitscht. Die Auspeitschung wird von Mussolini in seiner charakteristischen Pose beaufsichtigt.

Der Aufseher der Auspeitschung hat außer Mussolinis typischer Körperhaltung auch sein Gesicht mit sarkastisch verzerrten Zügen.

Benito Mussolini (Detail)

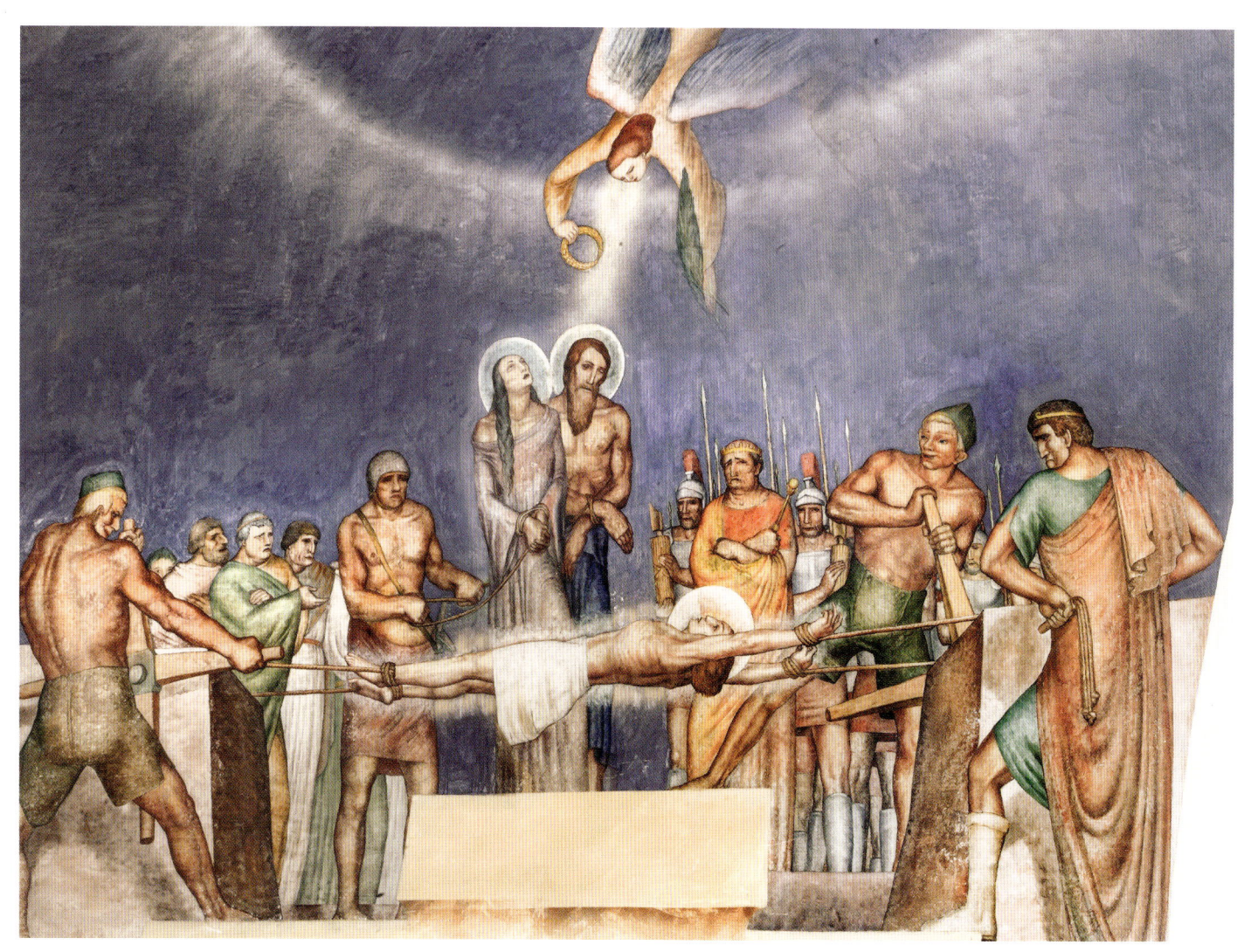

Der hl. Veit auf der Folterbank. Links ein Soldat mit italienischem Helm und ganz links und rechts am Foltergerät zwei Soldat mit deutscher Infanteriemütze und mit einer Lederhose bekleidet.

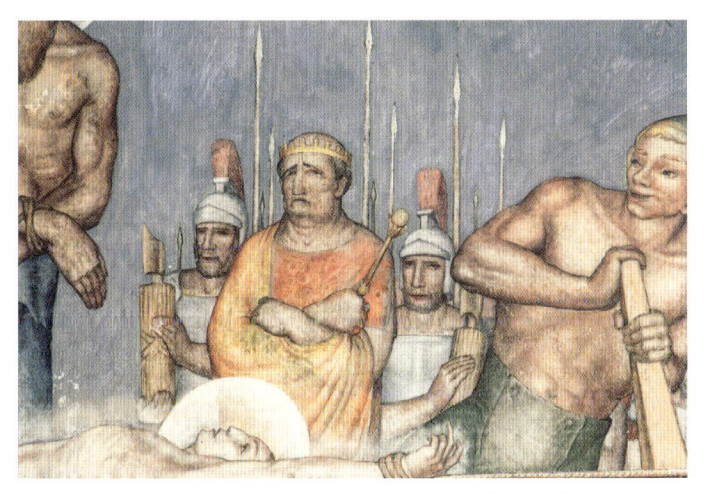

Die Folter wird von Mussolini beaufsichtigt. (Detail) Im Hintergrund zwei faschistische Bündel.

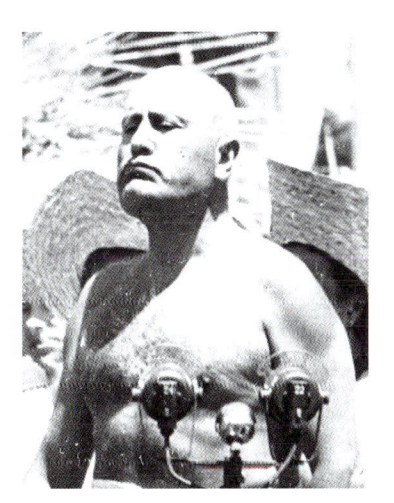

Benito Mussolini

Einer der Folterknechte mit deutscher Soldatenmütze. (Detail) Der Assistent des Aufsehers der Folter (Mussolini) könnte die Ikone des faschistischen Regimes Gabriele D'Annunzio sein, der von Kralj bei seinen Bemalungen oft als Symbolikone des Faschismus abgebildet wurde.

Gabriele D'Annunzio

Der Erzengel Michael, in den slowenischen Farben, durchbohrt mit seinem Schwert den Satan, dem die Krone des (nationalsozialistischen) Reichs des Bösen vom Kopf fällt.

12. Hrenovice, 1942/1943
(Pfarrkirche hl. Martin)

Kralj malte im Presbyterium: *Tod Mariens, Pfingsten, hl. Michael, die Heiligen Kyrill und Method, Himmelfahrt, Auferstehung, Mariä Krönung.* Im Kirchenschiff: *Kreuzigung, Begegnung mit Maria, Krönung mit der Dornenkrone, Geißelung, Heimsuchung, Jesus im Tempel, die Heilige Familie.* Am Triumphbogen: *Jesus am Ölberg und die Verkündigung.*

Der Maler schrieb viele Jahre später:

„Ich ging aus Šentviška Gora nach Hrenovice. Hier habe ich die Nöte des unterdrückten slowenischen Volkes im Bild der Geißelung Jesu dargestellt. Die Soldaten, die Jesus foltern, haben italienische Helme und im Bild der Kreuzigung haben die Soldaten faschistische Säbel."[38]

Wenn man das Bild umdreht, erkennt man, dass es sich um Nazideutschland und seinen Führer handelt. Er hat auch den charakteristischen Schnurrbart.

---

[38] Pogovor s slikarjem Tonetom Kraljem [Gespräch mit dem Maler Tone Kralj], Ognjišče, Koper 1972, S. 18.

Der Führer (Detail)

Die Kreuzigung

An der Kreuzigung (des slowenischen Volkes) wirken wieder ein Schwarzhemd (Faschismus) und ein blondes Braunhemd (Nationalsozialismus) tatkräftig mit. Links von ihnen hilft ein römischer Soldat in den italienischen Nationalfarben mit den Gesichtszügen von Mussolini.

Die Nägel sind blau und setzen so mit dem Blut und der Blässe des Holzes und der Haut die slowenischen Farben zusammen.

Slowenische Nationalfarben (Detail)

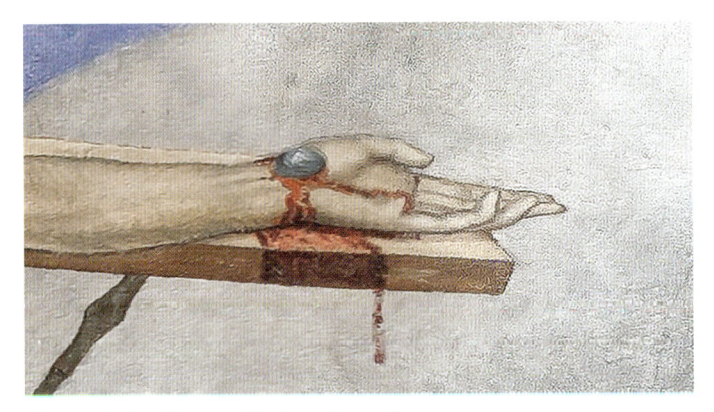

Slowenische Nationalfarben (Detail)

Das Motiv mit den Nationalfarben wiederholt sich auf den Händen des Gekreuzigten.

Faschistischer Gruß mit Dolchen

In der linken unteren Ecke wird die Kreuzigung von Legionären mit dem charakteristischen faschistischen Gruß mit hochgehaltenen Dolchen begrüßt.

Und noch ein kleines Detail: Statt des römischen Adlers sitzt auf der Legionsstandarte etwas zwischen einem Huhn und einem Weißkopfgeier und wartet offensichtlich auf den Kadaver des untergehenden Faschismus.

Die Dolche (Detail)

Der Weißkopfgeier (Detail)

Die Dornenkrönung

Die Dornenkrönung (Detail)

Mussolini

Faschistische Mütze

Bei der Krönung Jesu mit der Dornenkrone sind wieder ein „Schwarzhemd" und ein „Braunhemd" sowie Helfer in den italienischen Nationalfarben zu sehen.

Mussolini macht bei der Dornenkrönung Jesu (in den slowenischen Farben) eifrig mit. Eine Figur in den italienischen Nationalfarben mit der charakteristischen faschistischen Mütze, wie sie im Ersten Weltkrieg von Sondereinheiten der italienischen Armee, den Sturmtruppen *arditi* – getragen wurde, spuckt dem Gemarterten ins Gesicht. Zahlreiche Mitglieder dieser Verbände traten nach dem Ende des Ersten Weltkrieges den Reihen der faschistischen Kampfabteilungen (*fasci di combattimento*) bei.

137

Die Geißelung

Ähnlich ist die farbliche Szenographie der Geißelung. Ein Soldat (Mussolini) mit italienischem Helm geißelt Jesus. Rechts im Bild erscheint noch ein Mussolini, der in den italienischen Farben und seiner typischen Körperhaltung mit nach vorne geschobenem Kinn die Geißelung beaufsichtigt. Es handelt sich um eine offensichtliche Dopplung von Figuren in derselben Szene, was bei Kraljs Bemalungen oft anzutreffen ist.

Über der Szene der Geißelung hält der deutsche (nationalsozialistische) Reichsadler das Liktorenbündel – Symbol des italienischen Faschismus – in seinen Krallen fest.

Jesus begegnet seiner Mutter Maria. Maria und ihr Begleiter, der Evangelist Johannes, bilden gemeinsam die slowenische Trikolore. Hinter Jesus schwingt eine Gestalt mit italienischem Helm auf dem Kopf die Peitsche. Unter den Antreibern kann man wieder Mussolini mit der charakteristischen Parademütze erkennen.

„Jesus begegnet seiner Mutter Maria" (Detail). Mussolini tritt wieder zweimal auf – diesmal mit dem italienischen Soldatenhelm, hinter ihm ist eine zum faschistischen Gruß ausgestreckte rechte Hand zu sehen – und mit Paradmütze.

Mussolini

13. Lokev auf dem Karst, 1942/43
(Pfarrkirche hl. Michael)

Im Presbyterium der Kirche von Lokev malte Kralj *Das letzte Abendmahl;* im Kirchenschiff: *der barmherzige Samariter, Jesus der gute Hirte, Christus König, Jesus als Sämann;* am Triumphbogen: *Verkündigung und Erzengel Raphael;* auf der Chorempore: *König David und die hl. Cäcilia.*

Tone Kralj beschreibt die Bemalung in seinen Erinnerungen:

„Ich ging aus Hrenovice nach Lokev bei Divača. Lokev ist eine Art Höhepunkt meiner Malerei in den Kirchen des Küstenlandes. Das war 1943. Dort ist Christus in den verschiedensten Bildern als menschlicher Wohltäter dargestellt. Im ersten Bild zieht Christus – der gute Hirte – ein Schäfchen aus dem Drahtverhau, hinten ist der Karst, die Berge (Nanos) und auch brennende Dörfer. Im zweiten Bild (Der barmherzige Samariter) gibt es zwei Räuber in deutscher und italienischer Tracht. Im dritten Bild sät Christus guten Samen auf einen Karstacker und dahinter schreitet der Teufel …"[39]

Der Priester Anton Požar beschreibt die Zeit, als Tone Kralj 1943 seine Kirche in Lokev bemalte. Der Bericht erklärt die ideologische Motivation bei der Auswahl der Motive und deren allegorische Bedeutung.

„So rief ich den akademischen Maler Tone Kralj aus Ljubljana, der die Malereien bis Mai 1943, auf dem Höhepunkt des Faschismus, fertigstellte. Wir gaben der ganzen Kirchenmalerei einen starken nationalen und sozialen Akzent. Nach meiner Vorstellung hat der Maler in der kleinen Kirche vier Bilder gemalt: Im ersten rettet Jesus als guter Hirte ein Schäfchen aus dem Drahtverhau, im Hintergrund brennen slowenische Dörfer (genau damals brannten die Faschisten Suhorje und sieben Dörfer in der Umgebung von Ilirska Bistrica nieder). Diesem Tierchen lauern drei Wölfe auf (Italien, Deutschland, Ungarn), die das Schäfchen – das slow. Volk – verschlingen wollen."[40]

In dieser Zeit weilte bei Pfarrer Anton Požar auch der bereits erwähnte Virgil Šček. Eine italienische Inspektion, eine gesamte lokale Carabinieri-Einheit, besuchte die Kirchenräume gerade während der Malarbeiten. Tone Kralj hatte eine ungewollte Eigenschaft, nämlich dass er, wenn er in einer ernsten Verlegenheit war, breit grinste. Virgil Šček erklärte den italienischen Besuchern schnell, dass der Maler schwachsinnig sei. Tone Kralj, der bemerkte, dass von ihm die Rede war, kam nun in noch größere Verlegenheit und grinste sie vom Malergerüst noch breiter an und bestätigte so mit seiner Mimik die Bemerkung von Šček. Die Kommission zog ohne weitere Untersuchung von dannen.[41]

Porträt von Tone Kralj, gemalt von seiner Frau Mara.

---

[39] Pogovor s slikarjem Tonetom Kraljem [Gespräch mit dem Maler Tone Kralj], Ognjišče, Koper 1972, S. 18.

[40] Besednjak-Archiv, Dok. Nr. 460. Lebenslauf des Pfarrers Anton Požar, als er in Lokev seinen Dienst versah.

[41] Die Tochter des Malers, Tatjana Kralj, mündliche Mitteilung.

Im Presbyterium: Das letzte Abendmahl

Detail: Die Gesichtszüge des Judas erinnern an die Ikone des Faschismus, Gabriele D'Annunzio.

„Am ersten Tag des Festes der Ungesäuerten Brote gingen die Jünger zu Jesus und fragten: „Wo sollen wir das Paschamahl für dich vorbereiten?" Er antwortete: „Geht in die Stadt zu dem und dem und sagt zu ihm: ‚Der Meister lässt dir sagen: Meine Zeit ist da; bei dir will ich mit meinen Jüngern das Paschamahl feiern.'" Die Jünger taten, wie Jesus ihnen aufgetragen hatte, und bereiteten das Paschamahl vor. Als es Abend wurde, begab er sich mit den zwölf Jüngern zu Tisch. Und während sie aßen, sprach er: „Amen, ich sage euch: Einer von euch wird mich ausliefern." Da wurden sie sehr traurig und einer nach dem andern fragte ihn: „Bin ich es etwa, Herr?" Er antwortete: „Der die Hand mit mir in die Schüssel eintaucht, wird mich ausliefern." Der Menschensohn muss zwar seinen Weg gehen, wie die Schrift über ihn sagt. Doch weh dem Menschen, durch den der Menschensohn ausgeliefert wird! Für ihn wäre es besser, wenn er nie geboren wäre. Da fragte Judas, der ihn auslieferte: „Bin ich es etwa, Rabbi?" Jesus antwortete: „Du sagst es." (Mt 26,17–35)

Jesus und der barmherzige Samariter

„Und siehe, ein Gesetzeslehrer stand auf, um Jesus auf die Probe zu stellen, und fragte ihn: ‚Meister, was muss ich tun, um das ewige Leben zu erben?' Jesus sagte zu ihm: ‚Was steht im Gesetz geschrieben? Was liest du?' Er antwortete: ‚Du sollst den Herrn, deinen Gott, lieben mit deinem ganzen Herzen und deiner ganzen Seele, mit deiner ganzen Kraft und deinem ganzen Denken, und deinen Nächsten wie dich selbst.' Jesus sagte zu ihm: ‚Du hast richtig geantwortet. Handle danach und du wirst leben!' Der Gesetzeslehrer wollte sich rechtfertigen und sagte zu Jesus: ‚Und wer ist mein Nächster?' Darauf antwortete ihm Jesus: ‚Ein Mann ging von Jerusalem nach Jericho hinab und wurde von Räubern überfallen. Sie plünderten ihn aus und schlugen ihn nieder; dann gingen sie weg und ließen ihn halbtot liegen. Zufällig kam ein Priester denselben Weg herab; er sah ihn und ging vorüber. Ebenso kam auch ein Levit zu der Stelle; er sah ihn und ging vorüber. Ein Samariter aber, der auf der Reise war, kam zu ihm; er sah ihn und hatte Mitleid, ging zu ihm hin, goss Öl und Wein auf seine Wunden und verband sie. Dann hob er ihn auf sein eigenes Reittier, brachte ihn zu einer Herberge und sorgte für ihn. Und am nächsten Tag holte er zwei Denare hervor, gab sie dem Wirt und sagte: ‚Sorge für ihn, und wenn du mehr für ihn brauchst, werde ich es dir bezahlen, wenn ich wiederkomme.' Wer von diesen dreien meinst du, ist dem der Nächste geworden, der von den Räubern überfallen wurde? Der Gesetzeslehrer antwortete: ‚Der barmherzig an ihm gehandelt hat.' Da sagte Jesus zu ihm: ‚Dann geh und handle du genauso!' (Lk 10,25-37)

Der barmherzige Samariter

Jesus bildet gemeinsam mit dem Verwundeten die slowenische Trikolore. Er hält das slowenische Volk (die slowenischen Nationalfarben) in den Händen, im Hintergrund die Feinde: ein Blonder (deutscher Nationalsozialist) und eine Gestalt mit faschistischem Fes auf dem Kopf (italienischer Faschist).

Beleibte Zugereiste, die sich in der Zeit nach dem Ersten Weltkrieg im Küstenland angesiedelt haben (in den italienischen Farben), verlassen nun panisch das Land – sie fliehen, mit Beute beladen.

Als ob Tone Kralj beim Malen dieses Bildes von Besednjaks Plänen gewusst hätte, die dieser Virgil Šček in einem Brief nach seiner Rückkehr aus Paris anvertraute, wo er über das Schicksal des Küstenlandes mit Vertretern der italienischen Emigration verhandelt hatte:

"In der Sache bin ich aber schon vor der Reise nach Paris zu klaren und entschiedenen Schlüssen gelangt. Die revolutionäre Organisation (die christlich-soziale, Anm. E. P.) ist für uns lebenswichtig. Ich bin ein Gegner isolierter und sinnloser Akte des Terrorismus, doch für den Fall eines politischen Umsturzes müssen wir auch die physischen Kräfte unseres Volkes organisieren. Wer kann heute die Entwicklung der politischen Ereignisse in Italien vorhersehen? Wer weiß, wie der Faschismus enden wird? Es ist nicht ausgeschlossen, dass Italien eine unvergleichlich schlimmere und blutigere Revolution als Spanien erleben wird. Wir müssen für jeden Fall bereit sein. /.../ Wenn der Kommunismus siegen sollte, würde sich für uns eine so günstige internationale Situation ergeben, dass wir uns mit entschlossenem und radikalem Handeln völlig befreien könnten. /.../ Wir brauchen die Organisation, um beim Zusammenbruch des Faschismus alle Stützpunkte niederzureißen, die sich der italienische Nationalismus in unserem Gebiet errichtet hat. Vergesst nicht, wie tief die italienische Bevölkerung bereits in unseren Volksorganismus eingedrungen ist! Fast in jedem Dorf sitzen italienische Händler, Ärzte, Bürgermeister, Gemeindesekretäre und sogar Gemeindediener! Um von Lehrern und Lehrerinnen und von den italienischen Priestern in Istrien gar nicht zu sprechen! All dieses Ungeziefer muss innerhalb von 48 Stunden aus dem Land verschwinden. Zu diesem Faschistengesindel gehört auch Sain (der Bischof von Rijeka, Isidoro Sain, Anm. E. P.) in Rijeka und Sirotti (Giovanni Sirotti, Administrator des Erzbistums Görz, Anm. E. P.), sollte er sich erdreisten, in Görz zu bleiben. Wir müssen das neue Regime vor vollendete Tatsachen stellen. Sonst werden wir für jedes Krümel kämpfen müssen und werden nie den Stand wiederherstellen können, wie er 1920 oder zumindest 1922 war. Vor vollendete Tatsachen muss auch der Vatikan gestellt werden, der eine solche Hochachtung vor Stärkeren hat.

Auch wenn die völlige und endgültige Befreiung so manchem heute als Utopie erscheint, gehört eine so radikale und rasche Säuberung unserer Gegend sicherlich zu den realen, praktischen, umsetzbaren politischen Ideen. Voraussetzung ist nur, dass wir uns darauf allseitig – sowohl politisch als auch technisch – vorbereiten."[42]

Engelbert Besednjak lag in seiner Prognose in einem wesentlichen Punkt falsch – der Kommunismus hat in der Tat gesiegt, zumindest in Jugoslawien. Interessanterweise dachte man über eine Säuberung in Julisch Venetien offenbar in allen politischen Lagern nach, auch im christlich-sozialen.

Die Flucht (Detail)

---

[42] BA, Dok. Nr. 341.

Der Grenzstein (Detail)

Der Grenzstein mit der Markierung Triest weist die Fluchtrichtung der Zugewanderten, in die Stadt und weiter nach Italien.

In der linken Ecke des Bildes zwei Lausbuben (ein faschistischer in italienischen Farben mit der Arditi-Mütze und ein nationalsozialistischer, arisch aussehender in Lederhosen). Einer hält einen Knüppel, der andere einen Dolch und sie blicken hinter einer Säule versteckt auf den Samariter. Ihr Sack geraubter (slowenischer) Güter mag zwar voll sein, dennoch stürzt der Tempel der heidnischen Ideologien des Nationalsozialismus und des Faschismus über ihrem Kopf ein. Im Hintergrund ist der Golf von Triest zu sehen.

Zwei Lausbuben (Detail) – Nationalsozialist und Faschist

Der gute Hirte

„Alle Zöllner und Sünder kamen zu ihm, um ihn zu hören. Die Pharisäer und die Schriftgelehrten empörten sich darüber und sagten: ‚Dieser nimmt Sünder auf und isst mit ihnen.' Da erzählte er ihnen dieses Gleichnis und sagte: „Wenn einer von euch hundert Schafe hat und eins davon verliert, lässt er dann nicht die neunundneunzig in der Wüste zurück und geht dem verlorenen nach, bis er es findet? Und wenn er es gefunden hat, nimmt er es voll Freude auf die Schultern, und wenn er nach Hause kommt, ruft er die Freunde und Nachbarn zusammen und sagt zu ihnen: ‚Freut euch mit mir, denn ich habe mein Schaf wiedergefunden, das verloren war!' Ich sage euch: Ebenso wird im Himmel mehr Freude herrschen über einen einzigen Sünder, der umkehrt, als über neunundneunzig Gerechte, die keine Umkehr nötig haben."
(Lk 15,1–7)

Jesus, der gute Hirte

Das verlorene Schaf verkörpert das im Krieg blutende slowenische Volk.

Jesus, der gute Hirte (mit dem weißen Lamm bildet er die slowenische Trikolore) rettet das slowenische Volk aus dem Drahtverhau (Krieg), im Hintergrund brennen die damals niedergebrannten Dörfer in Brkini. Den besiegten Feind symbolisieren die zu einem Haufen aufgetürmten Helme in der unteren rechten Ecke des Bildes.

Auf das Lamm lauern, wie Tone Kralj später schreibt, Italien, Deutschland und Ungarn. Die Angabe ist wichtig, denn sie zeigt seine Einstellung zur Frage des Vereinten Sloweniens. Die drei Wölfe sind gleichzeitig auch die den Küstenländern wohlbekannten und eingangs bereits erwähnten „Lupi di Toscana".

Brennende Dörfer (Detail)

Im Hintergrund brennen Dörfer im Hügelland Brkini, die von der Besatzungsmacht in jener Zeit niedergebrannt wurden.⁴³

---

⁴³ Und zwar die folgenden sieben Dörfer in der Region Innerkrain: Dolenja und Gorenja Bitnja, Kilovče, Mereče, Podstenje, Podstenjšek und Ratečevo brdo.

Lupi di Toscana

Auf dem Schrotthaufen der Geschichte (Detail)

„Auf dem Schrotthaufen der Geschichte". Stillleben (Detail) mit klarer Botschaft: So wie das alte Rom untergegangen ist (römisches Schwert und Helm), wird auch das faschistische untergehen (italienisches Bajonett und Helm aus dem Zweiten Weltkrieg).

147

Christus König

Vom Weltgericht / Christus König

„Wenn der Menschensohn in seiner Herrlichkeit kommt und alle Engel mit ihm, dann wird er sich auf den Thron seiner Herrlichkeit setzen. Und alle Völker werden vor ihm versammelt werden und er wird sie voneinander scheiden, wie der Hirt die Schafe von den Böcken scheidet. Er wird die Schafe zu seiner Rechten stellen, die Böcke aber zur Linken. Dann wird der König denen zu seiner Rechten sagen: ‚Kommt her, die ihr von meinem Vater gesegnet seid, empfangt das Reich als Erbe, das seit der Erschaffung der Welt für euch bestimmt ist! Denn ich war hungrig und ihr habt mir zu essen gegeben; ich war durstig und ihr habt mir zu trinken gegeben; ich war fremd und ihr habt mich aufgenommen; ich war nackt und ihr habt mir Kleidung gegeben; ich war krank und ihr habt mich besucht; ich war im Gefängnis und ihr seid zu mir gekommen.' Dann werden ihm die Gerechten antworten und sagen: ‚Herr, wann haben wir dich hungrig gesehen und dir zu essen gegeben oder durstig und dir zu trinken gegeben? Und wann haben wir dich fremd gesehen und aufgenommen oder nackt und dir Kleidung gegeben? Und wann haben wir dich krank oder im Gefängnis gesehen und sind zu dir gekommen?' Darauf wird der König ihnen antworten: ‚Amen, ich sage euch: Was ihr für einen meiner geringsten Brüder getan habt, das habt ihr mir getan. Dann wird er zu denen auf der Linken sagen: ‚Geht weg von mir, ihr Verfluchten, in das ewige Feuer, das für den Teufel und seine Engel bestimmt ist! Denn ich war hungrig und ihr habt mir nichts zu essen gegeben; ich war durstig und ihr habt mir nichts zu trinken gegeben; ich war fremd und ihr habt mich nicht aufgenommen; ich war nackt und ihr habt mir keine Kleidung gegeben; ich war krank und im Gefängnis und ihr habt mich nicht besucht.' Dann werden auch sie antworten: ‚Herr, wann haben wir dich hungrig oder durstig oder fremd oder nackt oder krank oder im Gefängnis gesehen und haben dir nicht geholfen? Darauf wird er ihnen antworten: ‚Amen, ich sage euch: Was ihr für einen dieser Geringsten nicht getan habt, das habt ihr auch mir nicht getan.' Und diese *werden weggehen zur ewigen Strafe, die Gerechten aber zum ewigen Leben."* (Mt 25,31–46)

Auf der linken Seite des Gemäldes „Christus König" treten als Bösewichte die Vertreter des globalen Faschismus, repräsentiert durch die Achse Rom–Berlin–Tokio, bzw. „Stahlpakt", auf. Sie kriechen unterwürfig zu Christi Füßen, denn es naht das Kriegsende und die Zeit des Urteils.

Zu seiner Linken sehen wir einfache Leute in den slowenischen Nationalfarben. Ganz rechts im Bild ein Detail – der Fluss Soča (Isonzo) und die Brücke von Solkan, der Berg Sabotin und der Pilgerweg zur Sveta Gora über Görz mit dem Kanin-Gebirge im Hintergrund und dem Ausblick bis nach Slavia Veneta.

Achsenmächte (Detail)

Der Japaner (Detail)

Das Detail beschrieb Tone Kralj wie folgt:

„Im Bild kommt Christus aus den Wolken; von der einen Seite pilgern einfache einheimische Leute zu ihm, von der anderen kommen unterwürfig Faschisten gebrochen."[44]

Die „Achsenmächte" werden von einem Italiener (in den italienischen Nationalfarben), hinter ihm einem Nazi arischen Aussehens und mit deutschen Handgranaten („Stielhandgranaten") und am Ende einem Japaner repräsentiert.

Der Japaner lässt, obwohl er ein Bittsteller vor Christus ist, den festgezurrten Chinesen noch immer nicht frei.

[44] Pogovor s slikarjem Tonetom Kraljem [Gespräch mit dem Maler Tone Kralj], Ognjišče, Koper 1972, S. 18.

Jesus – der Sämann

Der Sämann

„Jesus legte ihnen ein anderes Gleichnis vor: „Mit dem Himmelreich ist es wie mit einem Mann, der guten Samen auf seinen Acker säte. Während nun die Menschen schliefen, kam sein Feind, säte Unkraut unter den Weizen und ging weg. Als die Saat aufging und sich die Ähren bildeten, kam auch das Unkraut zum Vorschein. Da gingen die Knechte zu dem Gutsherrn und sagten: ‚Herr, hast du nicht guten Samen auf deinen Acker gesät? Woher kommt dann das Unkraut?' Er antwortete: ‚Das hat ein Feind getan. Da sagten die Knechte zu ihm: ‚Sollen wir gehen und es ausreißen?' Er entgegnete: ‚Nein, damit ihr nicht zusammen mit dem Unkraut den Weizen ausreißt. Lasst beides wachsen bis zur Ernte und zur Zeit der Ernte werde ich den Schnittern sagen: ‚Sammelt zuerst das Unkraut und bindet es in Bündel, um es zu verbrennen; den Weizen aber bringt in meine Scheune!'" (Mt 13, 24-30)

Der Sämann als Motivikone der slowenischen bildenden Kunst (Ivan Grohar) ist mit einem realistischen Gemälde des Dorfes Lokev auf dem Karst im Hintergrund abgebildet. Man erkennt den Turm mitten im Dorf, der im 15. Jahrhundert der Türkenabwehr diente. Auf dem Acker pflügt eine slowenische Familie (in den Nationalfarben). Jesus (ebenso in den slowenischen Farben) sät den guten Samen, doch hinter ihm sät der Teufel Unkraut und Patronen, eine Metonymie des Krieges.

Der Teufel (Detail) *Gabriele D'Annunzio*

    Das Gesicht des teuflischen Sämanns in den italienischen Nationalfarben kommt in den Zügen wieder dem Gesicht der Ikone des faschistischen Regimes Gabriele D'Annunzio erstaunlich nahe.

14. Slivje v Brkinih, 1943/1944
(Pfarrkirche hl. Martin)

In Slivje malte Kralj im Presbyterium: *der hl. Martin erweckt einen toten Jüngling, der hl. Martin teilt seinen Mantel mit dem Bettler, Christus erscheint dem hl. Martin, der hl. Martin am Hauptaltar, der sterbende hl. Martin, der hl. Martin als Wundertäter, hl. Martin unter den Brüdern.* Im Kirchenschiff: *Die Heilige Familie, Maria verlässt ihr Heim, Jesus erscheint den Aposteln, Auferstehung.*

In demselben Jahr begann Kralj auch die Pfarrkirche in Slivje in Brkini herzurichten und zu bemalen. Wie er selbst sagt: „*Ich ging aus Lokev nach Slivje, von dort nach Dekani, danach wurde es da unten ‚zu heiß' und ich habe mich nach Soča und Trenta zurückgezogen.*"[45]

Er wurde vom Pfarrer Viktor Berce nach Slivje eingeladen, ein weiterer der bekannten slowenischen Priester und Mitglied der Geheimen Organisation sowie des Priesterkollegiums des hl. Paulus.

[45] Pogovor s slikarjem Tonetom Kraljem [Gespräch mit dem Maler Tone Kralj], Ognjišče, Koper 1972, S. 19.

In der ersten Station des *Kreuzwegs* in Slivje verurteilt Pilatus Jesus zum Tode. Pilatus hat das Gesicht von Mussolini. Am Fuße des Throns von Mussolini ist das faschistische Symbol (Bündel und Beil) zu sehen, das der deutsche bzw. nationalsozialistische Adler fest in seinen Krallen hält: Die Ordnung der Symbole der beiden Regime bezieht sich auf die damalige geopolitische Situation. Die Reliefs sind nämlich in der Zeit der *Operationszone Adriatisches Küstenland* entstanden, einer Militärregion, die *de facto* Teil des nationalsozialistischen Deutschlands war, während das Gebiet *de jure* zu Mussolinis Marionettenstaat gehörte, den er nach dem Zusammenbruch des Faschismus in Norditalien gründete, genannt Repubblica di Salò.

Im runden Relief der 11. Kreuzwegstation tritt in der Rolle eines biblischen Bösewichts noch der zweite Diktator (Adolf Hitler) mit dem charakteristischen Scheitel und Schnurrbart, in eine Lederhose gekleidet, auf. Er hilft, Jesus auf das Kreuz zu heben.

Im Bild erster von links der Pfarrer in Slivje, Viktor Berce, dritter Tone Kralj.

Der heilige Martin erweckt einen toten Mitbruder.

In der Kirche St. Martin in Slivje setzte Tone Kralj in den Jahren 1943–1944, nach der Kapitulation Italiens und während des Untergangs seines faschistischen Regimes, Mussolini ein groteskes Denkmal. Neben ihm erscheint auf dem Bild offensichtlich auch die ewige Ikone des faschistischen Regimes, Gabriele D'Annunzio. Die Gestalt des Dichters ist im Bild im Presbyterium zu erkennen, wo er dem hl. Martin „droht". Dieser trägt den toten Jüngling, den er von den Toten erwecken wird (gemeinsam setzen die Gestalten die slowenischen Farben zusammen). D'Annunzio dagegen trägt Kleider in den Farben der italienischen *Trikolore*.

Der heilige Martin wird von D'Annunzio, der die italienischen Farben trägt, und Mussolini mit der charakteristischen Kopfbedeckung (Parademütze) bedroht.

Gabriele D'Annunzio und Mussolini

Im Hintergrund brennt ein heidnischer Tempel (Symbol für die faschistische Ideologie und das faschistische Regime).

Der hl. Martin teilt seinen Mantel mit einem Bettler.

Es ist wohl kein Zufall, dass der hl. Martin den gerade durchgeschnittenen Mantel einem Bettler in den slowenischen Farben reicht. Angesichts des nahen Kriegsendes und der Niederlage des Faschismus sollte auch das (mit dem Grenzvertrag von Rapallo 1920) zerstückelte slowenische Gebiet neu verteilt werden.

Auch der Beobachter, der die Szene spöttisch betrachtet, ist in die italienische *Trikolore* gehüllt. Sehr wahrscheinlich (es gibt keinen Beweis) ist das der militärische Führer des italienischen *Risorgimento*, Giuseppe Garibaldi.

Giuseppe Garibaldi

Giuseppe Garibaldi (Detail)

Wie im Spiegelbild erscheint er auch in der rechten oberen Ecke des Gemäldes. Wir werden nie wissen, wieso er die Ereignisse aus einer anderen Perspektive beobachtet und sie mehr aus der Ferne betrachtet. In der Zeit der Entstehung des Bildes war bereits realistisch zu erwarten, dass sich die territorial-politischen Grenzen in Julisch Venetien bald verschieben würden. Das Tor, bei dem die Beobachter der Szene stehen, erinnert an den Eingang in die Burgmauer der Burg von Görz.

Die Auferstehung Jesu

Die Auferstehung Jesu

„Nach dem Sabbat, beim Anbruch des ersten Tages der Woche, kamen Maria aus Magdala und die andere Maria, um nach dem Grab zu sehen. Und siehe, es geschah ein gewaltiges Erdbeben; denn ein Engel des Herrn kam vom Himmel herab, trat an das Grab, wälzte den Stein weg und setzte sich darauf. Sein Aussehen war wie ein Blitz und sein Gewand weiß wie Schnee. Aus Furcht vor ihm erbebten die Wächter und waren wie tot. Der Engel aber sagte zu den Frauen: Fürchtet euch nicht! Ich weiß, ihr sucht Jesus, den Gekreuzigten. Er ist nicht hier; denn er ist auferstanden, wie er gesagt hat. Kommt her und seht euch den Ort an, wo er lag! Dann geht schnell zu seinen Jüngern und sagt ihnen: ‚Er ist von den Toten auferstanden und siehe, er geht euch voraus nach Galiläa, dort werdet ihr ihn sehen'. Siehe, ich habe es euch gesagt." Sogleich verließen sie das Grab voll Furcht und großer Freude und sie eilten zu seinen Jüngern, um ihnen die Botschaft zu verkünden.

Und siehe, Jesus kam ihnen entgegen und sagte: „Seid gegrüßt!" Sie gingen auf ihn zu, warfen sich vor ihm nieder und umfassten seine Füße. Da sagte Jesus zu ihnen: „Fürchtet euch nicht! Geht und sagt meinen Brüdern, sie sollen nach Galiläa gehen und dort werden sie mich sehen." (Mt 28,1–10)

Im Detail sieht man, dass die beiden kaum noch stehenden Legionäre, Bewacher des Grabes Jesu, in Brauntönen dargestellte Blonde (Nazis) sind. Einer hat sogar die charakteristische deutsche Pickelhaube aus dem Ersten Weltkrieg auf dem Kopf.

Die beiden anderen Soldaten im unteren Teil des Bildes sind in die italienischen Nationalfarben gekleidet und liegen bereits am Boden.

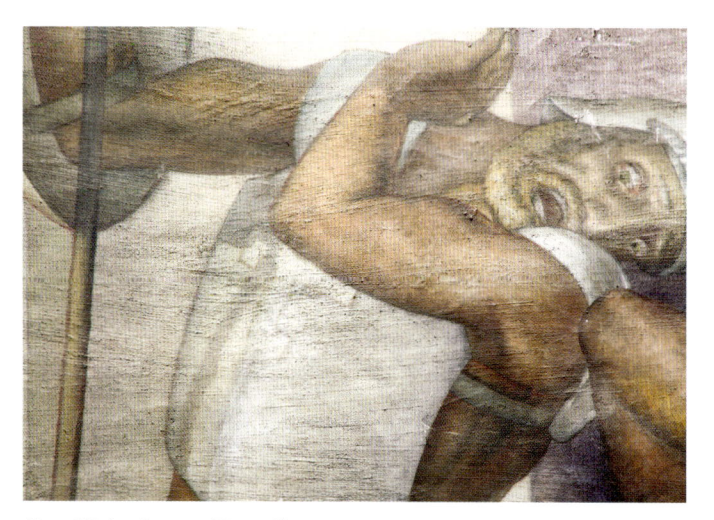

Das Hakenkreuz (Detail)

Das Hakenkreuz (Detail)

Zweites Hakenkreuz (Detail)

Ein genauer Blick enthüllt uns das Hakenkreuz auf der Brust des ersten Soldaten (Nazi), der es zwar teilweise mit seiner Linken bedeckt.

Der zweite blonde Nazi hat ein Hakenkreuz auf dem Rücken.

Das Hakenkreuz ist in die andere Richtung gedreht. Dreht sich das Rad der Geschichte gegen den Nationalsozialismus – oder geht es bloß um einen absichtlichen Fehler, mit dem sich der Maler bei einer allfälligen Entdeckung hätte schützen können?

Doch vermutlich hätten dem Maler auf historische Symbole bezogene Ausreden eher wenig geholfen, da in der Kirche in Slivje der als Relief ausgeführte *Kreuzweg* eine ganz besondere Geschichte erzählt. An den Stationen des Kreuzwegs Jesu erkennt man die Kreuzigung des slowenischen Volkes, ausgeführt von leicht erkennbaren Figuren und Gestalten – Ikonen des Nationalsozialismus und des Faschismus.

*Erste Station: Jesus
vor Pilatus – Mussolini*

Der deutsche Adler (Detail)

Mussolini (Detail)

Erneut ist – im faschistischen Bündelsymbol – die Repubblica di Salò abgebildet, Mussolinis Marionettenstaat in Norditalien, den (in der Zeit der nationalsozialistischen Operationszone Adriatisches Küstenland) der nationalsozialistische deutsche Adler in seinen Krallen festhält.

Benito Mussolini und vielleicht wieder Augusto Turati treiben Jesus an.

Mussolini und Turati (Detail)  *Benito Mussolini*  *Augusto Turati*

In der dritten Kreuzwegstation trägt ein Bösewicht (der Soldat), der an der Kreuzigung mitwirkt, wieder einen italienischen Soldatenhelm auf dem Kopf.

In der sechsten Station trägt ein römischer Soldat einen deutschen Stahlhelm.

Den gleichen deutschen Helm erkennt man in der siebten Station.

An der neunten Station wird Jesus von einem die charakteristische deutsche Gebirgsjägermütze tragenden Soldaten und einem Soldaten mit italienischem Stahlhelm gemartert.

Der Helm der italienischen Infanterieverbände und die Mütze der deutschen Gebirgsjäger (Detail)

Gebirgsjäger während der Niederbrennung slowenischer Dörfer in der Gegend von Cerkno Anfang Juni 1944.

Sowohl italienische Infanterieverbände als auch deutsche Gebirgsjäger brannten slowenische Dörfer im Küstenland nieder. Nach der Kapitulation Italiens war im Küstenland nämlich eine berüchtigte Gruppe tätig, die in Polen in der Operation namens *Aktion Reinhardt* Massenmorde zu verantworten hatte. Die Gruppe wurde vom skrupellosen SS-Offizier und Kriegsverbrecher Odilo Globocnig (auch Globotschnig) geleitet, der aus Triest stammte und seine NS-Laufbahn in Kärnten begann. Seine Vorfahren stammten väterlicherseits aus Tržič in Oberkrain. In Polen war er für die Vernichtungslager Belzec, Sobibor, Majdanek und Treblinka verantwortlich. Mit seinen Mitarbeitern, wie Hermann Höffle und dem SS-Hauptsturmführer Christian Wirth (der von Partisanen in Kozina im Frühjahr 1944 getötet wurde), organisierte dieses „Team" in der erwähnten *Aktion Reinhardt* in Polen die Ermordung von zwei Millionen Juden und Slawen. Im Jahre 1943 zogen sie ins Küstenland, in die sog. Operationszone Adriatisches Küstenland, was zweifellos von der damaligen strategischen Wichtigkeit des Küstenlandes zeugt. Odilo Globocnig war Befehlshaber der SS-Einheiten und der Polizei. Seine Mitarbeiter und Experten für die Partisanenbekämpfung (wie z. B. der führende Organisator der deutschen Gebirgsjägereinheiten General Ludwig Kübler) „erlangten Ruhm" als Massenmörder an der Zivilbevölkerung im Küstenland.

In der elften Station treten bei der Kreuzigung der Führer und Mussolini gemeinsam auf.

Das Leiden des slowenischen Volkes wird bald vorbei sein. Der erschöpfte Führer, der im Relief in Lederhosen mit dem charakteristischen Scheitel und Schnurrbart auftritt, zieht Jesus mit letzter Anstrengung ans Kreuz.

Der Führer (Detail)

Der Führer

Maria zermalmt den Kopf der Schlange

Die Schlange (Detail)

In der linken Seitenkapelle steht die Statue der Jungfrau Maria mit Jesus, die mit dem Fuß den Kopf der Schlange – als Symbol des Bösen (Faschismus) – zerdrückt.

Ähnlich wie in der Kirche in Piuma/Pevma bei Görz hat der Teufel ein menschliches Gesicht. Denn dreht man das Foto um, erinnert es an Gabriele D'Annunzio.

Gabriele D'Annunzio

Die Begegnung von Jesus mit Maria

15. Dekani, 1944 (Pfarrkirche Mariae Himmelfahrt)

In Dekani bemalte Tone Kralj das Presbyterium: *Tod des hl. Josef, Begegnung Jesu mit Maria, Kreuzabnahme, Mariä Opferung, Verkündigung, Geburt.* Altarbild: *Maria Himmelfahrt.*

Szene der Begegnung von Jesus mit Maria, beide sind in den slowenischen Nationalfarben abgebildet.

Unter den Aposteln Judas mit blutigem Geldbeutel (Detail)

Judas mit dem Geldbeutel (Detail)

Eine der Gestalten in der Menge ist vermutlich Augusto Turati in der Rolle des Judas mit dem Geldbeutel. Dabei könnte es sich wieder um den Sekretär der faschistischen Partei PNF (Partito nazionale fascista), Augusto Turati, handeln?

Augusto Turati

16. Nazi-Zirkus

„*Attrazione*" ist auf dem Zirkusplakat zu lesen; im herzförmigen Anhänger, der zwischen den Brüsten der Attraktion hängt, steht: „*Mia piccola Slovenia*". Auf der Platte unter dem in die deutsche Soldatenuniform gekleideten Skelett, das den Tod darstellt, kann man folgende Einladung zur „Zirkusvorstellung" lesen: „Große u. kleine europäische Hencker gesucht u. immer willkommen! Direktion." Die Proklamation ist von Hitler selbst unterzeichnet. Man kann vermuten, dass der Maler über die Verbrechen von Odilo Globocnig und seinen Mitarbeitern im Küstenland erschüttert war. Wie gesagt, das Gebiet des Küstenlandes gehörte *de iure* zu Mussolinis Marionettenstaat, genannt Repubblica Sociale Italiana oder Repubblica di Salò, während es *de facto* Teil der Operationszone Adriatisches Küstenland unter deutscher Militärverwaltung war.

Mussolini in der Rolle des Clowns, in die *Trikolore* gekleidet. Sein Kopf glüht in blutigem Glanz ... doch der Zirkus geht zu Ende. Das Bild entstand nur gut ein Jahr, nachdem Mussolini am 31. Juli 1942 in Görz in theatralischem Rednerstil in Bezug auf das Schicksal, mit dem er die Slowenen im neuen römischen Reich bedachte, brüllte:

> *„Li prenderemo secondo la giustizia romana – Cesare ha distrutto le schiatte barbare – e poi schiacciate fino alla totale distruzione della razza. Tre km intorno al luogo del delitto sia tutto bruciato ..."*[46]

---

[46] „Wir werden sie nach römischem Recht richten – Cäsar vernichtete die Barbarenstämme – und zerstörte, bis die Rasse vollkommen vernichtet war. Drei Kilometer um den Tatort soll alles niedergebrannt werden ..." (Rudolf Klinec, Dnevniški zapisi [Tagebucheinträge] 1943–1945. Gorica, Goriška Mohorjeva družba, 2010, S. 36).

Der Clown Mussolini (Detail)

Mussolini

Die letzte Phase im Zweiten Weltkrieg. Der „Nazi-Zirkus" geht zu Ende. Das gleichnamige groteske Gemälde von Tone Kralj entstand Ende 1943.

Mussolini steht auf einem Piedestal, das anscheinend den berühmten Altar Ara Pacis in Rom darstellt. Das augusteische Friedensdenkmal wurde 1938 restauriert und vom faschistischen Regime feierlich aufgestellt. Das römische Piedestal ist mit Symbolen des kaiserlichen Roms und Plakaten geschmückt, die für den Zirkus werben. Die auf der linken Seite eingemeißelten Jahreszahlen stellen den Zeitraum der italienischen Besatzung des Küstenlandes dar (1919–1943), und die rechte Seite zeigt die Verbrechen gegen die slowenische Bevölkerung. Sie sind auf Plakaten abgebildet, die an die italienische Trikolore geklebt sind. Kralj hat auf diese Weise eines der zentralen faschistischen Symbole, die sog. *romanità*, in eine regimekritische Botschaft verwandelt und auf das wahre Gesicht der faschistischen Rhetorik über die vermeintlich überlegene italienische zweitausendjährige Kultur hingewiesen.

Rechts im Bild trägt ein in die deutsche Militäruniform gekleidetes Skelett, der Tod, einen deutschen Stahlhelm, auf seiner Brust ein schwarzes Kreuz, das der deutschen Militärauszeichnung, dem Eisernen Kreuz, ähnelt.

Die Art und Weise, wie „Der Zirkus" das Chaos im sadistischen, entpersönlichten Wahnsinn thematisiert, erinnert an den Film *Die 120 Tage von Sodom* von Pier Paolo Pasolini, der vom Regisseur dreißig Jahre später zum Thema Repubblica di Salò gedreht wurde.

Ara Pacis (Detail)

17. Soča bei Bovec, 1944
(Filialkirche hl. Josef)

Im Dorf Soča sind wieder typische Beispiele von Kraljs Karikaturen der Führer des Nationalsozialismus und des Faschismus zu finden. Tone Kralj malte dort 1944 neun Monate lang. Er bemalte das Presbyterium: *Verlobung des hl. Josef, der hl. Josef mit Jesus, Tod des hl. Josef.* Im Kirchenschiff: *Bischof Baraga zwischen den Evangelisten Matthäus und Johannes, fünf slawische Heilige (Hemma, Kasimir, Olga, Stanislaus, Ludmilla), die heiligen Petrus und Paulus, die heiligen Kyrill und Method, fünf slawische Heilige (Wenzel, Johann Nepomuk, Ladislaus, Josafat, Vladimir), Bischof Slomšek zwischen den Evangelisten Lukas und Markus.*

Das Kreuzwegrelief wurde später in die Kirche gebracht (es wurde in den Formen für den Kreuzweg in Slivje, der schon zuvor beschrieben wurde, gegossen).

Im Buch, das der hl. Kyrill und der hl. Method in den Händen halten, übernimmt die Schrift besonders vielsagend die symbolische Rolle der Verschmelzung des Slowenentums, des Slawentums und des Christentums: Das Vaterunser ist auf Slowenisch, doch in moderner russisch-kyrillischer Schrift geschrieben.

Kralj malte auch den Bischof Anton Martin Slomšek und den Missionar Friderik Baraga als Heilige,[47] was für jene Zeit eine originelle Idee bzw. Vision war; Slomšek ist nämlich erst seit 1999 „selig", und Baraga Kandidat für die Seligsprechung.[48]

---

[47] Friderik Baraga (1797–1868), slowenischer Missionar, Bischof, Reisender, Grammatiker und Kandidat für die Seligsprechung.

[48] Marko Vuk, 100-letnica rojstva Toneta Kralja [100. Geburtstag von Tone Kralj], Koledar Goriške Mohorjeve družbe, Gorica 2000.

Petrus und Paulus

Kyrill und Method

EV·MATEJ   FRIDERIK·BARAGA   EV·JANEZ

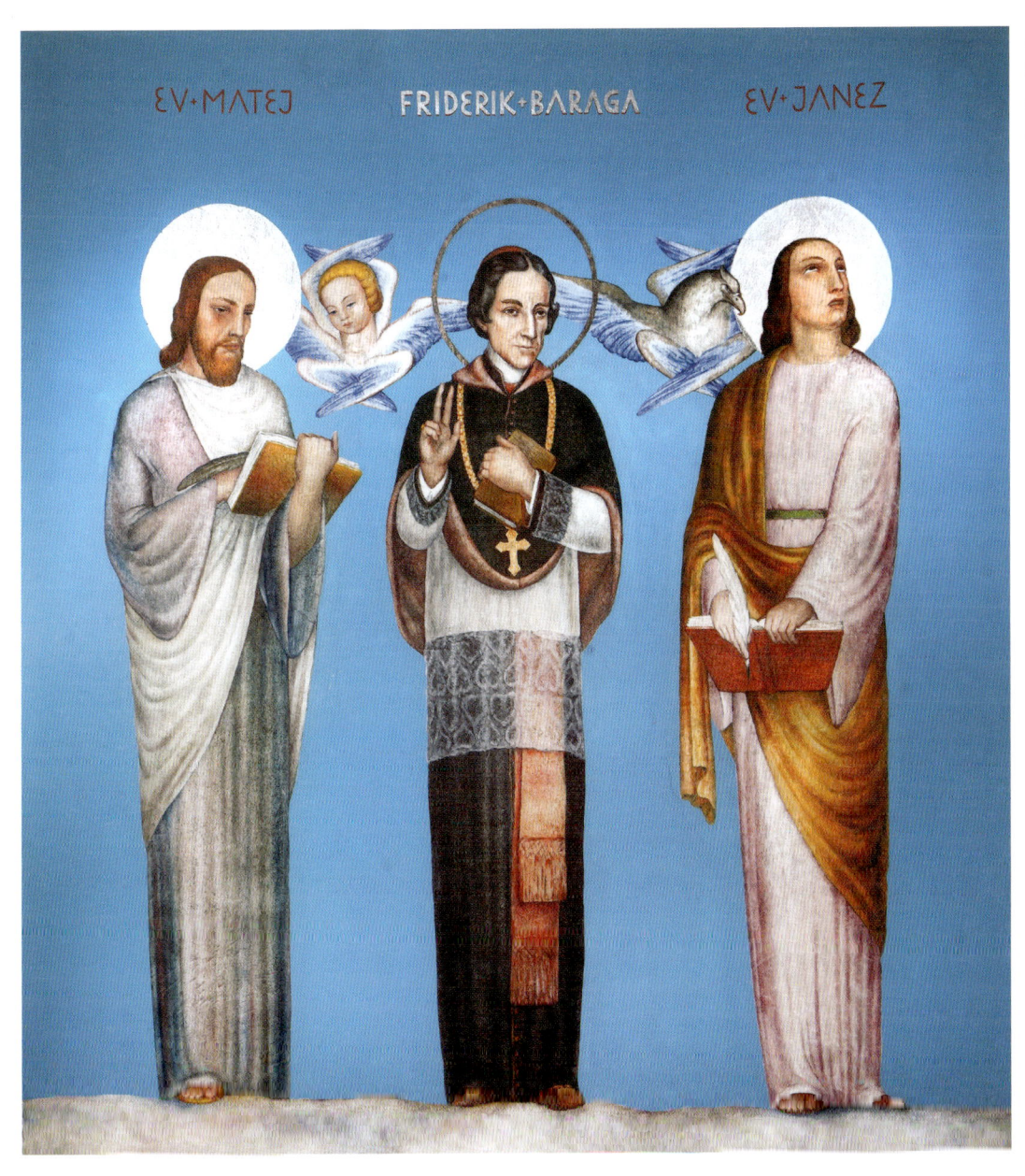

Die Evangelisten Matthäus und Johannes und dazwischen der slowenische Missionar Friderik Baraga.

Die slawischen Heiligen: Wenzel, Johann Nepomuk, Ladislaus, Josafat und Vladimir.

Die slawischen Heiligen: Hemma, Kasimir, Olga, Stanislaus und Ludmilla.

Die hl. Hemma ist in den slowenischen Nationalfarben gemalt (Detail).

Die hl. Hemma ist in den slowenischen Nationalfarben dargestellt. In den Händen hält sie die Kirche von Gurk in Kärnten.[49] Kralj teilt mit der Verwendung der symbolhaften Farbkombination in national-irredentistischer Manier eindeutig mit, dass auch für die Slowenen in Kärnten, die nach dem Ersten Weltkrieg zur Republik Österreich kamen, die Zeit des Vereinten Sloweniens und somit des Anschlusses an die Mehrheit des slowenischen Volkes kommen würde.

war die hl. Hemma in der Zwischenkriegszeit mit dem Schicksal des gemischtsprachigen Landes Kärnten verbunden, das nach dem Ersten Weltkrieg der Republik Österreich zugefallen war.

Das Land Kärnten (slowenisch *Koroška*, auch *Korotan*) wurde im slowenischen nationalen Kontext und der Kulturgeschichte als „Wiege des Slowenentums" wahrgenommen, weil sich Anfang des siebten Jahrhunderts das erste slawische Stammesfürstentum – Karantanien – entwickelte. Als die Slawen in Karantanien 743 die Bayern um Hilfe bei der Verteidigung gegen die Awaren baten, mussten sie ihre Oberherrschaft anerkennen. Nach der Niederlage und Absetzung des aufsässigen bayerischen Fürsten Tassilo III. im Jahre 788 wurde gemeinsam mit Bayern auch Karantanien in den fränkischen Staat von Karl dem Großen eigegliedert. Als eines der historischen Länder fiel das gemischtsprachige Land nach dem Zerfall der österreichisch-ungarischen Monarchie nach der Volksabstimmung 1920 der Republik Österreich zu.

---

[49] Die hl. Hemma von Gurk – Hemma von Pilstein – stammte von den Grafen von Pilstein ab. Der Legende nach war ihr Vater Graf Engelbert. Mütterlicherseits hatte sie Vorfahren sowohl in der bayrischen Dynastie der Luitpoldinger als auch unter den Slawen: Zwentibold und Waltuni. Als Hemma nach dem Tode ihres Mannes und der beiden Söhne im Jahr 1036 allein blieb, entsagte sie dem weltlichen Leben. Ihre größte Tat war die Stiftung des Benediktinerinnenklosters in Gurk in Kärnten 1043. Im Jahr 1072 – nach der Auflösung des Klosters – wurde Gurk zum Sitz des neugegründeten Bistums. Hemma (Emma) starb vermutlich am 29. Juni 1045. Mit der Öffnung ihres Grabes 1287, was nach mittelalterlicher Überzeugung als Beatifikation verstanden wurde, verstärkte sich ihre Verehrung. Diese war eine der Grundlagen ihrer Heiligenerklärung im Jahr 1938 durch Papst Pius XI. Der Vatikan bestätigte ihre Verehrung im Jahr 1940. Die Pfarr- und ehemalige Domkirche Mariae Himmelfahrt ist auch heute noch ein beliebter Wallfahrtsort. Vorfahren der Slowenen pilgerten jahrhundertelang zum Grab der hl. Hemma nach Gurk/Krka in Kärnten. Hemma ist die Schutzheilige des Bistums Gurk (das seinen Sitz in Klagenfurt hat) und Schutzpatronin des Landes Kärnten. Im Kulturgedächtnis der Slowenen

Slomšek zwischen den Evangelisten Markus und Lukas. Auch Slomšek bekam von Kralj schon damals den Heiligenschein.

Detail aus Slomšeks Predigt aus dem Jahr 1862

Der Erzengel Michael, in die slowenischen Nationalfarben gekleidet, zertritt die Schlange.

Im Vergleich zu dem ähnlichen, vorher verwendeten Motiv hat die Schlange in diesem Bild wieder das eindeutig erkennbare Gesicht von Mussolini. Auch die Symbole beider Regime gehen erwürgt zugrunde: der nationalsozialistische Adler und die faschistische Wölfin.

Der nationalsozialistische Adler und die faschistische Wölfin (Detail)

Mussolini

Auf der Wandmalerei beim Eingang rettet der gute Hirte Jesus das verlorene Schaf (das slowenische Volk). Die Komposition ist in den slowenischen Nationalfarben ausgeführt.

Der verlorene Sohn

„Weiter sagte Jesus: „Ein Mann hatte zwei Söhne. Der jüngere von ihnen sagte zu seinem Vater: ‚Vater, gib mir das Erbteil, das mir zusteht!' Da teilte der Vater das Vermögen unter sie auf. Nach wenigen Tagen packte der jüngere Sohn alles zusammen und zog in ein fernes Land. Dort führte er ein zügelloses Leben und verschleuderte sein Vermögen. Als er alles durchgebracht hatte, kam eine große Hungersnot über jenes Land und er begann Not zu leiden. Da ging er zu einem Bürger des Landes und drängte sich ihm auf; der schickte ihn aufs Feld zum Schweinehüten. Er hätte gern seinen Hunger mit den Futterschoten gestillt, die die Schweine fraßen; aber niemand gab ihm davon. Da ging er in sich und sagte: ‚Wie viele Tagelöhner meines Vaters haben Brot im Überfluss, ich aber komme hier vor Hunger um. Ich will aufbrechen und zu meinem Vater gehen und zu ihm sagen: Vater, ich habe mich gegen den Himmel und gegen dich versündigt. Ich bin nicht mehr wert, dein Sohn zu sein; mach mich zu einem deiner Tagelöhner!' Dann brach er auf und ging zu seinem Vater. Der Vater sah ihn schon von Weitem kommen und er hatte Mitleid mit ihm. Er lief dem Sohn entgegen, fiel ihm um den Hals und küsste ihn. Da sagte der Sohn zu ihm: ‚Vater, ich habe mich gegen den Himmel und gegen dich versündigt; ich bin nicht mehr wert, dein Sohn zu sein. Der Vater aber sagte zu seinen Knechten: ‚Holt schnell das beste Gewand und zieht es ihm an, steckt einen Ring an seine Hand und gebt ihm Sandalen an die Füße! Bringt das Mastkalb her und schlachtet es; wir wollen essen und fröhlich sein. Denn dieser, mein Sohn, war tot und lebt wieder; er war verloren und ist wiedergefunden worden.' Und sie begannen, ein Fest zu feiern.

Sein älterer Sohn aber war auf dem Feld. Als er heimging und in die Nähe des Hauses kam, hörte er

Auf der gegenüberliegenden Seite der Kirche empfängt und tröstet Jesus den verlorenen Sohn (das slowenische Volk). Die Hintergrundfarbe und die Farben der Kleidung der beiden Figuren bilden (zusammen) wieder die slowenischen Nationalfarben.

Das slowenische Volk ist gefesselt, geschlachtet und blutig – Jesus, das Opferlamm für die Sünden der Menschheit.

„Und als das Lamm das siebente Siegel auftat, entstand eine Stille im Himmel etwa eine halbe Stunde lang." (Offb. 8,1)
Es kommt die Zeit der Offenbarung, Erlösung – Befreiung

Musik und Tanz. Da rief er einen der Knechte und fragte, was das bedeuten solle. Der Knecht antwortete ihm: ‚Dein Bruder ist gekommen und dein Vater hat das Mastkalb schlachten lassen, weil er ihn gesund wiederbekommen hat.' Da wurde er zornig und wollte nicht hineingehen. Sein Vater aber kam heraus und redete ihm gut zu. Doch er erwiderte seinem Vater: ‚Siehe, so viele Jahre schon diene ich dir und nie habe ich dein Gebot übertreten; mir aber hast du nie einen Ziegenbock geschenkt, damit ich mit meinen Freun-

Auf Holz gemalte Miniaturbilder

den ein Fest feiern konnte. Kaum aber ist der hier gekommen, dein Sohn, der dein Vermögen mit Dirnen durchgebracht hat, da hast du für ihn das Mastkalb geschlachtet.' Der Vater antwortete ihm: ‚Mein Kind, du bist immer bei mir und alles, was mein ist, ist auch dein. Aber man muss doch ein Fest feiern und sich freuen; denn dieser, dein Bruder, war tot und lebt wieder; er war verloren und ist wiedergefunden worden.'" (Lk 15,11–32)

Auf Holz gemalte Miniaturbilder waren ein besonderes Geschenk des Malers an die Hausherren der Höfe im Dorf Soča und Umgebung, die Geld für Farben und die Arbeit spendeten – jeder Hof für einen bestimmten (eigenen) Heiligen. Diese sog. Paten der Malereien erhielten deshalb Votivbilder, die neben „ihrem" Heiligen in der Kirche in Soča auch ihren Bauernhof „vor Ort" schützen sollten.

18. Wieder im Würgegriff der Ideologien

Das Dorf Soča, in dem Kralj 1944 arbeitete, lag in einem Gebiet, das von Partisaneneinheiten kontrolliert wurde. Kurz vor Kriegsende findet man über den Maler auch diesen Vermerk der OZNA:[50]

"Kralj Tone, Kunstmaler, im ganzen Küstenland als Kirchenmaler bekannt, etwa 50 Jahre alt, von mittelschlanker Statur, dunkelbraune Haare, trägt einen langen dunkelbraunen gekräuselten Bart.

Er kam 1944 nach Soča bei Bovec mit der Absicht, die Kirche zu bemalen. Er schloss seine Arbeit schon vor Monaten ab und befindet sich nun immer noch im Pfarrhaus in Soča. Er ging des Öfteren nach Görz, um Farben zu kaufen. Schon bei seiner Ankunft in Soča äußerte er sich gegen unsere Bewegung und unsere Aktivisten. Er erzählt, dass ihn die Deutschen verfolgten und dass er hier einen geeigneten Platz gefunden habe, um sich vor ihnen zu verstecken. Es besteht der Verdacht, dass er vom Feind nach Soča geschickt wurde. Als er zurückkehrte, äußerte er öffentlich gegenüber unseren Aktivisten, dass die Deutschen ihn erkannt haben und dass er nirgends mehr hin gehe. Zwei Tage später erschien in der Zeitung Tolminski glas ein Artikel, der Tone Kralj beschreibt. Quelle: Slavc/Za/, 29. 3. 45".[51]

Die Unterstellung wurde durch den Umstand in Frage gestellt, dass es in Ljubljana im Haus von Tone Kralj einen geheimen Treffpunkt der Partisanen gab, der in jenen Tagen von der Polizei der slowenischen Heimwehr entdeckt wurde.[52]

So wurde er fast zur gleichen Zeit, als die OZNA ihn verdächtigte, auch im Blatt der slowenischen Heimwehr „Tolminski glas" angegriffen. Die Einschätzung der beiden „gegnerischen" Seiten über den Künstler zeigen uns auf tragische Weise, in welche Lage die Anhänger der sog. „küstenländischen Mitte" ideenmäßig und politisch am Ende des Zweiten Weltkriegs geraten waren.[53] Sie waren gleichzeitig gegen den Bürgerkrieg und die Kollaboration mit der Besatzungsmacht, aber auch gegen die kommunistische Revolution. Ein Heimwehr-Journalist stellt in seinem Artikel mit dem Titel *Der Maler Tone Kralj: Hauptarchivar der kommunistischen Seite* fest:

"Die Polizei von Ljubljana fand unlängst das Archiv des Hauptausschusses der kommunistischen Partei für ganz Slowenien, das sich in der Villa des im Küstenland wohlbekannten Malers Tone Kralj befindet. Dort hielten sich mehrere Monate lang auch der Hauptvorsitzende der berüchtigten kommunistischen Polizei VDV und die Hauptvorsitzende der SPŽZ versteckt. Ebendort wurde auch eine Namensliste aller zu liquidierenden Slowenen gefunden, darunter freilich alle namhafteren Priester der Region Görz, und insbesondere sämtliche slowenische Dekane von Görz. Dass in der Villa auch ein großes Bild von Marschall

---

[50] OZNA ist die Abkürzung für Abteilung für den Schutz des Volkes, die Organisation wurde im Mai 1944 gegründet und entwickelte sich in Slowenien aus ihrer Vorgängerin VOS (Sicherheits- und Nachrichtendienst). Innerhalb der Widerstandsorganisation Osvobodilna fronta (Befreiungsfront) wurde VOS von Kommunisten gegründet und geführt. VOS wurde für den Schutz der Berfreiungsfront und der Kommunisten und für die Liquidierung politischer und militärischer Gegner gegründet. Die als kommunistische Geheimpolizei konzipierte Organisation war auch für die kommunistische Machtübernahme wesentlich, denn sie gewährleistete die Dominanz der Kommunistischen Partei über die anderen Widerstandsgruppen innerhalb der Befreiungsfront, die eine breite Palette weltanschaulicher und politischer Gruppen vereinte.

[51] Arhiv Republike Slovenije, AS 1931, Schachtel 652, Mappe 3, Dokument ohne Seriennummer.

[52] Die slowenische Heimwehr *(slovensko domobranstvo)* war eine paramilitärische Polizeieinheit, die auf Anregung von Vertretern der slowenischen politischen Parteien aus der Vorkriegszeit im September 1943 von der deutschen Verwaltung in der ehemaligen (von den Deutschen nach der Kapitulation von Italien 1943 besetzten) Provinz Ljubljana aufgestellt und mit Waffen und sonstiger Ausrüstung versorgt wurde. Ihr Zweck war der Kampf gegen die Befreiungsfront und die slowenischen Partisanen. Die slowenische Heimwehr war die Nachfolgerin der freiwilligen antikommunistischen Miliz, die bei der Kapitulation Italiens in Krain fast vollständig vernichtet wurde.

[53] Die „küstenländische Mitte" war ein Terminus, der während des Zweiten Weltkriegs von allen politischen und militärischen Lagern verwendet wurde. Er bezeichnete die Position der Christlich-Sozialen des Küstenlandes, die auf der einen Seite gegen die kommunistische Revolution und auf der anderen Seite gegen den Bürgerkrieg bzw. den militanten Antikommunismus waren. Wegen dieser Ausrichtung des katholischen Lagers im Küstenland ist es hier nicht zu einem blutigen Bürgerkrieg gekommen, wie er für Zentralslowenien (Krain) charakteristisch war.

Tito nicht fehlte, verwundert nicht. Interessanterweise wurde die Villa schon so gebaut, dass sie verschiedenen geheimen und offensichtlich kommunistischen Zwecken dienen sollte. Anders sind Labyrinthe von Gängen, diverse blinde Eingänge, blinde Fenster usw. nicht zu erklären, die uns nur bestätigen, dass der Maler Tone Kralj schon seit langer Zeit ein organisierter Kommunist war. Dass er aus seiner Villa einen Bunker für das kommunistische Archiv gemacht hat, hat Kralj selbst zugegeben.

Ansonsten stellt uns dies auch Kraljs Kunst unter Beweis. Alle seine Werke, auch jene, bei denen ihr künstlerischer Wert nicht zu leugnen ist, sind ein Ausdruck typischer Massenkunst, eine echte kommunistische Nachahmung, Abbildung des kollektiven Menschen, der von seinem Wesen her mehr in russische Kolchosen und Fabriken als in die Kirche gehört. Wenn die Kunst wirklich ein Spiegel der Seele des Künstlers ist, dann ist Kraljs Kirchenkunst keine Widerspiegelung einer frommen Seele und kann auch nicht den Menschen zu Gott erheben, denn es ist ja bekannt, dass Kralj ein völliger Atheist ist, der schon seit fünfundzwanzig Jahren keine Sakramente erhalten hat.[54] */.../ Seien wir uns dessen bewusst, dass, wer Kralj unterstützt, die Kommunisten unterstützt. Wir dürfen aber keineswegs zulassen, dass das von ehrlichen und frommen Seelen für die Kirchen gesammelte Geld die Taschen verbrecherischer Kommunisten füllt, damit sie dann nach dem Krieg unsere Kirchen leichter in Kinosäle und Museen umwandeln können. Kraljs Bilder werden auch in dem Fall bleiben und ohne Änderung den kommunistischen Zielen dienen können."*[55]

Der Maler wurde von Viktor Berce, Pfarrer in Slivje, in Schutz genommen, der an den Redakteur des Blattes schrieb:

„Herr Redakteur!
Da ich die Gelegenheit hatte, den akademischen Maler Herrn Tone Kralj recht gut kennenzulernen, als er unsere Pfarrkirche ausmalte, und weil der Artikel im Tolm. glas Jg. II. Nr. 8 ungerecht über sein geistiges Leben und seine kirchliche Kunst urteilt, habe ich die Pflicht, Ihnen Folgendes zu seiner Verteidigung mitzuteilen, mit der Bitte, als Redakteur des Blattes, das die katholische Denkweise vertritt, das Unrecht wiedergutzumachen, das Sie Herrn Tone Kralj mit der Veröffentlichung des Artikels angetan haben.

In Bezug auf die Gelehrtheit von Herrn Tone Kralj erkläre ich, dass es nicht zutrifft, was Sie schreiben: ‚dass Kralj ein völliger Atheist ist, der schon seit 25 Jahren keine Sakramente empfing.' Herr Kralj empfing während seines Aufenthalts in Slivje monatlich jeden ersten Freitag die hl. Sakramente. Er war jeden Morgen regelmäßig bei der hl. Messe. Sonntags immer auch bei der Vesper. Mit uns in der Familie betete er abends den Rosenkranz. Während der Fastenzeit fastete er so, dass er nicht einmal zum Frühstück kam! Wenn er nicht in der Kirche arbeitete, besuchte er abends das Allerheiligste! Ich meine, dass dies klar genug beweist, dass Herr Kralj nicht nur kein Atheist und kein Heuchler, sondern ein geradezu beispielhafter Gläubiger ist und verdient, dass ihn auch derjenige nachahmt, der die Dreistigkeit besaß, ihn derart öffentlich zu verleumden!

Zum Satz des Artikels: ‚der in allen Gasthäusern den Kommunismus anhimmelt, der in den Pfarrhäusern Angaben über Pfarrer und Kapläne sammelt', möchte ich anmerken, dass Herr Tone Kralj während seines gesamten Aufenthalts bei uns kein einziges Mal ins Gasthaus ging. Obwohl ihm Wein zur Verfügung stand, hat er fast nie mehr als ein Glas genommen. Ebenso ist die Anmerkung zum Sammeln von Daten völlig unbegründet, zumindest für die Zeit seines Aufenthalts in Slivje.

Empörend sind die Gedanken, er sei ‚nicht einmal würdig, dass er über die Schwelle einer Kirche treten könnte'. Das kann man mit Fug und Recht von jenem Menschen sagen, der sich erdreistete, ein derart ungerechtes Urteil über Herrn Kralj zu schreiben.

In Bezug auf die Unterstützung für Herrn Kralj möchte ich bemerken, dass Herr Kralj in seinem Honorar sehr bescheiden ist und dass sein Grundsatz lautet, für seine Arbeit nur so viel zu berechnen, wie er braucht, um den Tag zu überleben, also nicht nach dem Preis des

---

[54] Ein echter Klerikaler wusste damals (wie in der Regel auch heute) eben gut „über Details" Bescheid.
[55] Tolminski glas, Mitteilungsblatt der Heimwehr von Tolmin, Tolmin, 24. Februar 1945.

Kunsterzeugnisses! Zum Beweis: Im Jahre 1942 berechnete er für das Modulieren der lebensgroßen Statue Herz Jesu 500 l., 1943 für die Marienstatue (Modulieren) 1000 l., für die Bemalung der gesamten Kirche (elf große Bilder und das Baptisterium) 15.000 l., Kreuzweg, Relief 60 cm im Durchmesser, in Gips, 5000 l.

Den künstlerischen Wert seiner Werke werden eben professionelle Fachleute einschätzen. Tatsache ist, dass seine letzten Werke vom einfachen Volk selbst mit Bewunderung und Begeisterung angenommen werden. Der Herr Bischof von Rijeka, der seinerzeit als Professor in Venedig Mitglied der kirchlichen Kunstkommission war, staunte nicht schlecht beim Betreten der Kirche und äußerte sehr lobende Worte über den künstlerischen Wert der Gemälde und lud den Künstler ein, einige Arbeiten im neuen großen Gotteshaus zu übernehmen, das in Rijeka gebaut wird.

Ich hoffe, Herr Redakteur, dass Sie das Unrecht wiedergutmachen werden (was Sie durch die Veröffentlichung dieser meiner Erklärung tun können), das Ihr Blatt unserem großen Künstler zugefügt hat. Dies erfordert das göttliche Gebot, die christliche Denkweise, die sie mit dem Blatt verteidigen, und der Sinn für Wahrheitsliebe.

Viktor Berce. "[56]

Tone Kralj war im ideellen und politischen Sinn ein Vertreter der sog. „küstenländischen Mitte". Also war er ein Gegner totalitärer Ideologien und Regime, Angehöriger christlich-sozialer Gruppen des Küstenlandes, Katholik, Gegner der Kollaboration und Befürworter des Anschlusses des slowenischen Küstenlandes an das Mutterland – eine ideenmäßig sehr komplizierte Erscheinung in einer diktatorischen Zeit, die sehr einseitige und einfache ideologische Bekenntnisse von der Bevölkerung forderte.

---

[56] Abschrift des Briefes von Viktor Berce an den Redakteur des Blattes Tolminski glas, ohne Datum, doch offenbar aus dem Jahr 1944.

Die Verkündigung des Herrn an Maria in Trenta

19. Trenta, 1945
(Filialkirche der lauretanischen Jungfrau Maria)

Kralj erlebte die Befreiung im kleinen Bergdorf Trenta während des Malens. Er malte damals in Freiheit über die Freiheit. Er drückte dies mit singenden Engelsgesichtern, die in die slowenischen Nationalfarben gehüllt sind, an der Decke des Kirchleins aus. Im Presbyterium malte er die *Heimsuchung* und die *Verkündigung*. Der als Glasmalerei ausgeführte *Kreuzweg*, der sich heute in der Kirche befindet, wurde später in die Kirche gebracht.

Der Engel mit weißer Lilie kündigt die Geburt des Heilands und die Erlösung/Befreiung des slowenischen Volkes an (Maria ist wieder in den slowenischen Nationalfarben abgebildet).

Singende Engel

20. Vrtojba, von 1954 bis 1957
(Pfarrkirche Herz Jesu)

Die Gefühle von Freiheit und Freude am Ende des Faschismus und Nationalsozialismus sowie beim Anschluss des Großteils des Küstenlandes an Jugoslawien und somit an die Republik Slowenien wurden jedoch bald von neuen Problemen verdrängt.

Wir begannen die Darstellung mit Rapallo als dem Gemälde, das den Blick von Tone Kralj auf die ideologisierte europäische Realität und das Schicksal des slowenischen Volkes in der Zwischenkriegszeit und während des Zweiten Weltkriegs veranschaulicht, und nun beenden wir sie mit einem nach dem Zweiten Weltkrieg entstandenen Bild, das uns das enthüllt, was der Maler in der Zeit nach dem Anschluss des Großteils des Küstenlandes an das neue Jugoslawien von der neuen sozialistischen Gesellschaft dachte.

Dabei begegnen wir wieder seiner Mehrschichtigkeit. Seine Ideen- und Gedankenwelt, die Dreiheit: katholischer Glaube – nationale Frage – soziale Frage zerfällt nun in verschiedene, inhaltlich und sogar physisch voneinander entfernte Welten. Die eine Welt ist jene, die die Wirklichkeit im neuen sozialistischen Jugoslawien darstellt. Von der Ideendreiheit katholischer Glaube – nationale Frage – soziale Frage richtet Kralj in der Heimat (der Sozialistischen Republik Jugoslawien) sein Augenmerk auf die soziale Thematik und befasst sich somit auch weiterhin mit jenem Teil seines Ideenprogramms, das mit dem neuen Regime zumindest bedingt vereinbar war. Das kann man von seiner Ideen- und seiner Kunstausrichtung behaupten. Wie Igor Kranjc feststellt, blieb er „formell seinem vorherigen Werk treu, und inhaltlich passte er sich den ‚Tagesthemen' an".[57] Dabei können wir auch feststellen, dass Kralj Arbeiter und Bauern in einem Kontext malte, der mit seinem sozialen Credo vereinbar war.

Gleichzeitig setzte er auf der anderen Seite der Grenze, in der Republik Italien, die Kirchenmalereien des slowenischen ethnischen Grenzgebiets mit seinen Vorkriegsmotiven fort. Dort, jenseits der Grenze, waren die „Spielregeln" immer noch sehr ähnlich wie früher unter dem Faschismus und auch Kraljs Schaffen blieb ähnlich.

---

[57] Igor Kranjc, Tone Kralj, Retrospektiva, Katalog k razstavi [Retrospektive, Ausstellungskatalog], Moderna galerija, Ljubljana 1998, S. 27.

Es existierte aber noch eine dritte Ideenwelt, jene in ihm selbst, als sein persönlicher Glaube, und zugleich seine ideelle und politische Überzeugung – der Widerstand gegen Gleichschaltung und Diktatur. In der politischen Wirklichkeit teilte Tone Kralj offenbar die Enttäuschung mit einem Großteil seiner Freunde des Küstenlandes, ehemaliger Christlich-Sozialer und Priester. In der Zeit nach der Befreiung und Errichtung des neuen gesellschaftlichen Systems gab es wenig Verständnis für die antifaschistische Tätigkeit der Priester des Küstenlandes während des Krieges. Sogar im Gegenteil, sie stellte ein gefährliches Konkurrenzelement dar, als die siegreiche politische Seite bemüht war, die Geschichte des Antifaschismus zu monopolisieren. Im Küstenland gab es in dieser Zeit eine Reihe von Prozessen gegen Priester, Beschlagnahmungen und sonstige Gewalt gegen die „klerikale Reaktion". Man könnte sagen, dass die Priester im Küstenland für ihre Arbeit für das Volk während des Faschismus das „zur Belohnung" erhalten haben, was die Kirche in Krain für ihre Kollaboration als Strafe erhielt.[58]

Und auch Tone Kralj teilte den Zorn und die Enttäuschung über die Politik der neuen Machthaber. Er brachte das wieder auf seine charakteristisch subversive, geistreiche Art zum Ausdruck, durch das Ironisieren der neuen Wirklichkeit und mit einer bezeichnend provokativen Gratwanderung – ähnlich wie er es vorher unter dem Faschismus getan hatte.

Das Bild der Kirche von Vrtojba stellt den Gekreuzigten wieder als Symbol des slowenischen Volkes dar. Er ist von den Erlösten zu seiner Rechten und den Verdammten zu seiner Linken umgeben. Die Allegorie zeigt

---

[58] In Krain traten die Kirche und der politische Katholizismus auf die Seite der Besatzungsmacht, was einen blutigen Bürgerkrieg zur Folge hatte, der im Kulturgedächtnis der Slowenen bis heute zu „divided memory" als einem der wesentlichen historischen Traumata der modernen slowenischen Geschichte führt.

Wie schon erwähnt, widersetzten sich die Priester im Küstenland der Kollaboration mit der Besatzungsmacht, der politische Flügel des politischen Katholizismus im Küstenland (Engelbert Besednjak, Virgil Šček) rief letztlich sogar seine Anhänger dazu auf, sich der von den slowenischen Kommunisten angeführten Befreiungsfront anzuschließen. Nach dem Krieg verfolgte und verurteilte die neue kommunistische Obrigkeit die Kirche und den Klerus – ungeachtet dieser wesentlichen regionalen Unterschiede während der Zweiten Weltkriegs – auch im Küstenland in Schauprozessen als „Säulen der Reaktion".

Der Gekreuzigte

die lichten und dunklen Momente in der europäischen Geschichte des Christentums und gleichermaßen auch in der Geschichte des slowenischen Volkes.

Unter den Verdammten zur Linken findet man Heinrich VIII., Salome und weitere zwielichtige Figuren der Bibel- und Weltgeschichte. Und im Zentrum positionierte er Karl Marx, der das Kapital in den Händen hält. Zu ihm gesellt sich Stalin, der gegen Jesus einen schweren Hammer schwingt.

Die verwendeten Farben der Hand, des Blutes und der Nägel an den Händen des Gekreuzigten rufen die Vorstellung hervor, dass das slowenische Volk diesmal

Die slowenischen Nationalfarben

von der neuen Ideologie und dem neuen Regime gekreuzigt wird.

Die Bemalung stellte Kralj im Jahre 1957 fertig, also in einer Zeit, wo ihn eine allfällige Anzeige sicherlich mehr als nur eine Haftstrafe gekostet hätte, mit der er unter den vorherigen Machthabern in Julisch Venetien hätte rechnen müssen.

Offenbar konnte er trotzdem nicht aus seiner Haut heraus.

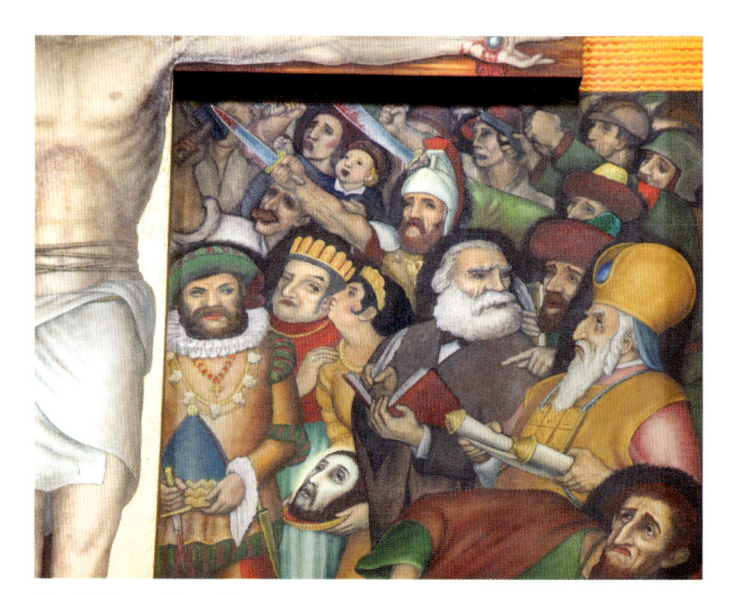

Karl Marx (Detail)

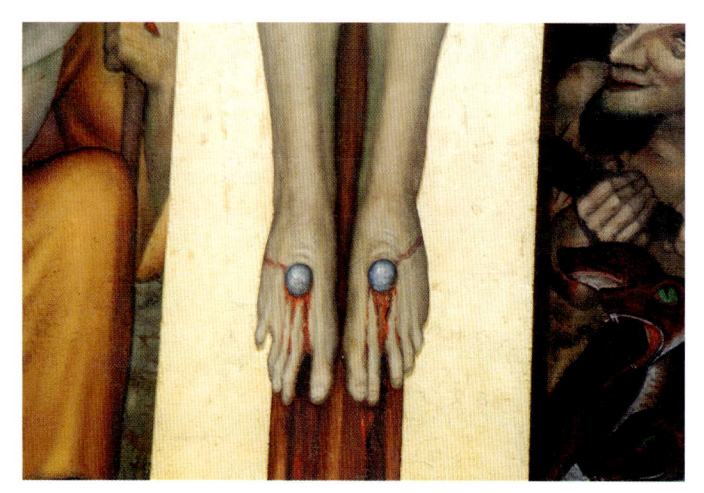

Dieselbe Botschaft greift er am unteren Teil des Bildes auf (Detail).

Den zentralen Platz unter den Verdammten nimmt deshalb Karl Marx ein. Es fehlen weder der schnurrbärtige Stalin in der linken Ecke oben, noch Hitler mit dem deutschen Helm in der rechten oberen Ecke.

Tito und Jovanka Broz (Detail)

Tito und Jovanka Broz

Friderik Baraga (Detail)

Neben Marx sind zu seiner Rechten Jovanka und Josip Broz Tito. An einem kleinen Detail kann man sie mit Sicherheit erkennen – dem Ring an Titos rechter Hand, der in der Vergrößerung als das persönliche Geschenk zu erkennen ist, das Josip Broz Tito von Josef Wissarionowitsch Stalin 1947 geschenkt wurde. Tito wurde mit diesem Diamantring 1980 auch beerdigt, doch der Ring wurde später aus der Gruft gestohlen.

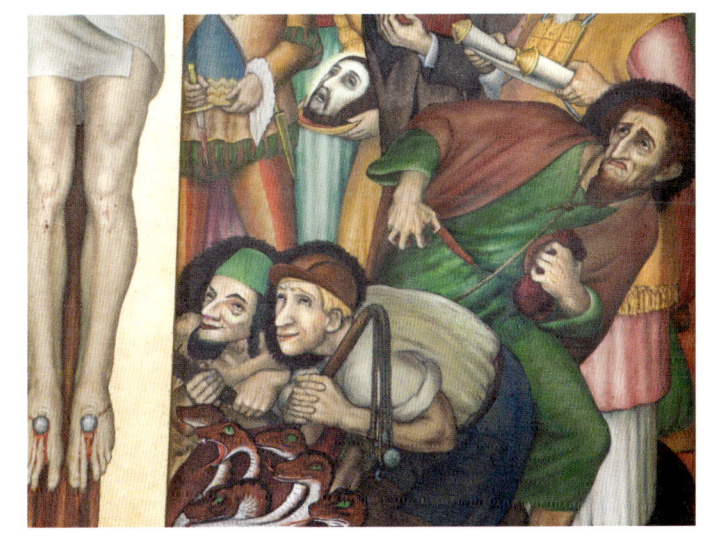

Unter den Erlösten ist wieder Baraga, der slowenische Kandidat für die Seligsprechung, zu finden. In der linken Ecke oben sieht man eine der tragischsten Figuren des slowenischen katholischen Widerstands unter dem Faschismus, einen Mann, der eine wichtige Rolle unter den Christlich-Sozialen im Küstenland in der Zwischenkriegszeit spielte. Das ist der Priester Filip Terčelj. Terčelj wurde im Januar 1946 von Kommunisten hinterrücks liquidiert.

Gabriele D'Annunzio (Detail)

Filip Terčelj Ende der Zwanzigerjahre

Ebenso findet man im Bild unseren alten Bekannten D'Annunzio, in grüner Tunika …

189

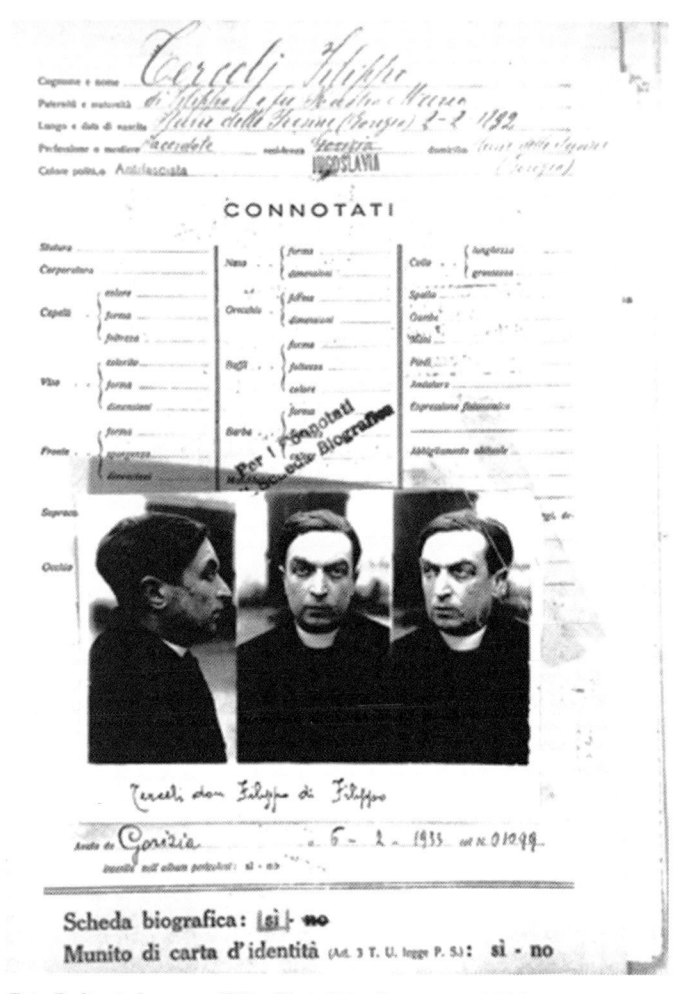

Die Polizeiakte von Filip Terčelj in Rom von 1933

„Ich bedaure es, dass zwischen uns der schwarze Schatten des zweiten Teils Ihres Buches über die Kunst im Küstenland gefallen ist. Da es ca. 40 Kirchen gibt, die gemäß den ‚gegebenen Möglichkeiten' von mir im ehemaligen Julisch Venetien ausgestattet wurden, was global gesehen beispiellos ist. Mein halbes Lebenswerk zugunsten der gefährdeten Bevölkerung wurde nicht erwähnt, deshalb erachte ich diesen Teil als unwissenschaftlich. Es ist in der Tat schwer, mein diesbezügliches Engagement mit der Arbeit der Kollegen, die in Krain schmarotzten und deshalb ernteberechtigt waren, in inneren Einklang zu bringen. Für meinen 70sten Geburtstag und für 50 Jahre ununterbrochener Arbeit in Entbehrung wünschte ich, dass mein diesbezügliches Opus bei demselben Verleger und als Fortsetzung Ihres Buches bearbeitet wird, sonst werde ich gezwungen sein, einen Verlag im Ausland zu finden, um der provinziellen und stiefmütterlichen Heimat zu trotzen. Dies musste ich einmal sagen und wenn Sie es genau überlegen, müssen Sie mir recht geben."[59]

Die Bemühung der neuen Gesellschaftsordnung um die Monopolisierung der Vergangenheit (und der Zukunft) umfasste neben historischen Themen (wie z. B. die verschwiegene Untergrundorganisation TIGR oder die Widerstandsrolle der Priester im Küstenland und der Christlich-Sozialen sowie aller anderen „bürgerlichen" Politiker) auch den Bereich der Kunstgeschichte. Noch 1960 stellte Tone Kralj im (bei der Slovenska matica in Ljubljana erschienenen) Standardwerk von France Stele „Umetnost v Primorju" (Kunst im slowenischen Küstenland) entsetzt fest, dass er im Buch gar nicht vorkommt, obwohl gerade France Stele als führender slowenischer Kunsthistoriker Kralj eigentlich dreißig Jahre zuvor entdeckt hatte, ihn als Künstler die ganze Zeit begleitet, verehrt und auch immer wieder in Schutz genommen hatte. Kralj entschied sich, ihm offen und direkt zu schreiben:

Doch auch der größte slowenische Kunstkritiker konnte unter den damaligen Umständen wohl nicht anders. Es ist kaum zu glauben, dass die Auslassung bloß aufgrund seiner Einschätzung von Kraljs künstlerischen Eingriffen in die Innenräume der Kirchen des Küstenlandes geschah. Der Grund ist eher darin zu suchen, dass damit die Pandorabüchse der De-Monopolisierung des Antifaschismus seitens nur einer politischen Option im Küstenland geöffnet worden wäre. Dies musste verhindert werden. Taras Kermauner schrieb dazu vierzig Jahre später:

„Ich möchte etwas Greifbares für Tone Kralj tun und etwas schreiben, wenn das nötig wäre. Es ist schwer, die Mauer zu durchbrechen, die schon Stele und nach ihm Cevc um Kralj errichtet haben. Kralj hatte eben keinen Rückhalt, um Druck auszuüben ..."[60]

---

[59] Zit. laut: Igor Kranjc, Sakralna umetnost Toneta Kralja na Primorskem [Sakrale Kunst von Tone Kralj im Küstenland]. In Milena Kožuh et al.: Sakralna umetnost Toneta Kralja [Sakrale Kunst von Tone Kralj], Univerza za tretje življensko obdobje, Ljubljana 1998, S. 31.

[60] Aus dem Brief von Taras Kermauner an die Enkelin von Tone Kralj, Irena Baar, vom 6. 1. 2000. Archiv von Tone Kralj im Eigentum seiner Tochter Tatjana Kralj.

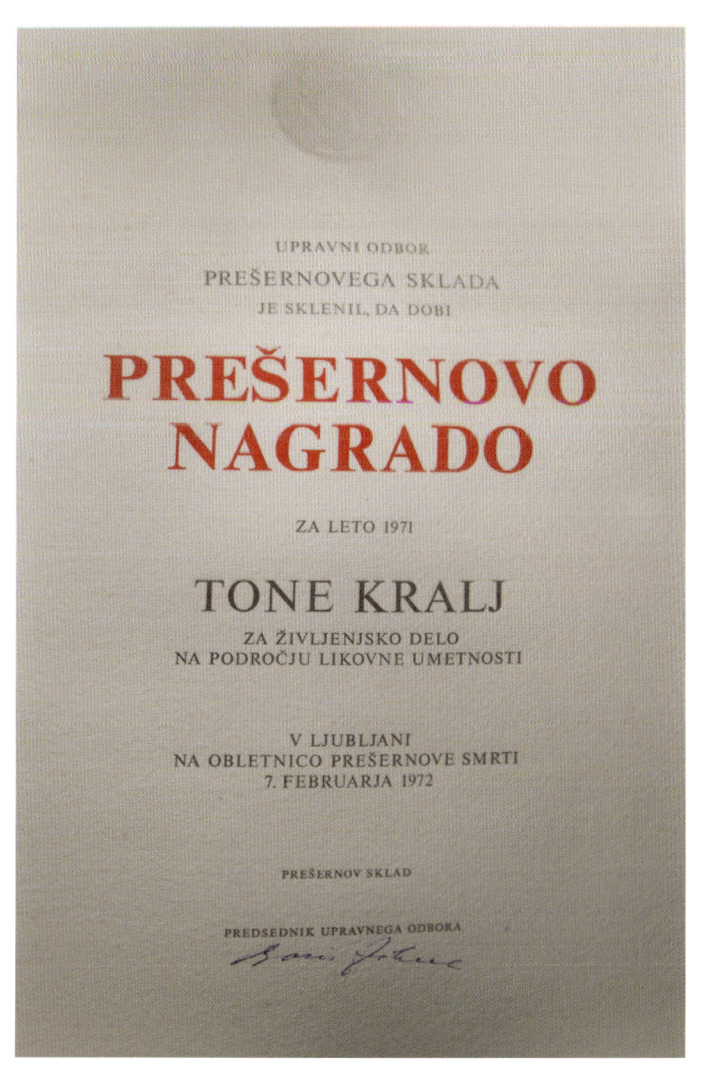

Im Jahre 1972 erhielt Kralj den Prešeren-Preis für sein Lebenswerk.

Tone Kralj kurz vor seinem Tod

Es ist anzunehmen, dass dies die Folge und nicht die Ursache war.

Vielleicht erfüllen wir mit dieser Monografie einen Teil jenes Wunsches von Kralj, den er selbst viele Jahre später äußerte:

„Nach dem Krieg arbeitete ich zehn Jahre lang nicht im Küstenland, weil eine ungünstige Atmosphäre herrschte. Mir zum Beispiel, der ich so viel gegen den Faschismus kämpfte, gaben sie kein einziges Denkmal in Auftrag. Sie schoben mich weg. Als ob ich in der Zwischenkriegszeit für Geld gearbeitet hätte! Ich arbeitete aus reinem Idealismus. Ich verleugnete mich selbst und verursachte sogar meiner Familie Leid. 1960 renovierte ich die Bilder auf dem Luschariberg, ich arbeitete für die neue Kirche in Pesek bei Kozina (auf der italienischen Seite), für die Kapelle der slowenischen Schulschwestern vom hl. Johann in Triest und auch in Štandrež (Sant' Andrea). Im neuen Heiligtum in Vejna oberhalb von Triest machte ich den Kyrill-und-Method-Altar, das war der erste Altar, der in diese neue Kirche gekommen ist."[61]

[61] Pogovor s slikarjem Tonetom Kraljem [Gespräch mit dem Maler Tone Kralj], Ognjišče, Koper 1972, S. 19.

Zum Abschluss

Diese Monographie befasst sich mit Kraljs Phänomen des Widerstandes gegen den Faschismus und den Nationalsozialismus, den beiden brutalsten Regimen im Europa des 20. Jahrhunderts, den er auf subtilste Art und Weise mit der künstlerischen Bemalung der slowenischen Kirchen ausgeführt hat.

Die Darstellung beschränkt sich auf die bis 1945 entstandenen Arbeiten. Bis dahin etablierte sich nämlich „Kraljs Paradigma" im Küstenland. Nur das letzte Bild in der Kirche von Vrtojba reicht über dieses Datum hinaus. Bis zu seinem Tod 1975 malte Kralj noch weiter in den Kirchen des Küstenlandes – vollkommen neu oder er renovierte alte Malereien, die mit der Zeit gelitten hatten.

Auf der beiliegenden Landkarte sind alle umfangreicheren Bemalungen markiert, die Tone Kralj im Küstenland bis zu seinem Tod ausführte, also auch diejenigen, die nach dem Zweiten Weltkrieg entstanden sind.

Bei der Erörterung einzelner Beispiele begrenzte ich mich nur auf Details aus umfangreicheren Bemalungen, die ausgesprochen ideologische Konnotationen aufweisen. Das Malen der ethnischen Grenze – die ideologische Markierung des Raumes – und dann noch das Erhalten der Malereien wurde, wie gesagt, zu Kraljs Obsession bis zu seinem Tod im Jahre 1975. Dazu schrieb der slowenische Philosoph und Literaturkritiker Taras Kermauner:

„Wenn er gewartet hätte, dass man ihm die Malereien in den Kirchen gut bezahlte, hätte er nur hie und da ein Bild gemalt. Er lebte aus der Inspiration und dem Sendungsbewusstsein, deshalb schuf er ein großartiges – der Quantität nach enormes, der Qualität nach außerordentliches Werk – ein Opus. In der Hinsicht ist er ein Vorbild für mich!"[62]

Nicht alle Kirchen wurden angeführt, weil sich entweder nur ein einzelnes Bild oder eine Statue dort befindet oder weil sie auf der Landkarte nicht auffindbar sind. Ich wählte aus seinem Opus Beispiele aus, die in ihrer Originalität, vor allem aber in ihrer ideologischen Aussagekraft am bezeichnendsten sind.

Kraljs Opus macht das slowenische Küstenland zu einem Teil der europäischen Geschichte der ideologischen Markierungen im Raum. Rudolf Jaworski und Peter Stachel behaupten,[63] dass hinsichtlich der Fragen *„der Auseinandersetzung um den öffentlichen Raum"* gerade in Mitteleuropa die Beispiele der ideologischen Markierungen im Kampf um den Raum sich auf paradigmatische Weise verdichten. Es geht um die Dynamik des 20. Jahrhunderts, die sich eben in diesem Raum in einer mehrschichtigen Konfrontation verschiedener Identitäten und Ideenströme konzentriert: religiöser, politischer, nationaler, ideologischer, regionaler, lokal-partikularer oder global-universaler. Das Opus der Kirchenmalereien Tone Kraljs ist Teil der verworrenen mitteleuropäischen Geschichte und trägt zum Verständnis des komplexen und spezifischen Kontexts des slowenisch-italienischen Grenzraumes, des „Kontaktraumes", bei. Die Bemalungen von Tone Kralj weisen diesem Gebiet zweifellos auf eine sehr originelle, einzigartige und auch typisch slowenische Art einen eigenen Platz auf der Landkarte der vorhin erwähnten mitteleuropäischen Geschichten zu.

Zu guter Letzt erlaube ich mir noch einen Hinweis für die Zukunft. Die Restaurierung des Zerstörten und die Herstellung des ursprünglichen Zustands als etwas, was der europäischen Kultur immanent ist, das kann man in der Geschichte an unzähligen Beispielen beobachten. So wurde nach dem Zweiten Weltkrieg das von den Nazis dem Erdboden gleichgemachte Warschau Gebäude um Gebäude und Haus um Haus wiederaufgebaut.

Fast aus dem Nichts wurde 1955 die Wiener Oper wiedererrichtet. Wie heute auf ihrer offiziellen Webseite zu lesen ist, hat der Wiederaufbau über zehn Prozent der für die Erneuerung der öffentlichen Gebäude in der Republik Österreich bestimmten Staatsmittel aufgezehrt. Es ist auch zu lesen, dass die Eröffnungsfeierlichkeiten am 5. November 1955 vom österreichischen Fernsehen übertragen wurden, was „in der ganzen Welt zugleich als Lebenszeichen der neuerstandenen Zweiten Republik verstanden" wurde.[64]

---

[62] Aus dem Brief von Taras Kermauner an die Tochter von Tone Kralj, Tatjana Kralj, vom 27. 5. 2001. Archiv von Tone Kralj im Eigentum seiner Tochter Tatjana Kralj.

[63] Rudolf Jaworski/Peter Stachel, Die Besetzung des öffentlichen Raumes, Frank & Timme Verlag, Berlin 2007, S. 9.

[64] Internetseite der Wiener Oper (Geschichte): http://www.wienerstaatsoper.at/Content.Node/home/opernhaus/geschichte/Allgemein.de.php

Mit viel weniger gesellschaftlichem Konsens verlief z. B. die öffentliche Diskussion bei der Erneuerung des historischen Kerns von Dresden,⁶⁵ ganz zu schweigen von den heftigen Polemiken, die es in Zusammenhang mit dem Wiederaufbau des Berliner Schlosses gab.⁶⁶

Die verantwortlichen Akteure in Slowenien und jenseits der Grenze in Italien stehen in dem Sinne in der Pflicht, die materiellen und sonstigen Voraussetzungen zu schaffen, um den antifaschistischen und antitotalitären Abdruck in der Kulturlandschaft, den Tone Kralj mit seinem Lebenswerk hinterlassen hat, zu erhalten, trotz der vielleicht etwas zu pessimistischen Einschätzung des verstorbenen Taras Kermauner:

*„Sich heute mit gesellschaftlichen Strukturen und Mächtigen oder Clans anzulegen, ist im Prinzip genauso anstrengend wie gestern und vorgestern. Ein Beleg dafür ist der „Rückzug" Ihres Mannes aus der erfolgreichen Öffentlichkeit bald nach dem Zweiten Weltkrieg. Darüber möchte ich mehr hören und lesen; sein Verhältnis zur Kirche, zur Partei, zum Staat und zur Gesellschaft im Allgemeinen nach 1945. Steht darüber etwas geschrieben? Und über seinen großen Plan der Bemalung der Kirchen des Küstenlandes. Gerade das ist für die Slowenen am schwierigsten zu akzeptieren: ein großer Ansatz. Das ist ein Volk von Kleinkrämern – Neolumpenminimerkantilen – ein Volk kleiner Leute."*⁶⁷

Ein Volk kleiner Leute – und wiederum auch nicht, könnte man angesichts des Opus von Kralj sagen.

---

⁶⁵ Rudolf Jaworski/Peter Stachel, Die Besetzung des öffentlichen Raumes, Frank & Timme Verlag, Berlin 2007, S. 16.

⁶⁶ Vgl. Berliner Zeitung, 22. Juli 2015.

⁶⁷ Brief von Taras Kermauner an die Gattin von Tone Kralj, Mara Kralj, vom 20. Dezember 1998. Archiv von Tone Kralj; im Eigentum seiner Tochter Tatjana Kralj.

Tone Kralj in den dreißiger Jahren

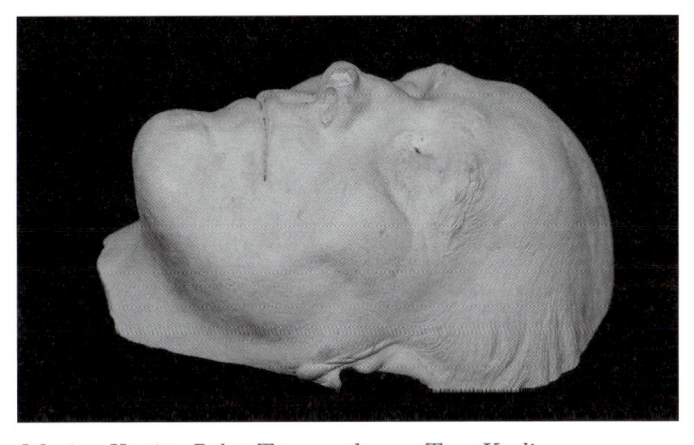

Marjan Keršič – Belač: Totenmaske von Tone Kralj

SPITTAL
FELDKIRCHEN
(Trg)
ST. VEIT
(ŠENTVID)
WOLFSBERG
Deutschlandsberg
Leibnitz
Szentgotthard
(Monošter)
Hermagor
VILLACH
BELJAK
VÖLKERMARKT
VELIKOVEC
KLAGENFURT
CELOVEC
Bad Radkersburg
Gornja Radgona
MURSKA
SOBOTA
Lenti
Arnoldstein
Tarvisio
(Trbiž)
Kranjska Gora
Ferlach
(Borovlje)
Eisenkappel
(Železna kapla)
Bleiburg
(Pliberk)
Ravne
na Koroškem
Dravograd
Slovenj
Gradec
MARIBOR
Ljutomer
Lendava
Višarje
JESENICE
Trenta
Soča
Bovec
Breginj
Kobarid
Radovljica
Tržič
Mozirje
VELENJE
Slovenska Bistrica
PTUJ
ČAKOVEC
VARAŽDIN
KRANJ
ŠKOFJA LOKA
KAMNIK
DOMŽALE
CELJE
TRBOVLJE
Rogaška Slatina
Ivanec
Krapina
Tolmin
Volče
Mengore
Most na Soči
Cerkno
Šentviška
gora
CIVIDALE
(ČEDAT)
UDINE
(VIDEM)
LJUBLJANA
Idrija
Vrhnika
Grosuplje
Šmartno
Pevma
NOVA
GORICA
GORIZIA
(GORICA)
Ozeljan
Šempas
Štandrež
Vrtojba
Bukovica
Gradisca
(Gradišče)
Mirenski grad
Bilje
Ajdovščina
Dornberk
Opatje
selo
Slap
Trebnje
Krško
Brežice
ZAPREŠIĆ
CERVIGNANO
(ČERVINJAN)
MONFALCONE
TRŽIČ
Gorjansko
Avber
Hrenovice
Postojna
Cerknica
NOVO MESTO
SAMOBOR
ZAGREB
SESVETE
DUGO SELO
Tomaj
Sežana
Ribnica
VELIKA GORICA
Ivanić Grad
Trebče
Sv. Ivan
Lokev
Trnje
Jastrebarsko
TRIESTE
TRST
Katinara
Pesek
Kočevje
Dekani
Prem
Slivje
Ilirska Bistrica
Črnomelj
Piran
Pirano
KOPER
CAPODISTRIA
Podgraje
KARLOVAC
Duga
Resa
SISAK
PETRINJA
Umag
Umago
Klana
Delnice
RIJEKA
Opatija
A V S T R I J A
M A D Ž A R S K A
I T A L I J A
H R V A Š K A

VI. WERKE VON TONE KRALJ IM KÜSTENLAND

I. Bis zum Ende des Zweiten Weltkriegs

1. Prem, 1921 (Pfarrkirche hl. Helene)
2. Volče, 1927 (Pfarrkirche hl. Leonhard)
3. Avber, 1927/1928 (Pfarrkirche hl. Nikolaus)
4. Tomaj, 1928–1930 (Pfarrkirche der Heiligen Petrus und Paulus)
5. Mengore, 1930/1931 (Filialkirche Maria Namen)
6. Luschariberg / Monte Santo di Lussari / Svete Višarje, 1930 (Wallfahrtskirche zur Mutter Gottes)
7. Cattinara / Katinara, 1931 (Pfarrkirche Heilige Dreifaltigkeit)
8. Piuma / Pevma, 1934 (Pfarrkirche hl. Silvester)
9. Luschariberg / Monte Santo di Lussari / Svete Višarje, 1938 (Kreuzweg)
10. Most na Soči, 1939/1940 (Pfarrkirche hl. Luzia)
11. Ljubljana, 1940 (Kapelle des hl. Cyrill im Studentenheim)
12. Šentviška gora, 1941 (Pfarrkirche hl. Veit)
13. Hrenovice, 1942/1943 (Pfarrkirche hl. Martin)
14. Lokev, 1942/1943 (Pfarrkirche hl. Michael)
15. Slivje, 1943/1944 (Pfarrkirche hl. Martin)
16. Dekani, 1944 (Pfarrkirche Mariä Himmelfahrt)
17. Soča, 1944 (Pfarrkirche hl. Josef)
18. Trenta, 1945 (Pfarrkirche Jungfrau Maria der Lauretanischen Litanei)

II. Nach dem Zweiten Weltkrieg

19. Trnje, 1951 (Pfarrkirche Heilige Dreifaltigkeit)
20. Opatija, 1952 (Pfarrkirche hl. Jakob)
21. Hrenovice, 1953 (Pfarrkirche hl. Martin, Kreuzweg)
22. Ozeljan, 1953 (Filialkirche hl. Jakob der Ältere)
23. Šempas, 1954 (Pfarrkirche hl. Silvester)
24. Ilirska Bistrica, 1954–1957 (Pfarrkirche hl. Petrus)
25. Vrtojba, 1954–1957 (Pfarrkirche Herz Jesu)
26. Mirenski grad, 1957/1958 (Wallfahrtskirche Schmerzensmutter)
27. Klana, 1957/1958 (Pfarrkirche hl. Hieronymus)
28. Orlec auf der Insel Cres, 1958 (Pfarrkirche hl. Antonius der Einsiedler)
29. Trebiciano / Trebče bei Triest, 1958 (Pfarrkirche hl. Andreas)
30. Breginj, 1958 (Pfarrkirche hl. Nikolaus)
31. Opatje selo, 1958 (Pfarrkirche hl. Andreas)
32. Podgraje, 1958/1959 (Pfarrkirche Unsere Liebe Frau auf dem Berge Karmel)
33. Šmartno / Goriška Brda, 1960 (Pfarrkirche hl. Martin)
34. Ajdovščina / Šturje, 1960 (Pfarrkirche hl. Georg)
35. Bilje, 1960 (Pfarrkirche hl. Antonius der Einsiedler)
36. Bukovica, 1960 (Pfarrkirche hl. Lorenz)
37. Trnovo bei Ilirska Bistrica, 1961 (Filialkirche hl. Georg)
38. Gorjansko, 1963 (Pfarrkirche hl. Andreas)
39. St. Johann in Triest, 1964 (Kapelle der Schulschwestern)
40. Sant'Andrea / Štandrež, 1965 (Pfarrkirche hl. Andreas)
41. Pese / Pesek bei Basovizza / Bazovica, 1965 (Kirche der Maria Immaculata)
42. Monte Grisa / Vejna, 1966 (Marienkirche)
43. Slap bei Vipava, 1967 (Pfarrkirche hl. Matthias)
44. Dornberk, 1969 (Pfarrkirche hl. Daniel)

Kraljs Kunst im ethnischen Randgebiet wurde letztendlich durch seinen Tod beendet. Er hatte offenbar noch viele Pläne, denn er führte noch Anfang der 70er Jahre Gespräche mit dem Pfarrer in Lokve auf der Hochebene Trnovska planota für eine ganzheitliche Umgestaltung und Bemalung der dortigen Kirche des hl. Anton von Padua. Ähnliche Besprechungen für die Arbeit in Kirchen des Küstenlandes findet man in der Korrespondenz zwischen Kralj und den dortigen Priestern bis zum Tod des Künstlers.[68]

---

[68] Korrespondenz von Tone Kralj in den Siebzigerjahren (Besprechungen für Bemalungen und Umgestaltungen von Kirchen): für die Arbeit in Košana (Pfarrer Rado Šonc, Brief vom 30. 9. 1971), für die Arbeit in der Kirche in Soča und in Trenta bei Bovec (Brief

VII. LITERATUR

Primäre Quellen

ACDS (Archivio Centrale dello Stato).

ACDS, Capo dell'Ufficio centrale, Mappe Nr. 81.

ACDS, CPC, Mappe Nr. 5463, Vodopivec Vicenzo, Bericht des Präfekten Tiengo an das italienische Innenministerium.

ACDS, NAW (National Archives Washington), T – 586, microfilm no. 9, document no. 004759

ACDS, NAW, T – 586, microfilm no. 102, document no. 027387.

AS (Archiv der Republik Slowenien), 1931, Schachtel 652, Mappe 3, Dokument ohne Seriennummer.

ASV (Archivio Segreto Vaticano).

ASV, Affari Ecclesiastici Straordinati (AES), Italia, P. 689, f. 141. Dok. 16.

ASV, AES, Italia, P. 689 f. 141. Dok. 28.

ASV, AES, Italia, P. 689 f. 141. Dok. 29.

ASV, AES, Italia, P. 689 f. 141. Dok. 65.

ASV, AES, Italia, P. 689 f. 141. Dok. 66.

ASV, AES, Italia, P. 689 f. 141, Trieste, Parenzo, Pola, 1928, Visita del Rev. Malchiodi per verificare la condizione dell'assistenza religiosa degli slavi.

PANG (Pokrajinski arhiv Nova Gorica), BA (Besednjakov arhiv), Dok.-Nr. 3.

BA, Dok.-Nr. 9.

BA, Dok.-Nr. 13.

BA, Dok.-Nr. 18.

BA, Dok.-Nr. 191.

BA, Dok.-Nr. 341.

BA, Dok.-Nr. 460, Biographie des Priesters Anton Požar in der Pfarre Lokev.

BA, Dok.-Nr. 522.

BA, Dok.-Nr. 602, Bericht über das Aktivistentreffen am Monte Santo di Lussari/Svete Višarje/Lussariberg am 25. August 1935.

BA, Tone Kraljs Brief an Engelbert Besednjak, verfasst am 11. Juli 1932 in Wien.

des Pfarrers Alojz Premrl vom 14. 11. 1971), für Podgraje (Pfarrer Milan Grlj, Einladung für die Arbeit in der Kirche, 18. 4. 1972, 20. 4. 1972 und 25. 4. 1972, drei Briefe), für Dornberk (21. 6. 1972, Pfarrer Stanislav Vatovec), für Šmaver bei Nova Gorica (20. 6. 1974, Pfarrer Rafko Premrl). Die Briefe befinden sich in Kraljs persönlichem Archiv im Eigentum seiner Tochter Tatjana Kralj in Ljubljana, Gerbičeva 11.

BA, Dok.-Nr. 377.

BA, Dok.-Nr. 439.

BA, Dok.-Nr. 548. Engelbert Besednjak/Jože Bitežnik, „Mussolini, der Vatikan und die Minderheiten".

BA, Dok.-Nr. 604.

„The Statute of Our Party", Archiv von Anton Vuk in Miren.

Taras Kermauners Brief an Tone Kraljs Tochter Tatjana Kralj vom 27. Mai 2001, Archiv Tone Kralj im Nachlass von Tatjana Kralj.

Taras Kermauners Brief an Tone Kraljs Tochter Tatjana Kralj, undatiert.

Taras Kermauners Brief an Tone Kraljs Tochter Tatjana Kralj, undatiert, 2000, Archiv Tone Kralj im Nachlass von Tatjana Kralj.

Taras Kermauners Brief an Tone Kraljs Enkelin Irena Baar vom 6. Jänner 2000, Archiv Tone Kralj im Nachlass von Tatjana Kralj.

Taras Kermauners Brief an Tone Kraljs Frau Mara Kralj vom 20. Dezember 1998. Tone Kraljs Archiv befindet sich im Nachlass seiner Tochter Tatjana Kralj.

Tone Kralj, *Pojasnila k razstavi in katalog*, [Erklärungen zur Ausstellung und zum Katalog] Ljubljana, Oktober 1945, die handschriftlichen Notizen befinden sich im Nachlass von Tatjana Kralja.

Tone Kraljs Korrespondenz mit dem Priester Alojz Premrl, der Brief ist mit 14. November 1972 datiert, Archiv des Malers Tone Kralj im Nachlass Tatjana Kraljs.

Tone Kraljs Korrespondenz mit dem Priester Milan, seine Einladung an den Künstler, in seiner Kirche zu arbeiten, datiert mit 18. April 1972, 20. April 1972 und 25. April 1972, Archiv des Malers Tone Kralj im Nachlass Tatjana Kraljs.

Tone Kraljs Korrespondenz mit dem Priester Rado Šonc, datiert mit 30. September 1971; Archiv des Malers Tone Kralj im Nachlass Tatjana Kraljs.

Tone Kraljs Korrespondenz mit dem Priester Rafko Premrl, datiert mit 20. Juni 1974; Archiv des Malers Tone Kralj im Nachlass Tatjana Kraljs.

Tone Kraljs Korrespondenz mit dem Priester Stanislav Vatovec, datiert mit 21. Juni 1972; Archiv des Malers Tone Kralj im Nachlass Tatjana Kraljs.

Tone Kraljs Brief an France Stele vom 17. Juni 1927. Knjižnica Umetnostnozgodovinskega inštituta Franceta Steleta, ZRC SAZU [Bibliothek des Kunsthistorischen Instituts France Stele, Forschungszentrum der Slowenischen Akademie der Wissenschaften und Künste].

Tone Kraljs Brief an France Stele, undatiert, stammt höchstwahr-scheinlich aus dem Jahre 1936. Knjižnica Umetnostnozgodovinskega inštituta Franceta Steleta, ZRC SAZU [Bibliothek des Kunsthistorischen Instituts France Stele, Forschungszentrum der Slowenischen Akademie der Wissenschaften und Künste].

Tone Kraljs Brief an France Stele ab 19. Jänner 1940, Dr. France Steles Vermächtnis. Knjižnica Umetnostnozgodovinskega inštituta Franceta Steleta, ZRC SAZU [Bibliothek des Kunsthistorischen Instituts France Stele, Forschungszentrum der Slowenischen Akademie der Wissenschaften und Künste]

Wilfan Archiv (WA), Fasz.-Nr. 9, Just Pertots Brief an Josip Wilfan vom 25. Oktober 1931.

WA, Fasz.-Nr. 19, Kopie des Kassenbuches des Vereines „Edinost" in Triest vom 30. Mai 1925.

WA, Fasz.-Nr. 19, das Budget des Vereines „Edinost" in Triest.

WA, Fasz.-Nr. 7, zitiert aus dem Brief von Lavo Čermelj an Josip Wilfan vom 4. August 1930.

Sekundäre Quellen

Apih, Elio, „Regime fascista e repressione nazionale ai confini orientali d'Italia", *Qualestoria* 1 (1985), 34.

Ban, Tina, *Razvoj protivojne ikonografije v cerkvenih poslikavah Toneta Kralja*, diploma thesis (Ljubljana: Filozofska fakulteta, 2008).

Benčina, Mojca, *Tone Kralj in poslikave cerkva na slovenskem Primorskem*, diploma thesis (Maribor: Pedagoška fakulteta, 2010).

Berliner Zeitung (22 July 2015).

Blasina, Paolo, „Santa Sede, clero e nazionalità al confine orientale 1918–1920. Note e documenti", *Qualestoria* XXI/1 (1993), 29–50.

Boaglio, Gualtiero, *Italianità. Eine Begriffsgeschichte* (Vienna: Praesens, 2008).

Bon Gherardi, Silvia, „Il regime fascista in Istria (1925–1933), Aspetti politici, sociali, organizzativi", *Qualestoria* IX/2 (1981), 9–27.

Bratuž, Lojzka, „Slikar Tone Kralj v spominih volčanskega župnika", *Koledar za leto 2004* (Gorica: Goriška Mohorjeva družba, 2004), pp. 71–74.

Brecelj, Marjan, „Likovno delo Toneta Kralja v Pevmi", in Marko Waltritsch, ed., *Slovenska osnovna šola Josipa Abrama v Pevmi* (Gorica: Grafica Goriziana, 1984).

Bruckmüller, Ernst, *Avstrijska zgodovina* (Ljubljana: Slovenska matica, 2017).

——, „Razvoj krščanskih socialcev v Avstriji do prve svetovne vojne", in Edo Škulj, ed., *Krekov simpozij v Rimu* (Celje: Mohorjeva družba, 1992), 131–146.

Capuzzo, Ester, „La condizione delle minoranze nel diritto pubblico italiano dalla crisi dello Stato liberale alla Repubblica", in U. Corsini and D. Zaffi, eds, *Le minoranze tra le due guerre* (Bologna: Il Mulino, 1994).

Ceci, Luca, *L'interesse superiore* (Rome: Laterza, 2013).

Čermelj, Lavo, *Slovenci in Hrvatje pod Italijo med obema vojnama* (Ljubljana: Slovenska matica, 1965).

Conway, Martin, *Catholic Politics in Europe, 1918–1945* (New York: Routledge, 1997).

Curta, Florin, *Southeastern Europe in the Middle Ages, 500–1250* (Cambridge: Cambridge University Press, 2006), 120–135.

Dahlmanns, Janina, „Most do novih bregov umetnosti", in Robert Simonišek, ed., *Obrazi ekspresionizma, odtisi duha = Gesichter des Expressionismus: 26. 05.–20. 09. 2018* (Kostanjevica na Krki: Galerija Božidar Jakac, 2018), 14.

Dato, Gaetano, „La memoria della Grande guerra nei discorsi ufficiali presso il Sacrario di Redipuglia. Dalla ricostruzione al boom economico", *Qualestoria* XLII/1–2 (2014), 155–157.

Döring, Jörg, and Tristan Thielmann, „Was Lesen wir im Raume? Der Spatial Turn und das Geheime Wissen der Geographen", in Jörg Döring and Tristan Thielmann, *Spatial Turn (Das Raumparadigma in den Kultur- und Sozialwissenschaften)* (Bielefeld: Transkript Verlag, 2009), 7–49.

Dowley, Tim, *Zgodovina krščanstva* (Ljubljana: Državna založba Slovenije, 1992).

Drnovšek, Marjan, „Krekova vestfalska pisma", *Dve domovini* 26 (2007), 75–96.

Drury, Richard, „Obrazi ekspresionizma/odtisi duha", in Robert Simonišek, ed., *Obrazi ekspresionizma, odtisi duha = Gesichter des Expressionismus: 26. 05.–20. 09. 2018* (Kostanjevica na Krki: Galerija Božidar Jakac, 2018), 8–11.

Edinost (8 March 1927).

Elger, Dietmar, *Expressionism* (Köln: Taschen, 2002).

Erjavec, Fran, *Zgodovina katoliškega gibanja na Slovenskem* (Ljubljana: Prosvetna zveza, 1928).

Gaberšček, Silvester, „Poslikava Toneta Kralja v župnijski cerkvi sv. Martina v Šmartnem", in Peter stres and Branka Gorjup, eds, *Msgr. Jožko Benedetič v pastoralnem zanosu* (Vipolže: Župnija Vipolže, 2014).

Gentile, Emilio, *Fašizem, Zgodovina in interpretacije* (Ljubljana: Modrijan, 2010).

Grandits, Hannes, Béatrice von Hirschhausen, Claudia Kraft, Dietmar Müller, and Thomas Serrier, *Phantomgrenzen im östlichen Europa – Eine wissenschaftliche Positionierung* (Göttingen: Wallstein Verlag, 2015).

Grimm, Reinhold R., Peter Koch, Thomas Stehl, and Winfried Wehle, *Italianità. Ein literarisches, sprachliches und kulturelles Identitätsmuster* (Tübingen: Gunter Narr Verlag, 2003).

„History", Vienna State Opera (2019), <https://www.wiener-staatsoper.at/en/staatsoper/the-opera-house/history/>, accessed 15 December 2019.

Hroch, Miroslav, *Das Europa der Nationen* (Göttingen: Vandenhoeck & Ruprecht, 2005).

Jaksetich, Giorgio, „Salari, stipendi, alimentazione nell'economia di guerra a Trieste", *Qualestoria* 1 (1978), 13.

Janžekovič, Janez, „Ob odločilni uri", *Čas* 1 (1941), 1.

Jaworsky, Rudolf, and Peter Stachel, *Die Besetzung des öffentlichen Raumes* (Berlin: Frank & Timme Verlag, 2007).

Judson, Pieter M., *Habsburški imperij* (Ljubljana: Sophia, 2018).

Jurčec, Ruda, *Janez Evangelist Krek* (Ljubljana: Založba Hram, 1935).

Juvančič, Ivo, „Dr. Frančišek Sedej in fašizem", *Goriški letnik* 1 (1974), 105.

Kacin Wohinz, Milica, „Orientamento nazionale, politico e culturale degli Sloveni e dei Croati nella Venezia Giulia tra le due guerre", *Qualestoria* XVI/1 (1988), 51–68.

——, „Oris jugoslovanske historiografije 1945–1985 o Julijski krajini med vojnama", *Prispevki za novejšo zgodovino* 1–2 (1986), 45–64.

——, „Primorski krščanski socialci med vojnama", *Zgodovinski časopis* 47/1 (1993), 107–115.

——, *Prvi antifašizem v Evropi* (Koper: Založba Lipa, 1990).

Katalog ob jubilejni razstavi v Kostanjevici ob Krki ob 70 letnici Toneta Kralja (Ljubljana: ČGP Delo, 1970).

Klabjan, Borut, „Fašistični Trst: tržaška kulturna krajina v času med svetovnima vojnama", *Studia Historica Slovenica* 14/2–3 (2014), 593–607.

Klemenc, Alenka, „Sedej & Dostal kontra Kralj. Kritika Toneta Kralja ob poslikavi župnijske cerkve v Volčah", *Arhivi: glasilo Arhivskega društva in arhivov Slovenije* 29/2 (2006), 253–262.

Klinec, Rudolf, *Dnevniški zapisi 1943–1945* (Gorica: Goriška Mohorjeva družba, 2010).

——, *Primorska duhovščina pod fašizmom* (Gorica: Mohorjeva družba, 1979).

Komelj, Milček, „Pogled na religiozno slikarstvo bratov Kralj", *Sinteza* 41–42 (March 1978), 114–116.

——, „Slovensko ekspresionistično slikarstvo in grafika", in *Ekspresionizem in nova stvarnost na Slovenskem*, exhibition catalogue (Ljubljana: Moderna Galerija, 1986).

——, *Sv. Ciril in Metod v slovenski likovni ustvarjalnosti*, speech delivered in the Church of Sty Cyril and Methodius in Ljubljana on the opening of Ciril Velkovrh's Photographic Exhibition, 5 July 2013 (Ljubljana: Župnija Bežigrad, 2014).

——, *Sveta brata Ciril in Metod: njuno izročilo v slovenski likovni ustvarjalnosti* (Ljubljana: Župnija Bežigrad, 2014).

——, *Sveta brata Ciril in Metod: njuno izročilo v slovenski likovni ustvarjalnosti (Kulturna pot Vzhoda na Zahod, bližina in tujost)* (Celje, Ljubljana: Celjska Mohorjeva družba, 2015).

——, *Umetnost Toneta Kralja, Razstavni katalog* (Kostanjevica na Krki: Galerija Božidarja Jakca, 2010).

Koršič Zorn, Verena, *Tone Kralj v Furlaniji – Julijski krajini, Katalog ob razstavi v Gorici leta 1985* (Gorica: Zveza slovenske katoliške prosvete iz Gorice in Slovenska prosveta iz Trsta, 1985).

Kranjc, Igor, „Sakralna umetnost Toneta Kralja na Primorskem", in Milena Kožuh et al., *Sakralna umetnost Toneta Kralja* (Ljubljana: Univerza za tretje življenjsko obdobje, 1998).

——, *Tone Kralj, Retrospektiva, Katalog k razstavi* (Ljubljana: Moderna galerija, 1998).

Kučan, Ana, *Krajina kot nacionalni simbol* (Ljubljana: Znanstveno in publicistično središče, 1998).

Leerssen, Joep, *National Thought in Europe. A Cultural History* (Amsterdam: Amsterdam University Press, 2006).

Makuc Kozina, Tosja, „Oris umetnosti Toneta Kralja na slikarskem, grafičnem in ilustrativnem področju", *Goriški letnik: Zbornik Goriškega muzeja* 12/14 (1985/1987), 237–297.

Manova, Elena, ed., *Slovaška zgodovina* (Ljubljana: Slovenska matica v Ljubljani, 2005).

Marolt, Marjan, „Cerkvena dela Toneta Kralja", *Dom in svet* 41/7 (1928), 208–213.

Marušič, Branko, „Poskus pregleda zgodovinopisja ob slovenski zahodni meji", *Zgodovinski časopis* 1 (1987), 139–146.

Matajc, Vanesa, „Border Fascism in the Venezia Giulia: The Issue of 'Proximate Colony' in Slovenian Literature", *Acta Histriae* 24/4 (2016), 939-958.

———, „Kraji spomina na soško fronto v I. svetovni vojni: nacionalna in čeznacionalna retorika obmejnega prostora v literarnih in polliternih besedilih", *Ars et Humanitas* 21/1 (2018), 224–243.

Menaše, Lev, *Marija v slovenski umetnosti* (Celje: Mohorjeva družba, 1994).

Mickiewicz, Adam, *Księgi narodu polskiego i pielgrzymstwa polskiego* (Paris: A. Pinard, 1832).

Mihajlovič Lotman, Jurij, *Znotraj mislečih svetov* (Ljubljana: Studia humanitatis, 2006).

Mikuž, Metod, *Slovenci v stari Jugoslaviji* (Ljubljana: Mladinska knjiga, 1965).

Milovanović, Goran, „Predgovor", in Robert Simonišek, ed., *Obrazi ekspresionizma, odtisi duha = Gesichter des Expressionismus: 26. 05.–20. 09. 2018* (Kostanjevica na Krki: Galerija Božidar Jakac, 2018), 4–7.

Moore, Niamh, and Yvonne Whelan, *Heritage, Memory and the Politics of Identity (New Perspectives on the Cultural Landscape)* (Farnham: Ashgate, 2007).

Ostermann, Patrick, Claudia Müller, and Karl-Siegbert Rehberg, „Der norditalienische Grenzraum als Errinerungsort", in Patrick Ostermann, Claudia Müller and Karl-Siegbert Rehberg, *Der Grenzraum als Errinerungsort* (Bielefeld: Transkript Verlag, 2012).

Pelikan, Egon, *Akomodacija ideologije političnega katolicizma na Slovenskem* (Maribor: Obzorja, 1997).

———, *L'Attività clandestina del clero sloveno durante il fascismo* (Udine: KAPPA VU, 2011).

———, „Cerkev in obmejni fašizem v luči Vatikanskih arhivov", *Acta Histriae* 20/4 (2012), 563–577.

———, *Josip Vilfan v parlamentu = Discorsi parlamentari dell'on. Josip Vilfan* (Trieste: Krožek za družbena vprašanja Virgil Šček, 1997).

———, „Laibach/Ljubljana: Kultur – Ideologie – Politik: Die ‚liberal-klerikale' Spaltung in Slowenien am Ende des 19. Jh. und ihre Folgen", in Reinhard Kannoier and Helmut Konrad, eds, *Urbane Leitkulturen 1890–1914: Leipzig, Ljubljana, Linz, Bologna* (Vienna: Verlag für Gesellschaftskritik, 1995).

———, „Nationale und politische Selbstdarstellung im öffentlichen Raum um die Jahrhundertwende", in Kristian Gerbel, ed., *Urbane Eliten und kultureller Wandel: Leipzig, Linz, Bologna, Ljubljana* (Vienna: Verlag für Gesellschaftskritik, 1996), 175–187.

———, „Prepoved rabe slovenščine v Benečiji leta 1933 v luči na novo odprtih vatikanskih arhivov", *Acta Histriae* 20/4 (2012), 1177–1196

———, *Tajno delovanje primorske duhovščine pod fašizmom: primorski krščanski socialci med Vatikanom, fašistično Italijo in slovensko katoliško desnico* (Ljubljana: Nova revija, 2002).

———, „Vizitacije v Julijski krajini v času med obema vojnama", *Acta Histriae* 21/3 (2013), 313–328.

Pibernik, Pavel, *Cerkveni slikar ekspresionist Tone Kralj*, diploma thesis (Ljubljana: Teološka fakulteta, 1991).

Pirjevec, Jože, *Jugoslavija 1918–1992* (Koper: Založba Lipa, 1995).

———, „Tito: 10 skrivnosti", *Mladina* (26 April 2017).

Pleterski, Janko, *dr. Ivan Šušteršič 1863–1935* (Ljubljana: ZRC SAZU, Založba ZRC, 1998).

———, „Med Mussolinijem in čaršijo", *Delo* (25 March 1996).

„Pogovor s slikarjem Tonetom Kraljem", *Ognjišče* 8/4 (1972), 16–19.

Rakušanova, Marie, „Ekspresionizem kot transkulturni fenomen srednje Evrope", in Robert Simonišek, ed., *Obrazi ekspresionizma, odtisi duha = Gesichter des Expressionismus: 26. 05.–20. 09. 2018* (Kostanjevica na Krki: Galerija Božidar Jakac, 2018), 48–71.

Repe, Božo, *S puško in knjigo* (Ljubljana: Cankarjeva založba, 2015).

Ridolfi, Maurizio, *La politica dei colori (Emozioni e passioni della storia d'Italia dal Risorgimento al ventennio fascista)* (Milan: Mondadori, 2014).

Rože, Aneja, „Delovanje Toneta Kralja v župnijski cerkvi sv. Mihaela v Lokvi v letih 1942 in 1943", *Goriški letnik: zbornik Goriškega muzeja* 41 (2017), 289–309.

Šantel, Saša, „Pomenek s Tonetom Kraljem", *Slovenec* 58/67 (22 March 1930), 7.

Simonišek, Robert, „Slovenci v srednjeevropski zgodbi o ekspresionizmu", in Robert Simonišek, ed., *Obrazi ekspresionizma, odtisi duha = Gesichter des Expressionismus: 26. 05.–20. 09. 2018* (Kostanjevica na Krki: Galerija Božidar Jakac, 2018), 26–45.

Šiškovič, Karel, „La snalizzazione tra le due guerre", *Bollettino* 2–3 (1976), 24–28.

Slovenec (7 September 1924).

Stele, France, „Jože Gorjup – cerkveni slikar", *Dom in svet* 45/1–2 (1932), 71.

——, „Novo cerkveno slikarstvo v Julijski krajini: (dela Toneta Kralja)", *Jadranski almanah za leto 1930*, 76–82.

——, „Umetniško leto 1928", *Dom in svet* 42/1–2 (1929), 55–60.

——, *Umetnost v Primorju* (Ljubljana: Slovenska matica, 1960).

——, „XVII. Umetnostna razstava", *Dom in svet* 33/7–8 (1920), 197–201.

Tálos, Emmerich / Neugebauer, Wolfgang, *Austrofaschismus*, Wien 1985.

Tavano, Luigi, „La chiesa goriziana fra autonomia e inserimento 1929–1934", in *I cattolici isontini* (Gorizia: Istituto di Storia sociale e religiosa, 1982), 162–216.

Tavčar, Marko, *Discorsi parlamentari dell'on. Virgil Šček* (Trieste: Circolo per gli studi sociali Virgil Šček, 1994).

Till, Josef, Auf Hemmas Spuren. Mohorjeva/Hermagoras, Ljubljana/Laibach – Klagenfurt/Celovec – Wien/Dunaj, 2005

Till Jože: Hema Krška. Njen svet in njeni sledovi. Mohorjeva, Ljubljana – Celovec – Dunaj. 2005.

Tolminski glas (24 February 1945).

Tomec, Ernest, Boj iz ozadja, Vera in narodnost, *Mi mladi borci* 2/10 (19 November 1937), 37.

Tropper, Christine, Heilige Hemma von Gurk. Leben und Verehrung. Peda-Verlag, Passau 2012

Tuta, Slavko, *Cena za svobodo* (Gorica: Goriška Mohorjeva družba, 1999).

Ušeničnik, Aleš, *Knjiga načel* (Ljubljana: Misijonska tiskarna, 1936).

Vidovič Miklavčič, Anka, „Krekovo zadružništvo: Teorija in praksa", in Edo Škulj, ed., *Krekov simpozij v Rimu* (Celje: Mohorjeva družba, 1992).

Vinci, Anna Maria, „Per quale italianità?", in Diego D'Amelio, Andrea Di Michele and Giorgio Mezzalira, eds, *La difesa dell'italianità* (Bologna: Il Mulino, 2015), 331–355.

——, *Sentinelle della patria (Il fascismo al confine orientale 1918–1941)* (Bari: Editori Laterza, 2011).

Vodopivec, Peter, *Od Pohlinove slovnice do samostojne države (Slovenska zgodovina od konca 18. do konca 20. stoletja)* (Ljubljana: Založba Modrijan, 2006).

Vuk, Marko, *100-letnica rojstva Toneta Kralja* (Gorica: Koledar Goriške Mohorjeve družbe, 2000).

——, „Slike Toneta Kralja v Avberju", in Egon Pelikan, *Življenje in delo primorskega krščanskega socialca Virgila Ščeka* (Koper: Založba Annales, 2001), 105–113.

Welch, David, „Nazi Propaganda and the Volksgemeinschaft: Constructing a People's Community", *Journal of Contemporary History* 39/2 (2004), 213–238.

——, *Propaganda and the German Cinema 1933–1945* (Oxford: Clarendon Press, 1983).

——, *The Third Reich – Politics and Propaganda* (2nd edn) (London: Routledge, 2002).

VIII. NAMENSVERZEICHNIS

A

Abram, Josip 72, 117, 119, 120, 121, 122

Aćim, Joakim Pilat 65

Apih, Elio 59

Ažbe, Anton 15

B

Baar, Irena 190

Babić, Ljubo 94

Banko, Tomo 65

Ban, Tina 10

Baraga, Friderik, *Missionar und Bischof* 172, 173, 189

Bednařik, Rado 32, 33, 65, 71

Bele, Venceslav 66

Benčina, Mojca 10

Benedetič, Jožko 86

Benedikt XV., *Papst* 55

Berce Viktor 72, 152, 183, 184

Berlot, Anton 65

Besednjak, Engelbert 32–34, 38, 52,–54, 57, 62, 63, 65, 67, 68, 70–74, 77, 141, 144, 186

Bitežnik, Jože/Josip 32, 33, 38, 57, 63, 65

Boaglio, Gualtiero 74

Bon Gherardi, Silva 52

Bosch, Hieronymus 83

Bratuž, Jožko 66

Bratuž, Lojze 33, 77–79

Bratuž, Lojzka 30, 33

Brecelj, Marjan 119

Breitenberger, Ignacij 66

Broz, Jovanka 41, 188, 189

Bruegel, Pieter 25, 83

Brumat, Mirko 31

Brumnić, Zvonimir 65

Butkovič, Peter 66

C, Č

Cankar, Ivan 47

Cevc, Emilijan 10, 190

Ciglenečki, Marjeta 10

Conway, Martin 12, 48

Čargo, Ivan 16

Čermelj, Lavo 49, 54, 60

Černic, Franc 66

Čok, Ivan Marija 54

D

D'Annunzio, Gabriele 82, 131, 142, 151, 153, 154, 166, 189

Dato, Gaetano 10

Delaunay, Robert 21

Dobida, Karel 102

Dolničar, Ivan 44

Döring, Jörg 8–10

E

Elger Dietmar 17, 19

Erjavec, Fran 48

F

Feuerbach, Ludwig 86

Fogar, Alojzij, *Bischof* 29, 33, 58

G

Gaberšček, Silvester 86

Gabrovšek, Andrej 65

Garibaldi, Giuseppe 155, 156
Gentile, Emilio 86
Gentile, Giovanni 57
Gerbel, Kristian 9
Gildo, siehe Šček, Virgil
Globocnig, Odilo 44, 163, 169
Godnič, Josip 65
Goethe, Johann Wolfgang von 23
Gorjup, Jože 16, 41
Gorše, Martin 65
Goya, Francisco de 37, 83
Grandits, Hannes 7
Grimm, Reinhold R. 74
Grohar, Ivan 150
Guareschi, don Camillio Giovannino 98
Gulič, Lojze 65

H
Hadrian II., *Papst* 111
Himmler, Heinrich 44
Hirschhausen, Béatrice von 7
Hitler, Adolf 82, 125, 152, 169, 188
Hitze, Franz 47
Höffle, Herman 163
Honthorst, Gerrit van 25, 83
Hroch, Miroslav 53
Hušo, Mihael 65

J
Jakac, Božidar 16, 21
Jaksetich, Giorgio 68
Jamnik, Karel 65
Janžekovič, Janez 84
Jaworski, Rudolf 192, 193
Jeglič, Anton Bonaventura, *Bischof* 61
Jeraj, Karel 24

Jeraj, Mara 24, 25, 104, 105, 141, 193
Jerajeva, Vida, siehe Vovk, Franja
Johannes VIII., *Papst* 111
Judson, Pieter M. 45, 46
Jurca, Leopold 65
Jurčec, Ruda 47
Juvančič, Ivo 38, 57, 66

K
Kacin, Anton 65
Kacin Wohinz, Milica 54, 61, 70, 116
Kalan, Jan 65
Karadjordjević, Alexander, *Jugoslawischer König* 73
Kemperle, Polde 65
Kermauner, Taras 74, 100, 190, 192, 193
Keršič, Marjan - Belač 193
Ketteler, Wilhelm 47
Kjuder, Albin 65, 72, 101
Klabjan, Borut 75
Klemenc, Alenka 33
Klimt, Gustav 17
Klinec, Rudolf 55, 56, 61, 169
Koch, Peter 74
Kodermac, Alojzij 30, 66, 94, 104
Kolping, Adolph 47
Komelj, Milček 10, 125, 17, 21, 23, 25, 27, 29, 31, 92-95, 103, 109, 110
Korošec, Anton 48, 49, 70, 72, 73
Koršič Zorn, Verena 10, 33, 109
Kos, Gojmir 16
Kos, Tine 16
Kosmina, Stanko 66
Kožuh, Milena 27, 190
Kraft, Claudia 7
Kralj, Anton 30
Kralj, France 12, 14, 15, 16, 21, 24

202

Kralj, Igo 24
Kralj, Janko 33, 38, 65, 85
Kralj, Mara 24, 25, 104, 105, 141, 193
Kralj, Tatjana 12, 16, 17, 24, 34, 74, 89, 100, 141, 190, 192, 193, 196
Kranjc, Igor 10, 21, 24, 34, 41, 92, 94, 102, 109, 186, 190
Kraševec, Alojzij 65
Krek, Janez Evangelist 32, 47–49, 53, 93
Krhne, Franc 65
Krpan, Ivan 66
Kübler, Ludwig 163
Kučan, Ana 7
Kunschak, Leopold 47

L
Leerssen, Joep 39
Lèger, Fernand 21
Ličan, Josip 31

M
Mahnič, Anton 46
Majar, Matija - Ziljski 45
Makuc Kozina, Tosja 10, 12, 15–17, 19, 23, 30, 41, 103, 109
Malalan, Franc 65
Margotti, Carlo, *Erzbischof* 58, 63
Markežič, Marjan 122
Marolt, Marjan 15, 16
Marx, Karl 29, 41, 187–189
Masaryk, Tomáš Garrigue 21
Matajc, Vanesa 58, 75
Menaše, Lev 96
Meštrović, Ivan 17
Mihajlovič Lotman, Jurij 9
Mikuž, Jure 20
Mikuž, Metod 49, 51

Milanović, Božo 65, 67, 68, 71, 76, 77
Moore, Niamh 7
Moscatello, Nikola 68
Müller, Claudia 9
Müller, Dietmar 7
Munch, Edvard 21
Mussolini, Benito 36, 51, 52, 57, 59, 61, 63, 64, 81, 82, 89, 100, 104, 112, 117, 119, 125, 129–131, 134, 137, 138–140, 152–154, 159, 160, 164, 169, 171, 178

N
Napotnik, Ivan 16
Nogara, Giuseppe 58
Novak, Lojze 66

O
Oblak, Karel 66
Omersa, Ivan 65
Oražem, Miroslav 16
Orehek, Andrej 12, 30
Ostermann, Patrick 9

P
Pavič, Ivan 65
Pavlica, Andrej 31
Pavlin, Lojze 66
Pegan, Franc 65
Pelikan, Egon 9, 29, 32, 38, 46, 51, 55, 58, 60, 62, 67, 68, 77, 79, 98, 122, 208
Pertot, Just
Pibernik, Pavel 68
Picasso, Pablo 21
Pilat, Anton 66
Pilon, Veno 16, 21, 72
Pius XI., *Papst* 31, 32, 55, 61, 63, 64, 68, 175
Pius XII., *Papst* 55, 63
Pleterski, Janko 48, 51, 52, 64

Porenta, Gašper 12
Požar, Anton 141

R
Rehberg, Karl-Siegbert 9
Rejec, Ivan 33, 65
Repe, Božo 37
Rivera, Diego 21
Rožman, Gregorij, *Bischof* 36, 63
Rustja, Josip 65
Rutar, Anton 32, 65, 71

S
Sain, Isidoro, *Bischof* 144
Sardoč, Lojze 66
Sedej, Ciril 66
Sedej, Frančišek Borgia, *Erzbischof* 29, 32, 33, 40, 57, 58, 67, 97
Serajnik, Domicijan 16
Serrier, Thomas 7
Sforza, Carlo 8, 51
Simčič, Teofil 33
Sironić, Vladimir 66
Sirotti, Giovanni 58, 61, 63, 144
Slomšek, Anton Martin, *Bischof* 31, 93, 110, 172, 176
Smrekar, Hinko 87
Stachel, Peter 192, 193
Stalin, Josif Visarijonovič 44, 187, 188, 189
Stanič, Stanko 30, 66
Stehl, Thomas 74
Stele, France 16, 17, 21, 30, 32, 33, 39–41, 98, 103, 111, 125, 190
Stifanić, Srečko 65
Stiplovšek, Franjo 16
Stojadinović, Milan 71

Š
Šantel, Saša 15
Šček, Virgil 29–31, 33, 34, 38, 51, 52, 65, 67, 68, 72, 97, 98, 100, 101, 141, 144, 186
Šiškovič, Karel 52
Štursa, Jan 21
Šubic, Blaž 16
Šubic, Janez 15, 16, 41
Šubic, Jurij 15, 16, 41
Šubic, Pavel 16
Šubic, Štefan 16

T
Tavano, Luigi 60
Tavčar, Marko 52
Terčelj, Filip/Lipe 32, 38, 66, 189, 190
Thielmann, Tristan 8–10
Tiengo, Carlo 77, 78
Tito - Broz Josip 29, 41, 44, 183, 188, 189
Turati, Augusto 126, 127, 160, 168
Tuta, Slavko 54

U
Ukmar, Jakob 38
Ušeničnik, Aleš 84

V
Valentinčič, Ignacij 65
Vavpotič, Bruno 16
Velkovrh, Ciril 31
Vidič, siehe Bednařik, Rado
Vidmar, Drago 16, 87
Vidmar, Nande 16
Vilfan/Wilfan, Josip 51, 54, 68
Vinci, Anna Maria 59, 116
Vodopivec, Peter 45, 48, 50

Vodopivec, Vinko 77, 78
Vošnjak, Josip 93
Vovk, Franja 24
Vuga, Marko 123
Vuga, Saša 123
Vuga (Urbančič), Olga 123
Vuk, Anton 65, 66
Vuk, Marko 10, 29, 98, 109, 172
Vuk, Stanko 63

W
Waltritsch, Marko 119
Wehle, Winfried 74

Welch, David 20, 21, 59
Whelan, Yvonne 7
Wilson, Woodrow T. 49
Wirth, Christian 163
Wolf, Janez 15, 16

Z
Zdešar, Anton 68
Zupan, France 16

Ž
Žagar, Janko 66
Žganjar, Ignacij 92

IX. ORTSVERZEICHNIS

A
Ajdovščina 195
Amsterdam 23, 24, 39
Antwerpen 23, 24
Avber auf dem Karst 15, 29, 31, 33, 97-100, 195

B
Barcelona 24
Bazovica 7, 115
Belgrad 16, 63, 70, 71, 73, 76, 77
Belzec 44, 163
Berlin 24, 149, 192, 193
Bilje 195
Bologna 9, 46, 59, 116
Breginj 195
Brezje 96
Brixen 98
Bukovica 195

D
Dekani 152, 167-168, 182, 195
Dobrepolje 12, 13, 15, 30
Dornberk 195, 196
Dresden 21, 193

G
Görz/Gorica/Gorizia 29, 30, 33, 38, 40, 45, 46, 50, 52-58, 60-64, 66, 67, 77, 79, 87, 89-91, 96, 97, 110, 117, 119, 124, 144, 149, 156, 166, 169, 172, 182
Graz 29, 38, 208
Gurk/Krka in Kärnten 175

H
Hodonín in Mähren 23
Hrenovice 133-140, 141, 195

I
Idrija 59
Ilirska Bistrica 141, 195
Innsbruck 38, 98

K
Katinara/Cattinara 115-116, 195
Klagenfurt/Celovec 12, 45, 91, 110, 195
Klana 195
Köln 17, 19, 38, 98
Kostanjevica na Krki 17, 21, 23, 25, 27, 29, 79, 96
Kozina 163, 191
Karst 45, 59, 74, 85, 141
Kromberk bei Görz 77
Kucelj 85

L
Leipzig 9, 23, 46, 208
Linz 9, 46
Ljubljana 12, 15, 17, 30, 34, 36-38, 41, 42, 46, 48, 49, 61, 63, 68, 87, 91, 98, 141, 182, 190, 195, 208
Lokev auf dem Karst 21, 87, 141-151, 195
Lokve auf der Hochebene Trnovska planota 195
London 23, 24
Los Angeles 24
Luschariberg/Svete Višarje 19, 84-86, 96, 109-114, 191, 195

M
Majdanek 163
Mengore 104-107, 195
Miren bei Nova Gorica 63, 74, 85
Moncorona – Kronberk 78
Most na Soči 123-125, 195

N
New York 24
Nova Gorica 12, 15 17, 19, 23, 29, 30, 41, 42, 53, 54, 67, 74, 76, 103

O
Opatija 195
Opatje selo 195
Orlec na Cresu 195
Ozeljan 195

P
Paris 21, 23-25, 28, 40, 49, 72, 144
Peč 51
Pesek bei Bazovica 195
Pesek bei Kozina 191
Pevma/Piuma 39, 81, 87, 117-122, 124, 125, 166, 195
Planina 51
Podgraje 195
Postojna 59, 72
Prag 21, 23
Prem 20, 30, 33, 92-93, 195

R
Rapallo 8, 16, 49, 50, 51, 53, 66, 72, 74, 87-91, 94, 155, 186
Redipuglia 10
Regensburg 111
Rijeka 7, 54, 56, 65-67, 144, 184

S, Š
Salzburg 31, 98, 109
Slap bei Vipava 195
Slivje v Brkinih 152-166, 172, 183, 195
Sobibor 44, 163
Soča bei Bovec 81, 172-181, 182, 195
Struge 15, 30, 32

Suhorje 141
Sveta Gora über Görz 94, 149
Šempas 195
Šentvid bei Ljubljana 12
Šentviška gora 125-131
Šmartno v Brdih 195
Štandrež 191, 195
Šturje 195

T
Tokio 149
Tomaj auf dem Karst 33, 101-103
Trebče bei Triest 195
Treblinka 44, 163
Trenta 152, 184, 185, 195
Trnje 195
Trnovo bei Ilirska Bistrica 195
Triest/Trst 7, 29, 33, 38, 45, 48, 50, 53, 55, 56, 58-66, 68, 70, 71, 86, 89, 91, 115, 145, 163, 191, 195
Tržič 163

V
Vatikan 54-58, 60-64, 66, 57, 77, 78, 122, 144
Vejna oberhalb von Triest 191, 195
Venedig 23, 27, 28, 41, 50, 98, 116, 123, 125, 184
Volče bei Tolmin 15, 19, 30-33, 87, 94-96, 97
Volzana 32, 33
Vrtojba 29, 41, 44, 186-191, 192, 195

W
Wien 9, 12, 14, 16, 17, 23, 24, 36, 38, 39, 41, 45-48, 57, 59, 63, 67, 72-74, 208

Z
Zadar 49, 56, 67
Zagorica (Dobrepolje) 12
Zagreb 16, 38, 49, 63

Egon Pelikan, Prof. Dr.

Geboren 1963, studierte Geschichte an der Philosophischen Fakultät der Universität in Ljubljana, wo er 1990 diplomierte. Nach Studienaufenthalten in Wien (1992/1993), Graz (1994/1995) sowie Triest promovierte er 1998 an der Universität in Ljubljana. Gastprofessur an der Universität in Essen (2004/5) und der Sächsischen Akademie der Wissenschaften zu Leipzig (2011). Seit 1998 Mitarbeiter des Instituts für historische Studien des Zentrums für Wissenschaft und Forschung in Koper, seit 2004 dessen Vorstand. Forschungsschwerpunkte: Geschichte des politischen Katholizismus in Slowenien und die Geschichte des slowenischen Küstenlandes (Primorska).